民营企业公司治理中风险管控的理论与实务
——以L集团公司的『建章立制』为例

周林彬 李胜兰 陈国华 著

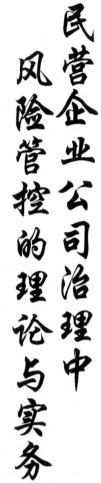

中山大学出版社
SUN YAT-SEN UNIVERSITY PRESS
·广州·

版权所有　翻印必究

图书在版编目（CIP）数据

民营企业公司治理中风险管控的理论与实务：以 L 集团公司的"建章立制"为例/周林彬，李胜兰，陈国华著．—广州：中山大学出版社，2017.12

ISBN 978 - 7 - 306 - 06154 - 6

Ⅰ．①民…　Ⅱ．①周…②李…③陈…　Ⅲ．①民营企业—企业管理—风险管理—研究—中国　Ⅳ．①F279.245

中国版本图书馆 CIP 数据核字（2017）第 199885 号

出 版 人：	徐　劲
策划编辑：	周　玢
责任编辑：	周　玢
封面设计：	曾　斌
责任校对：	王　璞
责任技编：	何雅涛
出版发行：	中山大学出版社
电　　话：	编辑部 020 - 84111996，84113349，84111997，84110779
	发行部 020 - 84111998，84111981，84111160
地　　址：	广州市新港西路 135 号
邮　　编：	510275　　　传　真：020 - 84036565
网　　址：	http://www.zsup.com.cn　E-mail：zdcbs@mail.sysu.edu.cn
印 刷 者：	虎彩印艺股份有限公司
规　　格：	787mm×1092mm　1/16　18.25 印张　328 千字
版次印次：	2017 年 12 月第 1 版　2017 年 12 月第 1 次印刷
定　　价：	50.00 元

如发现本书因印装质量影响阅读，请与出版社发行部联系调换

序

民营企业发展是我国经济持续发展的重要推力。由于我国目前处于增长速度换挡期、结构调整阵痛期、前期刺激政策消化期"三期叠加"的特殊时期，民营企业将面对政策冲击、经济不确定性带来的复杂影响，而完善的企业内部治理制度则犹如一个"稳定器"，能最大限度地降低经营风险给企业带来的损失，并通过提高企业内部效率使企业的发展战略得以顺利实施。

本书旨在为民营企业公司通过改善内部治理管控经营风险提供具体理论依据和具体操作方案。本书以L集团经营管理中的各类风险为特定研究对象，以防范与控制该集团经营管理可能发生各类风险的制度与规范设计为特定研究思路，重点分析与论证L集团在全面布局集团产业发展、推动集团内部资源整合的背景下，为实现集团"转型升级"发展目标而设计的合法更合理、必要更可行的公司内部治理制度。

在我国以公有制为主的社会主义市场背景下，特别是在我国公有制强大于我国私有制的"产权背景"下，我国民营企业公司治理的难度与风险，往往大于国有企业公司治理的难度与风险。因此，民营企业建立完美的公司治理制度更是"难上加难"，但是趋向不断完善的民营企业公司治理制度，不仅能够明确行为主体的权利和责任，而且能够较好地防范制度运作过程中遇到的各类风险，以有效地保护民营企业的私有产权。本书主要依据L集团提供的集团经营管理的现状与问题，按照"贴合民营企业经营管理的特点，重点突出经营管理中各类风险管控"的研究思路，运用法学、经济学及管理学相结合的分析方法，主要从组织架构、权利与责任、管理流程、治理与风险防控几个方面，对集团公司经营管理架构中"顶层设计、董事会专业委员会、行政部门、经营副总裁、研发机构"等五大板块中的公司治理制度进行分析论证和规范设计，务求分析论述翔实可信，制度设计贴合实际，具有可操作性，从而把提高民营企业公司治理绩效的各项制度措施，通过经营管理风险管控这个"着力点"落到实处，并据此实现"向管理要效益"这一加强公司治理的实用目的。本书这种以特定企业为研究对象的研究思路,是一种当代公司治理法与经济学研究中一种有效的案例研究思路,可为我国民营企业在设计公司治理具体方案时提供参考与借鉴。

是为序。

中山大学法学院教授兼中山大学法律经济学研究中心主任、中国商法研究会副会长　周林彬

目　　录

第1章　导论 ………………………………………………………… (1)
  1.1　相关经典理论综述 ………………………………………… (1)
    1.1.1　产权理论 ……………………………………………… (1)
    1.1.2　企业理论 ……………………………………………… (4)
    1.1.3　契约理论 ……………………………………………… (6)
  1.2　公司治理研究的文献综述 ………………………………… (8)
    1.2.1　内部治理 ……………………………………………… (8)
    1.2.2　外部治理 ……………………………………………… (11)
  1.3　风险管控的概念及相关文献综述 ………………………… (12)
    1.3.1　法律风险与经济风险 ………………………………… (12)
    1.3.2　法律风险管控 ………………………………………… (13)
    1.3.3　经济风险管控 ………………………………………… (13)
  1.4　本书的写作思路 …………………………………………… (14)
  参考文献 …………………………………………………………… (15)

第2章　L集团公司治理的顶层设计 ………………………………… (19)
  2.1　L集团公司董事会 ………………………………………… (19)
    2.1.1　问题与分析 …………………………………………… (19)
    2.1.2　L集团董事会的风险管控 …………………………… (20)
    2.1.3　背景资料与案例 ……………………………………… (37)
  2.2　L集团公司总经理 ………………………………………… (46)
    2.2.1　问题与分析 …………………………………………… (46)
    2.2.2　L集团总经理的风险管控 …………………………… (46)
    2.2.3　背景材料与案例 ……………………………………… (50)
  2.3　L集团公司监事会 ………………………………………… (55)
    2.3.1　问题与分析 …………………………………………… (55)
    2.3.2　L集团监事会的风险管控 …………………………… (56)

2.3.3　背景材料与案例 …………………………………………… (58)
　2.4　L集团公司党委 ………………………………………………… (59)
　　2.4.1　问题与分析 ……………………………………………… (59)
　　2.4.2　L集团党委的风险管控 …………………………………… (61)
　　2.4.3　背景与案例 ……………………………………………… (64)
　参考文献 ……………………………………………………………… (69)

第3章　L集团董事会专业委员会 ………………………………………… (71)
　3.1　L集团专业委员会的问题与分析 ……………………………… (71)
　　3.1.1　完善专业委员会制度是规范公司治理结构的要求
　　　　　 …………………………………………………………… (71)
　　3.1.2　制度不完善和管理不当可能导致决策委员会效率
　　　　　 不高 ……………………………………………………… (73)
　　3.1.3　缺少审计委员会导致企业的法律风险增大 ……………… (77)
　　3.1.4　缺乏提名委员会导致企业陷入内部人控制 ……………… (77)
　　3.1.5　缺乏薪酬与考核委员会导致激励约束机制的
　　　　　 有效性低 ………………………………………………… (78)
　3.2　L集团专业委员会的风险管控 ………………………………… (79)
　　3.2.1　决策委员会治理的风险管控 ……………………………… (79)
　　3.2.2　审计委员会治理的风险管控 ……………………………… (89)
　　3.2.3　提名委员会治理的风险管控 ……………………………… (93)
　　3.2.4　薪酬与考核委员会治理的风险管控 ……………………… (98)
　3.3　背景材料及案例 ………………………………………………… (103)
　　3.3.1　决策委员会设置备选模式的比较 ………………………… (103)
　　3.3.2　审计委员会模式的比较 …………………………………… (110)
　　3.3.3　提名委员会模式的比较 …………………………………… (113)
　　3.3.4　薪酬与考核委员会模式的比较 …………………………… (117)
　　3.3.5　案例 …………………………………………………………… (121)
　参考文献 ……………………………………………………………… (127)

第4章　L集团行政部门风险管控的方案设计 …………………………… (130)
　4.1　L集团行政部门的问题与分析 ………………………………… (130)

  4.1.1　L集团行政部门的内控环境问题 …………………… (130)
  4.1.2　行政决策层的权责与风险识别 …………………… (132)
  4.1.3　总部职能层的设置、权责与风险识别 …………… (134)
 4.2　L集团行政部门的治理与风险管控方案 ………………… (144)
  4.2.1　行政部门在风险管控中的定位 …………………… (144)
  4.2.2　行政决策层的治理与风险管控 …………………… (148)
  4.2.3　总部职能层的治理与风险控制 …………………… (149)
 4.3　背景材料与案例 …………………………………………… (177)
  4.3.1　公司内控体系与治理模式 ………………………… (177)
  4.3.2　行政决策层的治理与风险防范 …………………… (179)
  4.3.3　总部职能层的治理与风控模式 …………………… (180)
参考文献 …………………………………………………………… (195)

第5章　L集团经营副总裁风险管控方案设计 ……………… (197)

 5.1　L集团经营副总裁的问题与分析 ………………………… (197)
  5.1.1　管理体制控制 ……………………………………… (197)
  5.1.2　关键资源控制 ……………………………………… (200)
  5.1.3　活动控制 …………………………………………… (202)
 5.2　L集团经营副总裁的风险管控 …………………………… (204)
  5.2.1　现状 ………………………………………………… (204)
  5.2.2　公司治理制度 ……………………………………… (204)
  5.2.3　人事管控制度 ……………………………………… (207)
  5.2.4　收益与激励制度 …………………………………… (209)
  5.2.5　财务管控制度 ……………………………………… (210)
  5.2.6　文化管控制度 ……………………………………… (215)
 5.3　背景材料与案例 …………………………………………… (217)
  5.3.1　子公司治理的主要内容 …………………………… (217)
  5.3.2　母子公司基本管控模式 …………………………… (219)
  5.3.3　国外母子公司管控模式 …………………………… (221)
  5.3.4　案例 ………………………………………………… (222)
参考文献 …………………………………………………………… (232)

第6章 L集团研发机构风险管控方案 ……………………… (234)
6.1 问题与分析 ……………………………………………… (234)
6.1.1 企业生产柔性化与互联工厂对企业研发设计及时性提出新的要求 ……………………………… (234)
6.1.2 人员选任、决策流程更加强调专业性强、反应迅速、决策果断 …………………………… (235)
6.1.3 防控不同研发方式带来的知识产权纠纷风险 …… (235)
6.1.4 专利申请相关文件不准确、相关流程不完善导致专利纠纷 …………………………………… (235)
6.1.5 研发信息泄露问题 ………………………………… (236)
6.1.6 研发人员激励制度向多层次发展的问题 ………… (236)
6.2 公司研发机构的风险管控 …………………………… (237)
6.2.1 L集团研发机构管控模式选择 …………………… (237)
6.2.2 L集团研发机构组织架构设计 …………………… (239)
6.2.3 L集团总工程师权责与激励设计 ………………… (242)
6.2.4 L集团研发机构研发风险管控制度设计 ………… (251)
6.2.5 研发战略的实施及研发成果保护相关制度 ……… (261)
6.3 背景材料及案例 ……………………………………… (270)
6.3.1 研发管控模式 ……………………………………… (270)
6.3.2 研发机构组织架构 ………………………………… (273)
6.3.3 研发风险管控与知识产权保护 …………………… (275)
6.3.4 案例 ………………………………………………… (276)

参考文献 ……………………………………………………… (280)

后记 …………………………………………………………… (282)

第 1 章
导　论

本章将从以下三个方面对相关的理论进行归纳和分析，即新制度经济学的一般理论、具体的公司治理理论以及风险管控理论。在新制度经济学的一般理论中，主要包括产权理论、企业理论以及契约理论三个部分；公司治理理论包括内部治理和外部治理两个部分；风险管控理论则根据本书的主题分为法律风险管控和经济风险管控两个部分。本章将在归纳和分析已有研究的基础上，对风险管控中的一些重要概念进行澄清和阐述，并在最后对全书的写作思路进行规划。

1.1　相关经典理论综述

在传统的新古典经济学的效用最大化范式中，企业作为一种市场行为主体，其形成和运作的机制并未得到很好的理解，仍然是一个"黑箱"。新制度经济学的一般理论，包括产权理论、企业理论和契约理论，为我们提供了理解企业形成和运行的基本框架，同时也为研究企业的风险管控行为提供了最基础的理论支持。

1.1.1　产权理论

1. 产权的定义、产权的界定

产权，即财产权利的简称。对产权的本质特征，新制度经济学家做出了多种界定。这些界定大致可以分为两类：一类从人与财产的角度进行界定，另一类则以财产为基础从人与人的关系的角度进行界定。

首先，从人与财产的角度进行界定。从这一角度对产权的本质特征进行界定主要是把产权看作人对财产的行为权利。如德姆塞茨在其《关于产权的理论》的经典论文中指出："产权的所有者拥有他人允许他以特定的方式行事的权利。一个所有者期望共同体能阻止其他人对他行动的干扰，假定在他权利的界定中这些行动是不受禁止的。""要注意的很重要的一点是，产权包括一个人或其他人受益或受损的权利。……产权是界定人们如何受益及如何受损，因而谁必须向谁提供补偿以及使他修正人们所采取的行动。"又例如，阿尔钦认为，"产权是一个社会所强制实施的选择一种经济品的使用的权利"。

其次，以财产为基础从人与人的关系的角度进行界定。从这一角度对产权本质特征进行界定主要把产权看作一种基于财产的人与人之间的关系。正如罗马法、普通法以及现行法律基本同意的产权的定义："产权不是人与物之间的关系而是指由物的存在及关于它们的使用所引起的人们之间相互认可的行为关系。它是一系列用来确定每个人相对于稀缺资源使用时的地位的经济和社会关系。"平乔维奇还说："产权是人与人之间由于稀缺物品的存在而引起的、与其使用相关的关系。"

以上两类对于产权的定义其实并没有本质上的区别，只是界定的角度不同而已。产权的直接内容和基本含义是人对财产的行为权利，而这种行为权利又体现了人与人之间的关系。实际上，某人对某财产拥有某项权利，意味着其他人对该财产不拥有该项权利。因此，说产权是人对财产的行为权利和说产权是基于财产的人与人之间的关系是一致的。

2. 产权结构、特征与功能

产权权利的构成主要是将产权界定为财产所有权，并进一步把财产所有权归结为包含人对物的多方面权能的权利束。学术界公认的产权权利束构成是平乔维奇、德姆塞茨的权利束分类。他们从产权功能和作用出发，总结产权的结构包括四大权能：所有权，即所有人依法对自己财产所享有的占有、使用、收益和处置的权利；使用权，即不改变财产的本质而依法加以利用的权利；收益权，即获取基于所有者财产而产生的经济利益的可能性；处置权，即依法对物在事实上或法律上最终处置的权利。

产权具有多方面的特征，其中最为基础的是以下四种特性：排他性、有限性、可分解性和可交易性。排他性，是指产权主体的对外排斥性或对特定权利的垄断性。有限性，一是指任何产权与别的产权之间必须有清晰的界限，二是指任何产权必须有限度。可分解性则包含两个方面的意义，即权能行使的可分工性和利益的可分解性。可交易性，即附于资产上的产权的交易。

产权的功能既有宏观的，也有微观的。产权的宏观功能主要是界定产权实现的资源配置功能和收入分配功能。而产权的微观功能则包括激励与约束功能，减少不确定性和外部性的内部化。实际上，产权的微观功能都能归结为激励与约束。因为减少不确定性和外部性的内部化实质上都改变了参与主体的收益成本，进而激励或约束经济主体的行为。因此，正如菲吕博顿与平乔维奇所说："一个不难接受的基本思想是，产权会影响激励与行为。"

3. 产权与资源配置效率

不同的产权安排的效率大不一样。对于效率的评价，传统西方经济学有两个标准：一是作为资源配置效率的帕累托最优，二是微观企业的投入产出比。而由于产权安排总是作为一套约束和规则存在，其作用对于每个人来说都是一样的，因此评价其效率可从成本方面入手。新制度经济学家正是从产权安排成本、交易费用角度评价产权的效率的。通过对现存不同产权安排的交易费用进行比较，不仅可以对效率高低做出评价，而且可以对不同产权安排进行取舍，进而做出是否变革、如何变革的决定。

产权影响效率的途径或机制是复杂且多样的。有学者认为主要有以下因素：第一，清晰界定产权，为产权交易创造良好条件，从而减少交易成本，提高效率。第二，通过划分产权，明确不同产权主体的权利，使权责对等，从而建立有效的激励和约束机制。第三，适时排解产权纠纷，重新界定产权，内部化外部性。第四，建立有效的产权制度，使交易环境透明化，降低交易信息费用。第五，赋予产权制度开放性，使不同产权制度之间可以转化，使人们能自由选择交易成本低的交易方式。

在现有的产权安排中，新制度经济学家对于私有产权的偏好是毋庸置疑的。科斯、阿尔钦、德姆塞茨和张五常等都曾明确指出私有产权是最有效率的。相比共有产权，私有产权更有效率的原因是显而易见的。首先，私有产权的交易更加容易。私有产权下产权属于唯一经济主体，产权的让渡取决于所有者的决策；而共有产权在组织成员间是不可分的。其次，私有产权的收益是明确且排他的。私有产权下的收益权具有排他性，对经济主体具有强大的激励作用；而在共有产权下收益是组织内每一个成员平均分配的，激励大大减少。最后，私有产权能大大减少外部性。科斯定理表明，在交易费用为零的状态下，产权明晰的经济主体可以通过私下协商交易达到效率的最大化，也就是说在私有产权安排下，外部性会大大减少；但在共有产权下，外部性会大大增加，组织内的成员热衷于"搭便车"，

"公地悲剧"就是一个著名的例子。

以上对于产权安排效率的讨论是静态的，如果从动态上考察，就不能绝对地认为私有产权在任何时候都比共有产权有效。一种产权安排的有效性还取决于很多因素，如时代的生产力、意识形态、非正式制度等。因此，在具体分析一种产权安排的效率时，要注意看多种因素对效率的影响。

1.1.2 企业理论

1. 企业的起源与性质

（1）传统西方经济学的企业起源理论。

企业作为一种经济主体，在经济社会中扮演着重要的角色。但是，令人惊讶的是，传统西方经济学并没有深入研究企业的起源与性质，企业被看作一个"黑箱"。这个"黑箱"具有传统经济学赋予的一些特点。例如，厂商具有完备的信息、精于计算、孜孜不倦地追求利润最大化；厂商是市场经济中已经存在的、完全有效运转的、为赚取利润从事生产活动的一个完整课题；厂商没有内部结构，只进行技术转换，将劳动力、资本等各种要素结合起来产出产品；厂商制度的运行没有成本；等等。随着经济社会的不断发展，这种厂商理论越来越难以解释现实中的种种现象，如企业的边界、企业内部制度的安排等。此时，新制度经济学的企业理论应运而生，企业理论逐渐成为经济理论中不可或缺的一部分。

（2）新制度经济学的企业起源理论。

新制度经济学的企业理论起源于科斯1937年的文章《企业的性质》，他把企业的性质视为一种替代市场短期契约的长期契约关系。科斯之后，多位经济学家进一步推进了企业起源与性质问题的研究，并形成了多个理论。

第一，交易费用起源理论。交易费用起源理论发源于科斯的想法，并由威廉姆森、张五常等补充。他们都认为，企业是市场机制的替代，当市场机制的交易费用较高时，具有较低的企业安排就会出现以代替市场机制安排。科斯认为，"市场的运行需要成本，而形成组织，并让某些权威人士（如'企业家'）支配其资源，如此便可节省若干市场成本"。张五常认为，"企业存在的唯一原因就是节省交易费用，企业关系实际上也是一种市场关系，甚至是一种高级的市场关系——要素市场关系。企业并不是为取代市场而设立,而仅仅是用要素市场取代产品市场"。"企业也是一种契约关系,用'一种契约取代另一种契约',是用关系契约取代市场契约。"威廉姆森对交易费用理论和企业的契约理论做了进一步的拓展,他认为,每一种安排都需要不同形式的契约法支持,其中,支持市场制和混合制的契约法分别是古典契约法和新古典契约法,而支持等级制的契约法则是关系型契约。企业与其治理结构的关键差别或者说性质上的不同主要是其契约形式不同,企业契约的性质是关系型契约,市场及其中间形式的契约性质是古典契约和新古典契约。

第二,团队生产起源理论。对企业的契约性质,阿尔钦和德姆塞茨不同意科斯等把企业看成是企业家与劳动力要素所有者之间签订的长期契约的观点。他们说:"无论雇主还是雇员都不会被那种必须继续他们之间的关系的合约义务所约束。雇主与雇员之间的长期合约不是我们所说的企业组织的实质。"在他们看来,企业实质上是由团队生产中的各种要素签订的一个合约结构构成的。按照他们的话说,团队生产是指这样一种生产:一是使用几种类型的资源;二是其产品不是每一种参与合作的资源的分产之和,由一个追加的因素创造了团队组织问题;三是团队生产中使用的所有资源不属于一个人。既然企业生产是一种团队生产,包含多种要素投入,与企业相关的契约自然就不是一个简单契约,而是由多方面的契约构成的有机体,阿尔钦和德姆塞茨称之为契约结构。

第三,委托代理理论。委托代理理论起源于 1986 年格鲁斯曼和哈特的一篇论文。他们认为,为了限制机会主义行为以及不完全契约而导致的高交易成本和低效率,应该将合约双方合并到一个企业中去,通过组织内部协调完成交易,以便降低交易成本。格鲁斯曼和哈特还引入了"剩余的控制权"的概念,认为订立完全合同的成本是巨大的,为此,交易的一方可能将不完全合同中"剩余的购买权"购买下来。如果合约的剩余权归一方所有,则剩余权持有者是雇主,没有剩余权的一方是雇员。企业内部交易的特点是只有一方拥有"剩余控制权"。

从以上几个流派的观点可以看出,尽管各派对企业的来源和特征描述有所差别,但在某些观点上仍然是一致的。例如,企业的出现是对市场的替代,这是企业生产的根本原因;企业在防范机会主义行为方面的卓越功能是企业存在的唯一原因。当然,也有学者批评上述理论具有片面性,忽视了"企业作为一个生产型的单位而存在的事实"。

2. 企业的边界与规模

在传统经济学中，企业的边界、最佳规模等问题并没有得到很好的解释。基于对纵向一体化问题的考察和对新古典经济学的反思，科斯开创性地提出了自己的企业边界理论。在科斯之后，威廉姆森等进一步推进了对企业边界问题的研究，企业边界理论逐渐变得重要起来。

为什么企业的规模不能扩大到整个经济呢？科斯认为，市场和企业是配置资源的不同机制，由于使用价格机制的市场存在较高的交易费用，当企业组织内部的交易费用低于市场交易费用时，企业这种配置资源的机制就会替代市场机制。企业的边界就会停在市场机制交易费用与企业内部交易费用边际相等的点上。这就是说，当在企业内部交易费用等于市场交易费用时，企业就达到了最大的规模。

对于同样的问题，张五常基于其合约选择理论提出了企业的规模的模糊性和边界不能确定的观点。为此，他向科斯提出了这样一个问题："如果苹果种植园园主和养蜂人签订合约，让蜜蜂为苹果树授粉，那么，这是一个企业还是两个企业？"科斯答不出来。张五常认为，苹果种植园园主与养蜂人之间签订的可能是蜂箱租赁合同、工资合约或苹果收成的分享合约，硬要问企业的边界毫无益处，要看一个合约是否替代了另一个合约，一旦合约的替代确定了，企业的规模也就确定了。

威廉姆森的企业边界理论是在科斯的边界理论的基础上发展而来的。但科斯的理论不能回答是什么因素决定了一笔交易在企业内部组织的费用高还是通过市场交易的费用高。为此，威廉姆森的企业边界理论引入了资产专用性、交易的频率等关键变量。威廉姆森认为，交易频率越低，资产专用性越强，人们进行交易的意愿就越少，垂直一体化就越容易发生。可以看出，随着资产专用性的加深，市场让位于双边治理，又让位于一体化。

1.1.3 契约理论

1. 契约的定义及分类

契约，最初仅是一个法学概念，而现在还是经济学、政治学和社会学等学科普遍使用的一个概念。对于契约的概念，新制度经济学更多的是从其制度特性和经济功能角度进行界定的，即把契约看作一种约束交易的具有一定经济价值的微观制度。例如，张五常就把契约定义为"当事人在自愿的情况下的某些承诺，它是交易过程中的产权流转形式"。威廉姆森则将契约看作与交易匹配的治理结构的重要组成部分和区分治理结构的核心维度。诺思明确指出，契约是制度的一部分，是一种微观的制度。

契约按照是否完备分为完全契约和不完全契约。完全契约是指在信息完全的情况下，缔约双方能完全预见契约期内可能发生的重要事件，并都在合同中明确约定分担这些事项，当产生争议时，第三方按照契约约定强制执行。不完全契约是指在信息不完全的情况下，契约当事人各方都知道契约的条款是不完全的，需要协调不同的激励约束机制来填补契约中的缺口，纠正扭曲的契约条款以更有效地适应以外的干扰。

2. 新古典契约理论

新古典契约是一种完全契约。它表现为契约条款在事前可以明确地写出，在事后能完全执行，若有纠纷可自我协调，若协调不成，通过一个外在的第三方强制执行。它把当事人看作理性预期的，把交易和契约看作连续可分的或一次性的。其代表人物包括瓦尔拉斯、埃奇沃思和阿罗等。瓦尔拉斯对契约论的贡献在于，他提出了在完全竞争的市场上，在供求不平衡时，由于保留了交易者重新签订契约的权力，契约的价格由供求力量的对比决定，最后达到市场均衡状态。埃奇沃思认识到了契约的不确定性，提出了"契约曲线"的概念。阿罗和德布鲁则用数学的方法证明了"竞争经济的存在性均衡"。尽管经过了多位经济学家的修正和发展，新古典契约理论仍处在交易双方信息完备的假设下，因此，很多现象仍得不到解释。新制度经济学正是对该假设进行了放松，进而得到了现代契约理论。

3. 现代契约理论

现代契约理论创立于20世纪70年代后期，其主要理论为完全契约理论和不完全契约理论。完全契约是指契约内容完全清晰，并在任何可能的状态下都可以被证实，法律执行有效的理想状态下的契约。不完全契约则是指缔约双方不能完全预见契约履行期内可能出现的各种情况，从而无法达成内容完备、设计周详的契约条款。

（1）委托代理理论：完全契约理论。

委托代理理论是建立在信息不对称的前提之下的。在两权分离的前提下，由于存在委托人的"隐藏行动"和代理人的"隐藏信息"导致的机会主义和道德风险问题，因而需要设计事前的"最适激励"机制，即事前设计一种完全合约来解决风险分担和有效激励的两难问题。委托代理理论的主要观点包括：委托代理关系是随着生产力大发展和规模化大生产的出现而产生的。其原因一方面是生产力发展使得分工进一步细化，权利的所有者由于知识、能力和精力的原因不能行使所有的权利了；另一方面是专业化分工产生了一大批具有专业知识的代理人，他们有精力、有能力代理行使好被委托的权利。但在委托代理的关系当中，由于委托人与代理人的效用函数不一样，委托人追求的是自己的财富更大，而代理人追求的是自己的工资津贴收入、奢侈消费和闲暇时间最大化，这必然导致两者的利益冲突。在没有有效制度安排的情况下，代理人的行为很可能最终会损害委托人的利益。而世界范围内——不管是经济领域还是社会领域，都普遍存在委托代理关系。

（2）GHM（Grossman-Hart-Moore）理论：不完全契约理论。

GHM 理论，是由格罗斯曼和哈特（1986）、哈特和莫尔（1990）等共同创立的，国内学者一般把他们的理论称为不完全契约理论。GHM 理论以合约的不完全性为研究起点，以财产权或（剩余）控制权的最佳配置为研究目的，是分析企业理论和公司治理结构中控制权的配置对激励和信息获得影响的最重要的分析工具。GHM 理论的主要观点包括：在复杂的世界中，人们难以对各种情况都做出计划，因而合约总是不完全的；企业和市场的区别是由剩余控制权的分布决定的，市场意味着剩余控制权在交易双方是对称分布的，而企业意味着剩余控制权的非对称分布；企业家和投资者之间的最优控制权结构应当是——"企业家在企业经营状态良好时获得控制权，反之投资者获得控制权"；等等。

1.2 公司治理研究的文献综述

1.2.1 内部治理

（1）公司的内部治理，是指公司的出资者为保障投资的收益，就控制权在由出资者、董事会和高级经理层组成的内部结构之间的分配所达成的安排。公司的内部治理机制是直接通过董事会、股东大会和经理层等公司内部的决策和执行机制产生作用的。关于公司内部治理方面，近年已有了大量的研究，并取得了较大的进展。下文将依次对这三方面的新近研究做出概述。

从近年的研究来看，对董事会在公司治理过程中的作用的研究，多集中在考察董事会成员各方面的特征对企业某个方面的经营表现的影响上。这些董事会成员特征包括政治关系、职业背景以及性别等。

第一，董事会成员的政治关联性。戴亦一、陈冠霖和潘健平（2014）通过数据研究发现，具有较强政治联系的独立董事的提前辞职，有更大的概率显示和传递企业的治理缺陷。刘颖斐和陈亮（2015）通过数据研究发现，独立董事存在政治关联的企业更愿意选择高质量的、昂贵的审计服务，而当政治关联存在于除独立董事以外的其他企业高级管理人员（以下简称"高管"）中的时候，企业更倾向于选择质量较低而廉价的审计服务。

第二，董事会成员的职业背景特征。杜兴强和路军（2015）通过数据研究董事的会计师事务所工作背景对企业现金持有水平的影响，发现董事的会计师事务所工作背景，显著地降低了企业的现金持有水平。这一效应在高速成长的企业以及管理层权力较大的企业中，尤为显著，因为这两类企业的潜在代理冲突和信息不对称问题更为严重，对财务柔性以及财务风险的有效控制具有更高的要求。吕兆德和徐晓薇（2016）研究了董事背景的多元化与董事长的过度自信，以及在此基础上企业的过度投资行为的关系，发现单纯依靠公司治理机制难以有效缓解董事长的过度自信以及企业的过度投资行为；但董事背景的多元化，则能够显著对董事长的过度自信以及企业的过度投资产生有效的抑制作用，同时，国有控股企业中董事背景的多元化对董事长的过度自信的抑制作用明显，但民营企业中这一作用并不明显。

第三，黄荷暑和周泽将（2015）通过实证研究发现，包括女性董事在内的女性高管，与企业社会责任信息的披露水平呈现出统计上显著的正相关关系，且相对于非国有企业，国有企业的女性高管与企业社会责任信息的披露水平之间的正相关关系更为显著。路军（2015）通过经验数据研究了包括女性董事在内的女性高管对企业违规概率具有显著的抑制作用，而进一步的研究发现，其中对企业信息披露的违规的抑制作用尤其明显，但对公司经营违规以及领导人违规的概率并没有明显的影响。陈金龙和肖玲（2015）则研究了女性高管与企业过度投资、企业价值之间的关系。研究发现，女性高管能够在一定程度上抑制上市公司的过度投资行为，其能对企业的价值产生正的影响；作者还进一步解释认为，上市公司的女性高管正是通过有效地抑制企业的过度投资，最终实现企业价值的提升。张横峰和梁国萍（2015）研究发现，董事会中女性董事较多的上市公司，要比女性董事较少的上市公司，会计决策更加稳健；女性董事在面临不确定性时，更可能增强企业的会计稳健行为。

（2）关于股权和经理人方面的研究，重点在这几个方面：委托代理之间的冲突对企业经营表现的影响、股权结构对企业经营表现的影响，以及经理人的不同特征对企业经营行为的影响。

第一，委托代理之间的冲突对企业经营表现的影响。在委托代理关系中，由于委托人与代理人的效用函数不一样，委托人追求的是自己的财富更大，而代理人追求自己的工资津贴收入、奢侈消费和闲暇时间最大化，这必然导致两者的利益冲突。在没有有效制度安排的情况下，代理人的行为很可能最终会损害委托人的利益。因此，委托人和代理人之间的利益关系，会对企业的经营表现产生重要的影响。南晓莉和杨智伟（2016）的研究表明，代理冲突在多元化程度较高的公司当中会更加严重，从而导致代理动机下的现金增持弱化了初始条件下多元化经营的现金减持功能，导致企业的现金持有水平提高，企业为了规避财务风险放弃较多的投资收益，经营行为变得更为保守。陈德球、杨佳欣和董志勇（2016）通过实证方法研究了家族控制和职业化经营特征对公司内部治理效率的影响，认为在职业经理人变更的情境下，家族控制特征的减少会减轻职业化经营的家族企业中的代理问题，同时会加重家族成员担任经理人的企业中的代理问题。刘晓霞（2016）以关系嵌入强度为核心，实证分析了实际控制人与总经理之间的关系嵌入强度对大股东与中小股东之间的代理成本（即大股东代理成本）的影响，结果表明，实际控制人与总经理的关系嵌入强度越大，大股东对中小股东的侵占越严重，大股东代理成本越高。

第二，股权结构对企业经营表现的影响。王心泉、张灏和郭跃（2016）以创业型企业为例，研究了创业型企业中股权特征、多元化战略与公司绩效三者之间的关系，结果表明，国家股比例、法人股比例和个人股比例与公司绩效负相关，三者比例过高均阻碍了公司绩效的提高；而法人股比例与多元化战略正相关，提高法人股比例有助于实施多元化战略。

第三，经理人的不同特征对企业经营行为的影响。陈英、李秉祥和李越（2015）通过实证研究发现，上市公司经理人的特征对长期资产减值会计政策的选择有显著影响。然而，各项特征的影响程度各有不同：经理人是否兼任、薪酬、持股和年龄这四个因素与长期资产减值会计政策的运用水平之间的相关性最为显著；而经理人任期和学历这两项特征，均未能通过相关性检验，因此在统计上影响并不显著。

1.2.2 外部治理

在市场经济条件下，市场评判是监督和约束经理层的主要依据，竞争机制是为监督和约束经理层提供基础。公司的外部治理是指，公司的出资者（股东和债权人）通过市场评判机制对经营者进行控制，以确保出资者收益的一种公司治理方式。

一般来说，公司外部治理研究的重点，多集中于外部治理环境对公司治理效率的影响，以及怎样有效进行外部治理上。例如，李科、徐龙炳（2009）通过实证方法研究发现，公司外部治理环境和资本结构对行业竞争具有重要的影响，其中，外部治理环境对行业竞争具有正面影响，良好的外部治理环境能够有效提高公司在行业中的竞争地位。简建辉、黄毅勤（2011）通过实证方法研究了外部治理机制对公司过度投资的作用，结论认为，具有较强的竞争性产品市场、政府的有效干预以及信贷资金分配的市场化，均能有效抑制公司的过度投资水平。李延喜、曾伟强、马壮和陈克兢（2015）从政府干预、金融发展水平以及法治水平三个维度考察了外部治理环境、产权性质对上市公司的投资效率的影响。

近年的研究不断地扩展了外部治理环境的概念外延，对非正式制度的影响的关注不断增加。曹春方、周大伟和吴澄澄（2015）通过实证方法研究了信任环境对公司投资-现金流敏感性的影响，发现较优的信任环境可有效减少民营企业经理人的代理问题，使民营企业对投资-现金流敏感性更低，且信任环境在公司内部治理水平较低的状况下，发挥了一定的替代作用。陈冬华、胡晓莉、梁上坤和新夫（2013）研究了宗教传统对公司治理的影响，研究发现，上市公司所在地的宗教传统越强，该公司的违规行为就越少发生；宗教传统能够有效控制上市公司的盈余管理；此外，上述关系在法律制度环境较好的地区更为明显，这意味着法律制度（正式制度）与宗教传统（非正式制度）之间可能存在一定的互补关系。

1.3　风险管控的概念及相关文献综述

1.3.1　法律风险与经济风险

（1）法律风险。《企业法律风险管理指南》（2012）将"企业法律风险"界定为"基于法律规定或者合同约定，由于企业外部环境及其变化，或者企业及其利益相关者的作为或者不作为导致的不确定性，对企业实现目标的影响"。因此，法律风险强调的是作为市场行为约束的外部法律框架的变化所导致的不确定性，以及其对企业经营的影响。

（2）经济风险。这是指因市场需求前景的不确定性，各经济实体在从事正常的经济活动时，经济上经受损失的可能性。因此，经济风险强调的则是来自市场行为主体本身的不确定性，以及这种市场行为决策上的不确定性所导致的相互影响。在简单商品的生产条件下，商品交换范围较小，产品更新的周期较长，故生产经营者易于把握预期的收益，经济风险不明显。随着市场经济的发展，生产规模不断扩大，产品更新加快，社会需求变化剧烈，经济风险已成为每个生产者、经营者必须正视的问题。总之，市场经济中的经济风险和经济利益是同时存在的，高风险往往伴随着高收益。因此，经济风险一方面能够激励经济主体趋利避险、加强和改善经营管理方式、改进技术、更新设备、降低消耗、提高经济效益、促进经济迅速发展；另一方面又能使市场主体追求盈利的冲动受到可能经受的经济损失的制约，使经济运行趋于稳定或停滞。

（3）风险管控。风险管控是企业内部控制的重要目标（李维安、戴文涛，2013），是指风险管理者采取各种措施和方法，消除或限制风险事件发生的各种可能性，或者减少风险事件所导致的损失。风险控制的四种基本方法分别是风险回避、损失控制、风险转移和风险保留。风险回避是投资主体有意识地放弃风险行为，完全避免特定的损失风险。损失控制是制订计划和采取措施降低损失的可能性或是减少实际损失。控制的阶段包括事前、事中和事后三个阶段。风险转移，是指通过契约，将让渡人的风险转移给受让人承担的行为。风险保留，即风险承担。也就是说，如果损失发生，经济主体将以当时可利用的任何资金进行支付。

1.3.2 法律风险管控

关于法律风险的研究，目前的重点放在法律风险对企业内部治理和外部治理的影响上。张建和魏春燕（2016）基于我国会计师事务所2010年以来陆续从有限责任公司制向特殊普通合伙制转变的制度背景，利用2009—2014年中国A股上市公司数据研究了事务所转制对审计经验与审计质量之间关系的调节作用，发现事务所转制强化了审计经验对审计质量的正影响。梅传强和李璐（2016）分析了民营企业民间融资在面临民事法律风险以及刑事法律风险时的行为决策以及两种法律风险对民营企业民间融资的影响，强调民营企业对民间融资法律风险的有效防控，不仅在于民营企业自身行为必须符合法律规定，也在于法律对于民间融资行为的协调。冯延超和梁莱歆（2010）通过数据考虑了公司的诉讼仲裁、违规处分等法律事件对审计收费和非标准审计意见的影响，发现上市公司所面临的法律风险与审计收费、非标准审计意见之间存在显著的正相关关系，表明了审计师在风险导向审计模式下，充分利用了公诉的诉讼仲裁和违规处分信息，修正了审计风险判断。

1.3.3 经济风险管控

关于经济风险，当前研究的热点主要是具有不确定性的外部环境对不同治理结构的企业行为的影响。申慧慧等（2012）从融资约束的视角，研究了环境不确定性对企业投资效率的影响，研究结果表明，在国有控股公司中投资偏离表现为投资过度，而在非国有控股公司中则表现为投资不足。余明桂等（2013）以1998—2011年A股上市公司为样本，检验民营化能否促进企业在投资决策中承担更多的风险，结果发现国有企业在民营化后风险承担水平显著提高。徐倩（2014）在考察环境不确定性对上市公司投资行为影响的基础上，分析了股权激励计划对这一相关关系的影响机制和作用效果，结果发现：企业所面临的环境不确定性会降低企业投资效率，导致过度投资或投资不足，而股权激励措施对不确定环境引起的管理者非效率投资行为有抑制作用。李文贵和余明桂（2012）基于沪深A股非金融类上市公司1998—2011年的数据，检验所有权性质如何影响企业的风险承担行为，以及这种影响在不同的市场化进程环境中是否存在差异。检验结果发现，国有企业具有显著更低的风险承担水平，而且，国家所有权的这种风险承担抑制效应主要存在于中小规模企业。

1.4 本书的写作思路

1. 公司治理的思路

以往对民营企业的公司治理的研究，较多的关注点落在民营上市企业上；对民营非上市企业公司治理的研究，并没有受到足够的重视。而民营非上市企业在我国市场上具有相当的地位，对我国市场经济建设具有重要的影响。但是，由于民营非上市企业所面临的外部环境以及内部治理问题，与民营上市企业相比，具有很大的不同。对民营上市企业的公司治理理论的研究，在一定条件下很难推广到民营非上市企业中去。了解民营非上市企业在公司治理过程中面临的特殊问题，有针对性地对民营非上市企业的公司治理方法进行研究，是本研究的一个重要创新之处。在公司治理中，股东管理是其中尤其重要的内容。股东管理是对股东之间和股东与公司之间关系进行的管理。其目的在于建立公司与股东之间、股东之间的信任关系，以实现公司利益最大化。以往的关于代理冲突问题的研究，局限于经理人行为的监督和约束，而对股东行为缺乏应有的关注。由于股东之间沟通不顺畅通常会使得公司陷入僵局，或者股东之间产生冲突并导致公司利益受损；股东与董事、管理层之间不信任，股东对公司日常经营活动产生干预甚至干扰，会导致公司出现经营困境。因此，在信息不对称的条件下，对股东的管理与对经理人行为的监督和约束具有同等的重要性；对这方面的研究，也是本研究的一个重要创新点。

2. 风险管控的思路

对于企业来讲，经营的根本目标是利益最大化，但如果为了谋取利益最大化而对风险疏于防范，企业就很容易遭受重大损失，甚至受到灾难性的打击。因此，本研究的一个重要思路是风险管控：企业根据自身经营业务的特点和企业性质，通过对公司治理结构的合理设计，有效分散和隔离风险，从而达到风险与收益平衡。

3. "建章立制"的思路

尽管面对不同风险，企业有各种临时的应对方法，但只有建立起完善的规章制度，企业才能在各类风险面前保持从容淡定。因此，本研究的另一个重要思路是"建章立制"：企业根据自身参与市场竞争的内外部环境，对涉及风险的重要事项，以企业规章制度的形式，对法律风险的事前预防、事中控制和事后补救措施做出明确规定。企业一方面需要依法制定企业规章制度，保证规章制度的合法性；另一方面企业应当根据自身情况，制定出符合自身的规章制度。同时，对于企业规章制度，应根据企业的发展和市场竞争环境的变化，适时做出相应的调整，以保证企业规章制度合理合法，并适应市场竞争的需要。

4. 背景资料的思路

理论来源于实践，又必将指导实践。理论离开了实践，便很容易成为一纸空谈；实践缺乏理论的指导，就成了在黑暗中摸索。因此，本研究的又一个重要思路就是理论与背景资料、案例的充分有机结合：通过收集整理大量国内外的现实案例，分析活生生的企业实际操作，既可加强对于理论的理解，又可给读者直观的参考和借鉴，具有十分重要的现实意义。区别于其他民营企业公司治理的研究，本研究的背景资料与案例具有以下明显的特点：一是内容非常丰富，每一章后面都附有大量的案例；二是代表性与典型性相结合，既包括了欧美等国家的案例，又囊括中国典型企业的例子；三是注重对比分析，通过不同资料的对比，得出更加完整可靠的结论。

参 考 文 献

[1] 陈冬华，胡晓莉，梁上坤，等. 宗教传统与公司治理 [J]. 经济研究，2013 (9)：71-84.

[2] 李科，徐龙炳. 资本结构、行业竞争与外部治理环境 [J]. 经济研究，2009 (6)：116-128.

[3] 曹春方，周大伟，吴澄澄. 信任环境、公司治理与民营上市公司投资-现金流敏感性 [J]. 世界经济，2015 (5)：125-147.

[4] 简建辉，黄毅勤. 外部治理机制与企业过度投资——来自中国 A 股的经验证据 [J]. 经济与管理研究，2011 (5)：63-71.

[5] 李延喜，曾伟强，马壮，等. 外部治理环境、产权性质与上市公司投资效率 [J]. 南开管理评论，2015 (1)：25-36.

[6] 陈英，李秉祥，李越. 经理人特征、管理层防御与长期资产减值政策选择 [J]. 管理评论，2015 (6)：140-147.

[7] 王心泉, 张灏, 郭跃. 创业型企业股权特征、多元化战略与公司绩效——基于创业板上市公司的实证研究 [J]. 求索, 2016 (1): 73-78.

[8] 刘晓霞. 从关系嵌入的角度看大股东代理成本——基于民营上市公司大股东与经营者关系的实证研究 [J]. 系统工程, 2016 (3): 38-46.

[9] 陈德球, 杨佳欣, 董志勇. 家族控制、职业化经营与公司治理效率——来自 CEO 变更的经验证据 [J]. 南开管理评论, 2013 (4): 55-67.

[10] 南晓莉, 杨智伟. 多元化经营、代理冲突与公司现金持有水平 [J]. 山西财经大学学报, 2016 (1): 112-124.

[11] 张横峰, 梁国萍. 女性董事提升企业会计稳健性了吗?——基于 A 股的经验证据 [J]. 江西社会科学, 2015 (6): 210-215.

[12] 路军. 女性高干抑制上市公司违规了吗?——来自中国资本市场的经验证据 [J]. 中国经济问题, 2015 (9): 66-81.

[13] 陈金龙, 肖玲. 女性高管、过度投资与企业价值的关系研究 [J]. 南京审计学院学报, 2015 (5): 77-85.

[14] 黄荷暑, 周泽将. 女性高管、信任环境与企业社会责任信息披露——基于资源披露社会责任报告 A 股上市公司的经验证据 [J]. 审计与经济研究, 2015 (4): 30-39.

[15] 戴亦一, 陈冠霖, 潘健平. 独立董事辞职、政治关系与公司治理缺陷 [J]. 会计研究, 2014 (11): 16-23.

[16] 刘颖斐, 陈亮. 独董与其他高管的公司治理作用有差异吗?——基于政治关联与审计契约视角的检验 [J]. 审计与经济研究, 2015 (1): 36-45.

[17] 杜兴强, 路军. 董事会计师事务所工作背景与企业现金持有水平——来自中国资本市场的经验证据 [J]. 审计与经济研究, 2015 (4): 40-49.

[18] 吕兆德, 徐晓薇. 董事背景多元化抑制董事长过度自信吗?——基于企业过度投资的角度 [J]. 经济管理, 2016 (4): 60-71.

[19] [美] 德姆塞茨. 关于产权的理论 [M] // [美] R. 科斯, A. 阿尔钦, D. 诺斯, 等. 财产权利与制度变迁——产权学派与新制度学派译文集. 上海: 生活·读书·新知三联书店上海分店, 1994: 97-98.

[20] [美] R. 科斯，A. 阿尔钦，D. 诺斯，等. 财产权利与制度变迁——产权学派与新制度学派译文集 [M]. 上海：上海三联书店，1991：97，166.

[21] [南] 斯韦托扎尔·平乔维奇. 产权经济学——一种关于比较体制的理论 [M]. 蒋琳琦，译. 张军，校. 北京：经济科学出版社，1999：28-29.

[22] [德] 菲吕博顿，配杰威齐. 产权与经济理论 [M] // [美] R. 科斯，A. 阿尔钦，D. 诺斯，等. 财产权利与制度变迁——产权学派与新制度学派译文集. 上海：生活·读书·新知三联书店上海分店，1994：204.

[23] [美] A. 艾伦·斯密德. 财产、权力和公共选择——对法和经济学的进一步思考 [M]. 黄祖辉，蒋文华，郭红东，等译. 黄祖辉，校. 上海：生活·读书·新知三联书店上海分店，1999：320.

[24] [美] 阿尔钦. 产权：一个经典注释 [M] // [美] R. 科斯，A. 阿尔钦，D. 诺斯，等. 财产权利与制度变迁——产权学派与新制度学派译文集. 上海：生活·读书·新知三联书店上海分店，1994：174，168.

[25] [美] 德姆塞茨. 关于产权的理论 [M] // [美] R. 科斯，A. 阿尔钦，D. 诺斯，等. 财产权利与制度变迁——产权学派与新制度学派译文集. 上海：生活·读书·新知三联书店上海分店，1994：107.

[26] [美] 德姆塞茨. 一个研究所有制的框架 [M] // [美] R. 科斯，A. 阿尔钦，D. 诺斯，等. 财产权利与制度变迁——产权学派与新制度学派译文集. 上海：生活·读书·新知三联书店上海分店，1994：196.

[27] 张五常. 制度的选择 [M] // 经济解释（卷三）. 香港：花千树出版有限公司，2007：263.

[28] [美] 科斯. 企业的性质 [M] // [美] 奥利弗·E. 威廉姆森，西德尼·G. 温特. 企业的性质：起源、演变和发展. 姚海鑫，邢源源，译. 北京：商务印书馆，2007：25-27，36，81.

[29] [美] 阿尔钦，德姆塞茨. 生产、信息费用与经济组织 [M] // [美] R. 科斯，A. 阿尔钦，D. 诺斯，等. 财产权利与制度变迁

——产权学派与新制度学派译文集. 上海：生活·读书·新知三联书店上海分店，1994：60，86.

[30] 张五常. 企业的合约性质 [M] //经济解释. 北京：商务印书馆，2000：354.

[31] [美] 奥利弗·E. 威廉森. 治理机制 [M]. 王健，方世建，等译. 陈光金，王志伟，校. 北京：中国社会科学出版社，2001：60.

[32] 张五常. 再论中国 [M]. 香港：香港信报有限公司，1987：99.

[33] 梅传强，李璐. 民营企业民间融资法律风险探析——以"刑民界分"为切入点 [J]. 扬州大学学报：人文社会科学版，2016 (1)：44-51.

[34] 张健，魏春燕. 法律风险、执业经验与审计质量 [J]. 审计研究，2016 (1)：85-93.

[35] 李维安，戴文涛. 公司治理、内部控制、风险管理的关系框架——基于战略管理视角 [J]. 审计与经济研究，2013 (4)：3-12.

[36] 冯延超，梁莱歆. 上市公司法律风险、审计收费及非标准审计意见——来自中国上市公司的经验证据 [J]. 审计研究，2010 (3)：75-81.

[37] 申慧慧，于鹏，吴联生. 国有股权、环境不确定性与投资效率 [J]. 经济研究，2012 (7)：113-126.

[38] 余明桂，李文贵，潘红波. 民营化、产权保护与企业风险承担 [J]. 经济研究，2013 (9)：112-124.

[40] 徐倩. 不确定性、股权激励与非效率投资 [J]. 会计研究，2014 (3)：41-48.

[41] 李文贵，余明桂. 所有权性质、市场化进程与企业风险承担 [J]. 中国工业经济，2012 (12)：115-127.

[42] Grossman S, Hart O. The costs and benefits of ownership: a theory of vertical and lateral integration [J]. Journal of Political Economy，1986，94：691-719.

[43] Hart O. Foundations of incomplete contracts [J]. Review of Economic Studies，1998，66：115-138.

[44] Hart O, Moore J. Property rights and the nature of the firm [J]. Journal of Political Economy，1990，98 (6)：1119-1158.

第 2 章
L集团公司治理的顶层设计

作为大型企业集团，L集团下属多家附属子公司。为实现良好的公司治理，集团公司的顶层设计是关键，具体涉及集团公司董事会、监事会、总经理以及公司党委的权力分配及制度设计。在现代公司治理中，如何平衡股东、董事、经理、监事的利益，防范相关法律风险，成为公司治理的关键。本章根据L集团的实际，通过参考国内外公司治理的经验，特别是国内其他大型企业集团的制度经验，分析并提出适合L集团实际的公司治理顶层设计方案。

2.1 L集团公司董事会

2.1.1 问题与分析

现代公司治理结构中，董事会是公司治理的核心。董事会作为公司的决策机构，其治理效率直接影响公司战略的选择与实施。实践中，尽管股东会享有公司重大事务的最终决定权，但其不参与公司的具体经营决策，而董事会却直接参与公司的经营管理，是连接股东和经理人的桥梁，是公司经济活动的统帅。因此，现代公司治理结构的核心问题就是建立一个规范的、高质量的、高效率的公司董事会。董事会的设计主要包括三个方面的问题：①L集团董事会制度模式的选择；②L集团董事会职责设计；③L集团董事会的人员构成。

在董事会制度模式方面，L集团拟采用的公司治理结构是由股东会、董事会和以CEO（首席执行官）为代表的经理层组成。换言之，L集团采用的是没有独立的监督机构的"单一委员会制"：股东会下只设董事会，不设监事会，董事会既是决策机构，又是监督机构；董事会聘任总经理，由经理负责公司的业务执行，经理对董事会负责，并接受董事会的监督。

该模式的选择虽然具有集权和高效的优点，但是，也与《中华人民共和国公司法》（以下简称《公司法》）中关于有限责任公司的公司治理结构的法律规定不符。笔者建议，根据《公司法》的要求，L集团在原有单一委员会结构中，设置1～2名监事，行使监督职能。股东会选举产生董事会和监事。改进后的L集团顶层设计见图2-1。

在董事会职责设计方面，我国公司法提供了有限责任公司的董事会职责的示范性规范。在日常的经济生活中，公司可以根据实际情况设计出符合公司特点的董事会职责。因此，L集团公司应当结合公司股权结构、行业特征等实际，设计出符合自身需求的董事会职责。例如，为加强董事长对公司的控制权，同时提高公司决策效率，L集团可以根据自身实际情况，在一定数额范围内，授予董事长对外投资、对外担保、重大资产购买、出售及抵押等方面的权利。

在董事会成员构成和激励机制方面，笔者认为，董事会成员的构成属于公司自治范畴，L集团公司可以根据公司的持股比例、业务发展等因素提名集团公司的董事会成员，并采用货币与非货币的方式激励董事会成员。

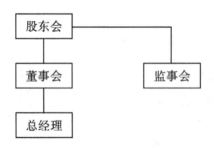

图2-1 L集团董事会架构设计

2.1.2 L集团董事会的风险管控

1. L集团董事会职责设计

根据我国公司法规定，公司董事会享有决策建议权和执行权以及公司章程规定的其他权力。具体而言，根据我国《公司法》的规定，有限责任公司董事会行使下列职权：①召集股东会会议，并向股东会报告工作、执行股东会的决议；②决定公司的经营计划和投资方案；③制订公司的年度财务预算方案、决算方案；④制订公司的利润分配方案和弥补亏损方案；⑤制订公司增加或者减少注册资本以及发行公司债券的方案；⑥制订公司合并、分立、解散或变更公司形式的方案；⑦决定公司内部管理机构的设置；⑧决定聘任或解聘公司经理及其报酬事项，并根据经理的提名决定聘任或解聘公司副经理、财务负责人及其报酬事项；⑨制定公司的基本管理制度；⑩公司章程规定的其他职权。

笔者认为，根据L集团的实际，可以增加董事会三方面的职权：股东管理，重大资产交易、对外投资、对外担保、对外借贷的审批权，聘任或解聘会计师事务所的权利。

（1）股东管理。

股东管理是对股东之间和股东与公司之间的关系进行的管理，其目的在于建立公司与股东之间、股东与股东之间的信任关系，实现公司利益最大化。由于股东并不一定参与公司的经营管理，在信息不对称的情况，股东可能会对董事会、经理层的决策产生误会，或者中小股东与大股东之间会产生误会。经验告诉我们，股东之间由于沟通不畅或产生冲突，容易使公司陷入僵局，导致公司利益受损。另外，股东与董事、管理层之间存在信息不对称的情况，股东因对管理层不信任而干扰公司日常经营活动，也容易导致公司陷入经营上的困境。

作为公司股东，其享有知情权、表决权和收益分配请求权等权利。同时，股东权利受到侵害时，还可以行使诉讼权请求法律救济。并且，公司法也规定了行使上述权利的程序。此外，《公司法》也规定了股东行使权利时应当履行的义务。如果股东滥用权利，也会对公司的经营状况产生不利的影响。此时，即使公司利用法律武器保护自己的权益，最终也都会造成"两败俱伤"的结果。因此，如果董事会提前介入，建立股东管理相关制度，在股东与公司管理层之间建立相互信任关系，对公司的经营管理和长远发展尤为重要。因此，笔者认为，L集团公司有必要建立股东管理制度，股东管理制度的内容应当包括股东管理的原则、具体措施和组织实施，并有必要将上述内容形成L集团公司内部的规范性文件。具体而言，包括以下内容：

1）股东管理应该坚持的原则。

第一，充分性原则。按照《公司法》及相关法律法规的规定，股东享有全面了解公司信息的权利，公司应当根据公司法及公司章程的规定，全面、完整地向股东披露公司发展战略、公司财务状况等信息。

第二，平等原则。公司应确保所有股东可以平等地获得公司的信息。

第三，主动性原则。公司应该通过多种形式主动加强与股东的沟通，包括设立专门的投资者咨询电话，在公司网站开设股东关系专栏，开展与股东见面活动，及时答复股东关心的问题。

第四，诚信原则。本着实事求是、诚实守信的宗旨，如实向投资者报告公司的经营状况。

第五，保密性原则。公司向投资者披露信息时，应当遵守公司相关规定，不能以任何方式泄露公司的商业秘密。

第六，高效率、低成本的原则。采用先进的技术手段，畅通沟通渠道，提高沟通效果，降低沟通成本。

2）股东管理的具体内容。

第一，定期及临时报告。组织和协调包括公司年度报告、半年度报告、季度报告等定期报告及临时报告的编制、设计、印刷、报送等工作。

第二，筹备会议。筹备年度股东会、临时股东会，准备会议资料，并按公司法、公司章程以及股东会、董事会议事规则履行通知等职责。

第三，网络信息平台建设。在公司网站中设立股东关系管理专栏，在网上及时披露与更新公司的信息。

第四，危机处理。在公司面临重大诉讼、重大重组、关键人员的变动、发生大额的经营亏损、盈利大幅波动、股票交易异动、由于自然灾害等不可抗力给公司经营造成重大损失等危机发生后迅速提出有效的处理方案，并告知股东。

第五，股东关系活动档案的建立、健全、保管等工作。档案文件内容至少记载股东关系活动的参与人员、时间、地点、内容及相关建议、意见等。

第六，一对一沟通。公司可在认为必要的时候，就公司的经营情况、财务状况及其他事项与股东进行一对一的沟通，介绍公司情况、回答有关问题并听取相关建议。

第七，现场参观。在必要的时候，公司可安排股东到公司或募集资金项目所在地进行现场参观。

第八，电话咨询。公司设立专门的股东咨询电话，股东可利用咨询电话向公司询问、了解其关心的问题。咨询电话由专人负责，并保证在工作时间有专人接听和线路畅通。如遇重大事件或其他必要时候，公司应开通多部电话回答股东咨询。

第九，业绩说明会。公司可以在年度财务报表做出之日起，15个工作日内召开业绩说明会。公司应当至少提前3天通知召开业绩说明会的日期及时间（不少于2个小时）、召开地点、公司出席人员名单等。

公司董事长（或总经理）、财务负责人、董事会秘书，应当出席说明会，会议应包括下列内容：①公司所处行业的状况、发展前景、存在的风险；②公司发展战略、生产经营、募集资金使用、新产品和新技术开发；③公司财务状况和经营业绩及其变化趋势；④公司在业务、市场营销、技术、财务、募集资金用途及发展前景等方面存在的困难、障碍或损失；⑤股东关心的其他内容。

3）股东管理的实施。

第一，股东管理事务的第一负责人为公司董事长，董事会秘书为公司股东关系管理事务的主要负责人。除非得到明确授权并经过培训，公司其他董事、监事、高级管理人员和员工应当避免在投资者关系活动中代表公司发言。

第二，董事会秘书全面负责公司股东管理工作。董事会秘书在全面深入地了解公司运作和管理、经营状况、发展战略等情况下，负责策划、安排和组织各种股东管理活动。

第三，董事会秘书负责组织对公司高级管理人员及相关人员就股东管理工作进行全面和系统的培训。在进行股东活动之前，董事会秘书应组织对公司高层管理人员及相关人员进行有针对性的指导。

第四，董事会秘书应持续关注新闻媒体及互联网上有关公司的各类信息并及时反馈给公司董事会及管理层。

第五，在不影响生产经营和不泄露商业机密的前提下，公司的其他职能部门，各分公司、子公司及公司全体员工有义务协助股东管理部门实施股东管理工作。

第六，股东关系管理的工作职责如下：①撰写反映公司股东关系状况的研究报告，供董事会参考。②信息采集。组织公司重要法律文本（包括定期报告）的编制，深入了解公司的运营机制及经营状况；建立和完善公司内部信息沟通制度；参加公司重大会议。③信息沟通。收集公司股东的相关信息，将股东对公司的评价和期望及时传递到公司董事会及其他决策部门。④定期及临时报告。组织和协调包括公司年度财务报告等的编制、设计、印刷、报送等工作。⑤落实股东管理的其他措施。

（2）重大资产交易、对外投资、对外借贷、对外担保的审批权。

《公司法》规定，"一定数额以上的重大资产转让、受让，对外担保，对外借贷，对外投资事项需要经过股东会同意"。因此，董事会有权决定"一定数额以下的重大资产转让、受让，对外担保，对外借贷，对外投资事项"。具体数额由L集团根据公司实际情况决定。

（3）聘任或解聘会计师事务所的权利。

根据股东会与董事会的分工，聘任或解聘会计师事务所的职权既可以由股东会行使，也可以由董事会行使。因此，L集团可以在公司章程中明确，由董事会聘任或解聘会计师事务所。

2. L集团董事会成员

（1）董事会成员的组成。

《公司法》第四十四条规定，有限责任公司设董事会，其成员为3～13人。因此，法律并不要求董事会成员的人数必须为奇数。但是，如果一个公司的股东为偶数，而且各自选派同等人数的董事，而公司章程又规定，董事会决议需超过半数的董事同意方能通过，就极有可能出现董事会无法通过决议，造成公司僵局，进而引发公司陷入治理混乱的情形。又根据中国社会科学院公布的上市公司董事会组成人员进行分析，我国A股市场上市公司董事会组成人员主要以9人、11人、15人为主，9人的情况最多。另外，有的公司在董事会内部区分执行董事（内部董事）和非执行董事（外部董事），上市公司还要求设立独立董事。目前，我国公司董事会的成员组成主要有以下几种情况：

第一种，董事会成员人数为奇数，按照每人一票的议事规则进行，董事会决议需超过半数的董事同意才能通过。比如，华润三九药业（国有上市公司）董事会由11名董事组成，设董事长1人；益佰制药（民营上市公司）董事会由11名董事组成，设董事长1人。

第二种，董事会成员人数为偶数，按照每人一票的议事规则进行，董事会决议需超过半数的董事同意才能通过。当票数相等时，董事长有额外多一票的投票权。比如，信邦制药（民营上市公司）董事会由12名董事组成，设董事长1人，副董事长1人；梅雁吉祥（上市公司）和实达集团（上市公司）董事会都由8名董事组成，设董事长1人。

另外，当董事会人员为偶数时，董事长可以有额外多一票的表决权，以免出现表决僵局。比如，浙江海正药业（民营上市公司）、通化东宝药业（民营上市公司）等均曾出现因董事辞职或罢免董事而导致董事会成员为偶数的情况，在这种情况下，当票数相等时，董事长有额外多一票的投票权。

第三种，设置执行董事（内部董事）和非执行董事（外部董事）等。

1）执行董事（内部董事）。

执行董事本身作为一个董事参与企业的经营，是在董事会内部接受委任担当具体岗位职务，并就该职务负有专业责任的董事。例如：益佰制药（民营上市公司）董事会由11名董事组成，其中董事长1人、董事会秘书1人、独立董事3人，3名董事中有2人分别兼任总经理及副总经理，另有1人只担任董事而不担任其他任何职务。

2）非执行董事（外部董事）。

非执行董事指的是只担任董事，不担任其他任何职务的董事。例如：江中制药（民营上市公司）董事会由11名董事组成，其中董事长1人（兼任总经理），独立董事3人，5人只担任董事而不担任其他任何职务。公司副总经理（2人）由非董事担任。

3）独立董事。

根据《关于在上市公司建立独立董事制度的指导意见》，上市公司董事会应当至少包括1/3的独立董事成员。一般而言，绝大多数公司设置的独立董事人数是刚好达到1/3的，但也有设较多独立董事的情况。比如，梅雁吉祥的董事会由8名董事组成，其中5名是独立董事（但该公司股权高度分散，这种独立董事数量是董事人数几倍的公司极为罕见，而且其公司治理结构受到了批评）。

笔者认为，董事会的规模取决于公司规模、股东人数等因素，基于L集团规模较大、员工较多，中等规模的董事会既能集思广益，又能保障董事会会议效率、决策效率。同时，为避免公司僵局的出现，建议董事会成员人数为奇数。由于L集团目前尚未上市，法律不要求其设立独立董事，故L集团暂时无须设立独立董事。但是，考虑到未来公司的上市需求，无论其在国内上市，还是在境外（如香港）上市，均要求设立独立董事。

因此，笔者对L集团董事会具体制度建设的建议是，董事会由9名董事组成，设董事长1人，未来可考虑设3名独立董事。

(2) 董事任职条件。

对于董事的任职条件,国际上通常有两种模式,即无资格股要求和有资格股要求两种。

1) 无资格股要求。

公司董事无须持有本公司股份。大部分公司采取此做法。例如:中国生物制药(香港上市内地民营药企),不要求将董事或候补董事持有本公司的任何股份作为资格条件。

2) 有资格股要求。

英美国家公司章程往往规定,公司的每一个董事都必须持有公司章程所规定的特定数额或比例的股份,但现在已逐渐取消该规定。

要求董事具有资格股的原因有两个:一是可以加强公司和董事之间的利益联系,直接刺激董事在为公司服务的过程中贡献出其最大的聪明才智和能力,以便使自己在公司的投资中获得尽可能大的收益;二是资格股可以作为担任公司董事职务的质押品,如果董事玩忽职守、违反法令和股东大会的决议擅自行动,从而给公司带来经济损失,其资格股就可以作为对公司的直接赔偿。

要求董事具有资格股的弊端在于不仅会阻止具有经营才能但缺乏资金的人出任董事,而且在公司经营陷于困顿时,会置董事于遭受公司解聘和股票价值减损的双重风险之中,这对董事而言显得似乎过于严厉。

从英美公司法的发展来看,即使要求董事必须持有公司股份,该持股比例也是非常低的,甚至不再要求董事持有公司股份。这种发展趋势主要是基于一种认识:某些具备商业才能的人才未必有足够的资本去持有公司的股份,如果公司因为资格股的限制而丧失了这类人才,将是非常可惜的。除此之外,把董事和公司的利益一致化的手段很多,如股权激励机制等措施,也能达到相应的效果。鉴于这些因素,公司便没有必要设置资格股条件来保证董事对公司的勤勉尽责。

因此,笔者建议 L 集团董事的选任不需要资格股,只需要根据《公司法》的要求,规定董事的消极任职条件即可。但是,考虑到国家法律法规及规章变化的可能性,建议增加"国家法律、行政法规规定的其他情形"作为消极任职条件的兜底条款。

不得担任公司董事的具体制度设计如下:

第一,无民事行为能力或限制民事行为能力。

第二，因贪污、贿赂、侵占财产、挪用财产或破坏社会主义市场经济秩序，被判处刑罚，执行期满未逾5年；或者因犯罪被剥夺政治权利，执行期满未逾5年。

第三，担任破产清算的公司、企业的董事或者厂长、总裁，对该公司、企业的破产负有个人责任的，自该公司、企业破产清算完结之日起未逾3年。

第四，担任因违法被吊销营业执照、责令关闭的公司、企业的法定代表人，并负有个人责任的，自该公司、企业被吊销营业执照之日起未逾3年。

第五，个人所负数额较大的债务到期未清偿。

第六，国家法律、行政法规规定的其他情形。

（3）董事的权利义务与职责。

1）董事的权利。

《公司法》对董事的权利的规定，主要是：第一，出席董事会会议的权利。依公司法规定，董事会会议应由董事本人出席。第二，表决权。董事在董事会议上有就所议事项进行表决的权利。第三，公司章程可以对董事权利做出更多的规定。

2）董事的义务。

《公司法》规定，董事对公司负有忠实义务和勤勉义务。董事的忠实义务包括以下内容：第一，不得利用职权收受贿赂或其他非法收入，不得侵占公司财产。第二，不得挪用公司资金。第三，不得将公司资产或资金以其个人或其他个人名义开立账户存储。第四，不得违反公司章程规定，未经股东会或董事会同意，将公司资金借贷给他人或以公司财产为他人提供担保。第五，不得违反公司章程规定或未经股东会同意，与本公司订立合同或进行交易。第六，未经股东会同意，不得利用职务便利，为自己或他人谋取本应属于公司的商业机会，自营或为他人经营与公司同类的业务。第七，不得接受公司的交易佣金归为己有。第八，不得擅自披露公司秘密。第九，不得利用其关联关系损害公司利益。第十，法律、行政法规、部门规章以及公司章程规定的其他忠实义务。但是，《公司法》并没有明确董事勤勉义务的具体内容，部分公司则在公司章程中进一步细化了董事的勤勉义务。

笔者建议，L集团可以参考其他公司有关董事勤勉义务的规定，同时在公司章程中规定董事勤勉义务的具体内容。

（4）董事的任免。

1）董事的提名。

根据《公司法》规定，股东会有权选举和更换非由职工代表担任的董事、监事，决定有关董事、监事的报酬事项。另外，单独或者合计持有公司3%以上股份的股东，可以在股东大会召开10日前提出临时提案并书面提交董事会。因此，理论上，单独或者合计持有公司3%以上股份的股东均享有董事的提名权。

笔者认为，L集团作为非上市公司，股权结构较为集中，母公司牢牢掌握着控股权，因此，目前尚无建立提名委员会的必要，直接由股东提名董事即可。

2）董事的任期。

《公司法》第四十五条规定，董事任期由公司章程规定，但每届任期不得超过3年。董事任期届满，连选可以连任。

聘用一名董事的合同期长短对他的作用和工作效率是一个重要的影响因素。3年的较短任期会给董事很大的业绩压力，他们想要继续被聘用就必须努力取得好的业绩。如果合同任期长达5年或更长，就会造成相反效果。董事对企业发展本该有的、必要的长期眼光也会增加另一种危险，即工作压力下降。

笔者建议，L集团规定董事任期为3年，连选可以连任。

3）董事的辞职。

《公司法》并没有规定董事的辞职程序，但根据《上市公司章程指引》第一百条，"董事可以在任期届满以前提出辞职，董事辞职应向董事会提交书面辞职报告。……如因董事的辞职导致公司董事会低于法定最低人数时，在改选出的董事就任前，原董事仍应当依照法律、行政法规、部门规章和本章程规定，履行董事职务。除前款所列情形外，董事辞职自辞职报告送达董事会时生效"。

虽然法律并未对非上市公司董事辞职程序做出规定，但为完善公司治理规章制度，规范董事辞职程序及其效力，公司可以参考上市公司的做法，规定董事的辞职程序。笔者建议，L集团可以在公司章程中规定，董事辞职应当向董事会提交书面辞职报告，且董事辞职自辞职报告送达董事会时生效。董事辞职后，再由股东会选举产生新的董事。

4）董事的罢免。

如前所述，股东会有权选举和更换非由职工代表担任的董事、监事，决定有关董事、监事的报酬事项。按照此规定，公司有权随时罢免公司董事。但是，《上市公司章程指引》又规定，上市公司股东大会不得无故罢免公司董事。

笔者认为，L集团作为非上市公司，不需要遵守《上市公司章程指引》的规定，因此，股东会有权随时罢免董事。其程序应当是：股东提出罢免董事的提案，交股东会表决，股东会以一般决议（1/2）的形式通过，该董事职务即被罢免。

(5) 董事的薪酬（同时适用于总经理、监事等公司高管）。

董事的薪酬是公司治理的重要内容。但纵观我国法律法规，只有《上市公司章程指引》和《公司法》对上市公司董事薪酬稍有涉及，也没有具体明确的规定。现实是，有的董事不在公司领取报酬，有的董事比照经营层的薪酬而定。董事的薪酬基于两个目的：一是将股东的利益和董事的利益绑在一起；股东不可能亲自监督管理层，他们需要委托或"雇佣"董事来完成这项工作，董事作为股东的代理人，薪酬无疑是将两者之间的利益关系趋向一致的重要工具。二是补偿董事的劳动和其对公司的贡献。公司董事往往具有特定的技能和经验，尤其独立董事更是如此，其时间和精力的投入也往往有较高的成本。董事的报酬应能充分补偿董事的劳动，而不应该是象征性的，以避免董事在其位而不谋其政的现象。因此，董事薪酬应当包括以下内容：以短期的现金激励为主，辅之以延期支付的长期激励和非现金激励作为限制。

1）物质激励。

一般而言，董事的物质性薪酬可以划分为六类：①基本薪酬，是指年度基本工资和其他常规薪酬（如与业绩无关的奖金）；②非固定奖金，是指与个人业绩相关的现金薪酬；③长期激励计划，包括年度赠与的股票和期权在赠与日的估价价值以及其他长期激励性奖励的价值；④法定公司补贴，是指公司需支付的社会保障、法定福利和法定离职补偿等；⑤公司自愿补偿，是指公司自愿提供个人退休计划、人寿保险、意外险和其他福利计划（包括经理人的养老金）；⑥特殊津贴，包括年度健康检查、公司供车、俱乐部会员资格、额外假期、移动电话、娱乐补贴、低息贷款以及财务顾问等的年度现金价值。

美国上市公司董事的薪酬一般由董事会下设的薪酬委员会决定，薪酬待遇组成包括薪水、奖金、股票期权与其他长期激励薪酬、福利和津贴。日本上市公司薪酬待遇组成为年薪、奖金、津贴。长期激励在薪酬结构中占很少比例，原因在于日本上市的交叉持股现象和主银行制度，使得法人股东和银行倾向于长期持有公司股份，因此愿意主动积极参与公司的管理，而不需要加大对代理者的激励程度。

我国董事的物质性薪酬一般包括以下方面：

第一，基本年薪。用于保障高管们基本的生活水平，一般固定按月发放。从薪酬水平策略来看，为体现薪酬的竞争力，高管整体薪酬的水平应当采取领先策略，但基本年薪的部分则未必。高管的基本年薪水平确定一般有两种方式，根据总薪酬的市场水平和固定收入所占比例确定，或者根据与中层或员工的固定薪酬的比例关系确定，一般地，高层与中层的固定薪酬之间的比例在2～5倍比较合适。

第二，考核年薪与奖金。用于进行短期激励，一般与当年公司业绩相结合。考核年薪一般会在实现约定基数后，在年底根据业绩考核发放。考核年薪一般会与公司KPI（关键绩效指标）和个人KPI挂钩，挂钩的方式有四种：①完全与公司KPI挂钩。即考核年薪的发放完全根据公司KPI的考核结果确定，这种方式适用于小型企业或处于发展期的企业，由于高层分工不是很严格、清晰，因而更适合用团队业绩来决定奖金。另外，在某些国有企业，由于其往往不愿意过多地拉开差距，因此也有可能采用这种方式。②公司KPI占比较大，个人KPI占比较小。这适用于单个部门对公司业绩影响较小的企业，或者文化上推崇平均分配、团队主义的企业，或者应当提倡协作的企业。③公司KPI占比较小，个人KPI占比较大。这适用于部门业绩能够很明显地计量，以及推崇个人英雄主义文化的企业。④完全与个人KPI挂钩。这适用于公司目标得到了良好分解的企业，即个人KPI能够有效、全面地支撑公司KPI的企业。

年终常规奖金与考核年薪不同，通常没有基数，也不会与很全面的考核指标相关联，而是代之以关键的1～2个指标。常用的如：净利润、净利润或收入的增长率、净资产收益率、投资回报率（确定投资基数和回报率底线）等。

第三，长期激励。长期激励是相对以上的基本年薪、考核年薪与奖金等短期激励方式而言的，一般用于激励高管不仅关注当下的业绩，也关注公司的长远发展，同时也用于长期保留高管。长期激励的方式一般有如下几种：①任期奖金；②与服务年限挂钩的奖金；③期股与期权；④分红权或利润。

第四，福利。非货币化的薪酬项目，用于增强对高管的保留能力。福利是提高对高管保留能力的激励手段，一般是指职务消费，通常用于满足高管的社会地位、自豪感等精神激励需求。对高管支付的福利形式多种多样，例如住房、车辆、保险、通信费用、出差费用、旅游、健康基金、教育基金等。一般而言，如果为了提高激励效果，可以设计福利自选包，由高管在基本福利的基础上自行选择最具激励效果的福利项目。同时，福利也可以借鉴任期奖金的发放方式，从而形成"金手铐"，起到保留关键人员的作用。常用的方式如：公司补贴购买住房，当员工服务满一定年限，则可以获得房屋的产权；如果提前离职，则应向公司支付公司为其垫付的房款或退回房屋、公司返还个人购房的现金。

基于上市公司设立独立董事的现实情况，目前我国的董事薪酬体系首先对董事进行分类，然后据此对董事薪酬实行差异化管理。（见表2-1）

表2-1　董事薪酬管理模式选择方式

董事类别	执行董事/内部董事	外部董事/独立董事
薪酬模式	按照在公司任职的职务与岗位责任确定薪酬标准，多半不再另行领取董事津贴	不在公司任职且不直接参与经营管理的外部/独立董事不在公司领取薪酬，实行固定津贴制度

2）精神激励。

管理学认为，精神需求是人的基本需求。追求成功的事业、良好的荣誉和高尚的地位，享有较高的权力、受人爱戴和尊重本身就是人的内在需要。随着社会的进步和人类整体生活水平的不断提高，金钱等物质激励作用的边际效应越来越小，而精神激励作用的边际效应越来越大，重视对董事的精神激励是十分重要的，也是十分必要的。

精神激励是指通过一系列非物质的方式来满足个体的心理需要，激发其工作活力。精神激励是一种强有力的精神力量，在物质激励发挥的作用越来越有限，甚至带来了恶性竞争和负面影响的情况下，公司应当重视并提高对董事等高级管理人员的精神激励。参考其他公司的经验，结合L集团实际，笔者建议，对董事的精神激励应包括以下方面。

第一，事业激励。事业激励，就是指经营者所从事的企业经营管理工作能给经营者带来的激励，即精神上的愉悦和心理上的满足，而这种愉悦和满足又能带来持续的动力。在我国的家族企业中，特别是传统的家族企业中，家长制作风普遍存在，董事等高级管理人员根本不具有自主权，只是被动地接受工作，这样就会降低董事的工作积极性。因此，摈弃传统的家长制作风，应给予董事一定的自主权，让他们自己来制定工作目标。这样不但能让董事感觉到对他们的信任，同时，自己制定的目标更能调动他们的内在潜力。

第二，声誉激励。事实证明，公司高层管理者一向格外重视自身长期职业生涯的声誉，这也是激励他们努力工作的重要因素。董事的声誉激励，就是通过社会各界、政府部门对公司董事授予各种荣誉称号，如"优秀企业家""劳动模范""先进人物"等，以提高其社会声望，使其获得精神上的满足。

第三，地位激励。所谓地位激励，就是赋予董事崇高的社会地位和经济地位，以此激励其努力工作。作为社会属性比较显著的公司经营管理人员，其渴望受人尊重、爱戴的社会地位的需求强于一般人，可为他们谋求例如人民代表大会、中国人民政治协商会议代表等职位，获得参政议政的地位。

第四，权力激励。权力激励，就是赋予经营者相应的自主权、控制权和对企业剩余价值的一定索取权，使其全面负责企业经营活动，以激励他们创造性地工作，驾驭风险，取得效益，使经营者个人行为目标与企业目标一致，达到激励相容。因此，公司可以在一定范围内对董事进行授权，赋予他们决定公司重大经营事项的权力。这一方面满足了他们施展才能、实现自我价值的需要；另一方面也满足了他们控制他人或感觉比其他人优越的欲望，出于负责地位的权力需要，董事可具有职位特权，可以享受在职消费，这给予了他们更多利益的满足。

董事的薪酬是公司治理的重要内容，但我国法律法规中，只有《上市公司章程指引》和《公司法》对董事薪酬稍有涉及，没有规定具体内容，而是由各个公司根据自身实际情况决定。

参考其他公司的做法，笔者建议，董事薪酬包含三部分，即基本年薪（固定）、绩效年薪和奖励薪酬（变动）。这种做法的好处是使公司的盈利情况与董事的考核结果挂钩。此外,还可以考虑给予董事一定形式的福利。另外,美国等发达国家对董事薪酬还设置了股票期权制度,然而,该制度目前在我国尚缺乏法律和相关配套措施,在一些上市公司的实施效果不是很理想。考虑到 L 集团的实际,笔者认为应当谨慎选用股票期权制度。L 集团可以根据自身实际,努力为公司董事营造良好的工作条件和工作环境,并综合运用物质激励与精神激励手段相结合的手段,用事业留住人才、用感情留住人才。

(6) 董事的治理风险与防范。

董事会决策由董事根据"一人一票"的方式做出,董事会决策的合法性、合理性与董事的行为密不可分。《公司法》规定,董事应当履行忠实和勤勉义务。董事的法律风险表现为对《公司法》上的义务和公司章程规定的义务的违反,主要包括两个方面:一是违反《公司法》的禁止性规定,包括竞业禁止、未经同意的自我交易、挪用资金等;二是对公司决策(主要是董事会决议)承担的义务。《公司法》规定,董事需要对董事会决议事项的真实性、合法性承担法律责任,但是在董事会决议上明确表明反对意见的董事可以免责。另外,我国《公司法》并没有规定商业判断规则,这就要求董事提供的决策意见应当符合自身专业背景、资质和管理职责所要求的标准,能够有高于一般人的远见。若董事违反忠实和勤勉义务,公司股东和监事会可以依照《公司法》的规定提起直接诉讼或代表诉讼。董事承担的法律包括:公司董事违反竞业禁止、自我交易等忠实义务所得的收入应当归公司所有;董事执行公司职务时违反法律、行政法规或公司章程的规定,给公司造成损失的,应当承担赔偿责任;对违反刑法构成犯罪的董事,还应当承当刑事责任。

为防范上述法律风险,公司可以采取以下措施,一是由法律专业人员,如律师对董事进行职业风险防范方面的培训,对董事的职业法律风险进行定期评估和法律辅导;二是通过购买董事责任风险转移可能面临的赔偿责任。

(7) 董事长。

1) 董事长的产生。

《公司法》规定,董事会设董事长一人,可以设副董事长。董事长、副董事长的产生办法由公司章程规定。大多数公司规定董事长由董事会以全体董事的过半数选举产生。比如,众生药业(上市公司)的章程规定,董事长和副董事长由董事会以全体董事的过半数选举产生。

2）董事长的职责。

《公司法》只规定董事长享有主持股东大会和召集、主持董事会会议的权利。一般情况下，公司通过公司章程、董事会议事规则等规定董事长的职权。

笔者建议，为加强董事长对公司的管控，同时提高公司决策效率，L集团应根据自身的实际情况，在一定数额范围内，授予董事长对外投资、对外担保、重大资产购买、出售及抵押等方面的权利。

（8）董事会秘书。

根据我国《上市公司治理准则》的规定，上市公司必须设立董事会秘书一职。上市公司的董事会秘书是对外负责公司信息披露事宜，对内负责筹备董事会会议和股东大会，并负责会议的记录和会议文件、记录的保管等事宜的公司高级管理人员，董事会秘书对董事会负责。

我国当前法律没有硬性要求非上市公司必须设立董事会秘书一职。在实践中，新三板公司及拟上市公司会设立董事会秘书一职。比如，时空客新传媒（大连）股份有限公司（新三板上市公司）的规模与L集团大致相当，其董事会秘书由副总裁兼任。据了解，大部分非上市股份公司不设立董事会秘书制度。

笔者建议，L集团应设立董事会秘书一职。首先，董事会秘书能集中处理公司许多程序性、辅助性的事务，使公司决策者和经营管理人员能将更多的精力集中于公司的经营管理，提高决策效率。其次，董事会秘书制度使得公司运作更加规范化，也使得信息的沟通和决策的执行渠道更加顺畅。董事会秘书充当着董事与公司之间、股东与公司之间的联系人，并对公司的全部行为是否符合相关法律、法规的要求负责，能够提高公司治理的效率。

1）董事会秘书的任职条件。

董事会秘书作为公司高管，其任职条件同董事相同。同时，部分公司还规定了董事会秘书的积极任职条件。

据调查显示，只有过董事会秘书从业经历的仅占1%，其余董事会秘书均具有其他从业经历。有过行政工作经历的占比最多，达到47%；从事过公司生产、销售管理工作的占比21%；从事过财务工作的占比19%；从事过科研技术类工作的占比8%；从事过金融或法务工作的占比4%。

进一步分析董事会秘书的来源，可知，有48%的董事会秘书为本公司其他岗位人员或从母公司及其控股公司调任/升任董事会秘书，有25%的董事会秘书是由本公司其他岗位人员兼任，这两种情形相加总占比高达73%。另有9%的董事会秘书是从其他上市公司跳槽而来，有8%的董事会秘书是从金融企业、投资咨询公司跳槽而来。

为节省人力成本，L集团可采用由副总经理（或其他职位）兼任董事会秘书的方式。

2）董事会秘书的任免。

董事会秘书作为公司高管，其产生同公司总经理的产生办法一致，即由董事长提名，经董事会聘任或解聘，董事会秘书对董事会负责。

3）董事会秘书的职责。

董事会秘书应当密切配合董事会和董事，协助董事会处理公司事务。在办会方面，董事会秘书应该保证公司决策机制的顺畅；组织董事会会议；与公司董事会或董事长共同制定会议议程，就会议备忘录与文件内容向组织提出建议；收集、组织和分发会议所需的文件和其他资料；准确、清楚、完整地做好会议记录，妥善保存会议记录和经认证的副本；保证董事会能够便利地获取信息，以便把更多的精力投入董事会决策中。董事会秘书还必须确保任命董事的程序得到适当执行，有效协助董事就职，科学评估董事和经营管理者的特别培训需要。董事会秘书还要做好董事会文件的撰拟工作，并且保证其符合公司治理所要求的标准。

笔者认为，L集团董事会秘书应当承担如下具体职责：

第一，负责传达董事会的决定和指示，搞好各部门、各子公司间的协调，督促检查贯彻执行的情况。

第二，负责审核由董事会聘用人员的任免、聘用、提拔、调动方案，掌握相关资料，并上报董事会。

第三，根据公司的经营发展要求，协助董事会进行发展方向的研究，参与制定公司发展目标、发展战略、中长期规划和年度工作计划，并检查了解实施情况。

第四，负责拟定公司章程的修改方案和权属决策层制定的相关制度，并上报董事会。

第五，负责对公司各项重要规章制度的审核，推动公司制度创新。

第六，负责协助公司董事会掌握企业状况，定期向董事会提供信息和工作建议。

第七，负责对董事会提出的问题进行调查、协调和处理。

第八，负责董事会主持或筹办会议的筹备工作，确定会议时间、地点、与会人员和会议议程，并发出通知。

第九，负责做好董事会、办公会等会议的记录，必要时形成会议纪要并下发。

第十，负责综合性文件的传递、传达、催办与检查。

第十一，协助董事会接待外来宾客，负责同政府相关部门的联络工作。

第十二，收集整理公司和董事会的各项重要工作、活动信息，编写公司工作年鉴和简报。

第十三，负责监督公司印章、董事会名章和公司证照等的使用情况。

第十四，负责协调股东之间的关系以及股东查阅相关文件的事项。

第十五，负责承办董事会交办的其他工作。

4）董事会秘书与董事长秘书的区别。

第一，在公司中的地位不一样。董事会秘书是由董事会直接聘任的公司高级管理人员，这是在《股票上市规则》《上市公司章程指引》等很多文件里有所规定的。而董事长秘书一般是董事长或公司人力资源部聘用的。

第二，工作职责和内容不一样。董事会秘书的职责和工作内容包括：负责组织筹备股东大会和董事会；组织实施投资者关系管理；协调相关部门的关系，确保公司规范运作；策划公司资本运作与企业直接融资；协调董事会、监事会及经理层的内部工作；等等。而董事长秘书听从董事长的安排，协助董事长的日常工作。

第三，服务的对象不一样。董事会秘书由董事会聘任并对董事会负责，工作的主要对象包括董事会、管理层、公司股东、中小投资者、机构投资者、监管机构、中介机构等公司相关利益人，从中起到桥梁和纽带的作用。而董事长秘书基本是一对一为董事长服务。

董事长秘书和董事长助理的职能一样，仅仅是称呼上的差异，笔者建议，L集团只设立董事长秘书。笔者认为，董事长秘书（董事长助理）应承担如下职能：

第一，协助董事长召集和主持公司高层管理会议，协助组织讨论和决定公司的发展规划、经营方针、年度计划以及日常经营工作中的重大事项。

第二，协助董事长起草提名公司总经理和其他高层管理人员，以及其他重要岗位人员等的聘用、解聘，决定薪资待遇等提案。

第三，协助组织相关人员审查、督导、考核、检查公司各项发展计划及执行结果。

第四，了解公司的整体运营状态，为董事长及时做出经营决策提供第一手材料。

第五，协助做好对外公共关系的协调，协助处理相关的商务接待工作。

第六，协助董事长定期审阅公司的财务报表和其他重要报表，全盘监控公司的财务状况。

第七，协助审核对外重要经济合同和上报的重要报表、文件、资料等。

第八，协助董事长对公司相关部门的工作进行沟通和协调。

第九，协助董事长进行公司的日常事务管理。

第十，处理董事长授权的其他事务。

2.1.3 背景资料与案例

1. 董事会制度模式的比较

实践中，基于各国公司治理的历史发展，以及公司内外部治理环境等方面的差异，形成了英美单层董事会模式（见图2-2）、德国双层董事会模式（见图2-3）以及日本水平式双层董事会（见图2-4）三种典型的董事会制度模式。（见表2-2）

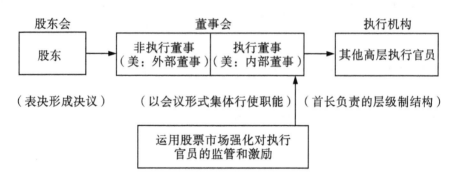

图2-2 英美单层董事会模式

资料来源：郑伟，《我国上市公司董事会模式研究》，载《企业科技与发展》2012年第1期。

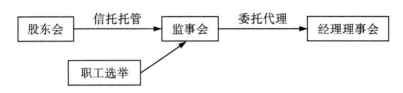

图2-3 德国双层董事会模式

资料来源：郑伟，《我国上市公司董事会模式研究》，载《企业科技与发展》2012年第1期。

图2-4 日本水平式双层董事会模式

资料来源：郑伟，《我国上市公司董事会模式研究》，载《企业科技与发展》2012年第1期。

表2-2 三种公司治理结构模式的比较

模式	类型	特　点
英美单层董事会模式	股东导向型	股东高度分散，以股票市场和经理人才市场为主导的外部控制机制发达。董事会内设以独立董事为主的次级专业委员会。决策与执行相分离
德国双层董事会模式	社会导向型	股权相对集中、稳定。监事会权力高于董事会。监事会成员不兼任董事
日本水平式双层董事会模式	业务导向型	董事会与监事会并存，均由股东会选举产生；董事会行使决策权，监事会行使监督权。监事会、董事会相互制约，企业规模较大

根据《公司法》的规定，我国董事会的结构与日本水平式双层董事会模式最为接近。实践中，公司会在法定范围内对董事会的结构结合公司股东人数和公司组织形式等实际情况进行调整。

【案例2-1】上海医药、广州药业（见图2-5）

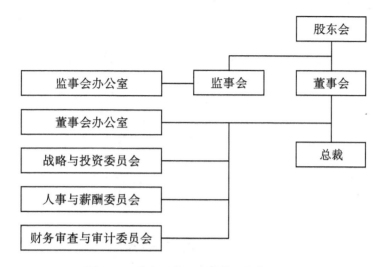

图2-5 上海医药、广州药业董事会模式

资料来源：上海医药集团股份有限公司章程、广州药业股份有限公司章程。

【案例2-2】云南白药、上海复星医药（见图2-6）

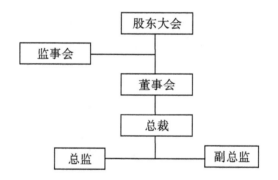

图2-6 云南白药、上海复星医药董事会模式

资料来源：云南白药集团股份有限公司章程、上海复兴医药（集团）股份有限公司章程。

【案例2-3】中国神威药业（香港）有限公司（香港上市内地公司）（见图2-7）

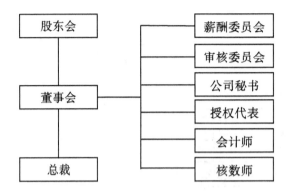

图2-7 神威药业董事会模式

资料来源：神威药业集团有限公司章程。

【案例2-4】四川华佛医药集团有限公司（民营非上市公司）（见图2-8）

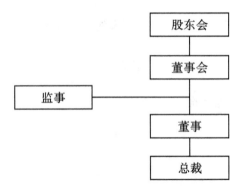

图2-8 四川华佛医药董事会模式

资料来源：四川华佛医药集团有限公司章程。

笔者认为，按照监督权和决策权的关系，可以把上述4个案例归结为如下四种模式：

第一种，纵向双重治理，即董事会和监事会并存，两者互不从属，相互制约，均由股东会负责。

第二种，横向双重治理，即监督权置于决策权之上。

第三种，单一委员会制，即只设董事会而不设立监事会，董事会集中行使监督和决策权。

第四种，监事会设在董事会之下，对董事会负责。

2. 董事会职责案例

【案例2-5】天士力（上市公司）公司章程（一）

董事会应当确定对外投资、收购出售资产、资产抵押、对外担保事项、委托理财、关联交易的权限，建立严格的审查和决策程序；重大投资项目应当组织有关专家、专业人员进行评审。

重大投资项目应当组织有关专家、专业人员进行评审，并报股东大会批准。股东大会对董事会的授权限额如下：

（一）在股东大会批准的年度预算外，董事会运用公司资产进行高风险投资（包括但不限于股票、期货及其他类型的高风险金融衍生品种）的权限，在12个月内单笔或累计投资额应不高于公司最近经审计净资产额的10%。

（二）审批除本章程第四十一条规定的其他对外担保事项。

（三）在股东大会批准的年度预算外，董事会向金融机构进行资金融通的权限，在12个月内单笔或累计借款应不高于公司最近经审计净资产额的20%。

（四）在股东大会批准的年度预算外，董事会运用公司资产对外非高风险投资的权限，在12个月内单笔或累计投资额应不高于公司最近经审计净资产额的30%。

（五）董事会决定出售资产、收购他方资产或与他方置换资产的权限，在12个月内单笔或累计资产净额应不高于公司最近经审计净资产的50%。

（六）董事会为社会公益或合理商业目的无偿捐赠捐助的权限，在12个月内单笔或累计发生额应不高于公司最近经审计净资产额的1%。

（七）除上述事项外，为履行法律法规及章程规定的职责，董事会运用公司资产的权限，在12个月内单笔或累计发生额应不高于公司最近经审计净资产额的50%。

【案例2-6】江中集团（上市公司）公司章程

董事应当遵守法律、行政法规和本章程，对公司负有下列勤勉义务：

（一）应谨慎、认真、勤勉地行使公司赋予的权利，以保证公司的商业行为符合国家法律、行政法规以及国家各项经济政策的要求，商业活动不超过营业执照规定的业务范围。

（二）应公平对待所有股东。

（三）认真阅读上市公司的各项商务、财务报告，及时了解公司业务经营管理状况。

（四）亲自行使被合法赋予的公司管理处理权，不得受他人操纵；非经法律、行政法规允许或者得到股东大会在知情的情况下批准，不得将其处理权转授他人行使。

（五）应当对公司定期报告签署书面确认意见。保证公司所披露的信息真实、准确、完整。

（六）应当如实向监事会提供有关情况和资料，不得妨碍监事会或者监事行使职权。

（七）法律、行政法规、部门规章及本章程规定的其他勤勉义务。

【案例2-7】香雪制药（上市公司）公司章程（一）

公司董事会、单独或者合并持有公司已发行股份5%以上（含5%）的股东可以提出董事候选人，经股东大会选举决定。

为提高工作效率，许多上市公司均设立提名委员会，负责董事、高管的提名事项。提名委员会是董事会按照股东大会的决议设立的专门工作机构，主要负责对公司董事和经理人员的人选、选择标准和程序进行选择并提出建议。

【案例2-8】海正药业（上市公司）公司章程

为规范公司领导人员的产生，优化董事会组成，完善公司治理结构，根据《中华人民共和国公司法》《上市公司治理准则》《公司章程》及其他有关规定，公司特设立董事会提名委员会。董事会提名委员会是董事会按照股东大会决议设立的专门工作机构，主要负责对公司董事和经理人员的人选、选择标准和程序进行选择并提出建议。提名委员会成员由三名董事组成，独立董事占多数。

【案例2-9】雷曼公司（著名投资银行，已倒闭）

雷曼公司董事任期过长，最长的有长达23年的连任成员；并且董事间存在关联问题，有亲戚关系，易造成董事决策的失败。

【案例2-10】香雪制药（上市公司）公司章程（二）

董事长行使下列职权：

（一）主持股东大会和召集、主持董事会会议。

（二）督促、检查股东大会及董事会决议的执行。

（三）签署公司股票、公司债券和其他有价证券。

（四）签署董事会重要文件和应由公司法定代表人签署的其他文件。

（五）行使法定代表人的职权，并根据经营需要向总经理和公司其他人员签署"法人授权委托书"。

（六）向董事会提名总经理、董事会秘书和进入控股、参股企业董事会的董事的人选；根据董事会决定，签发公司总经理、副总经理、董事会秘书等高级管理人员以及属下全资企业经理任免文件。

（七）在发生特大自然灾害等不可抗力的紧急情况下，对公司事务行使符合法律规定和公司利益的特别处置权，并在事后向公司董事会和股东大会报告。

（八）董事会授予或公司章程规定的其他职权。

但是，除上述职权外，也有部分公司授权董事长在一定数额范围内行使董事会有关对外投资、重大资产交易等事项的权利。

【案例2-11】众生药业（上市公司）公司章程

董事会授予董事长的审批权限：

（一）对外投资

单项非风险投资运用资金占公司最近一期经审计净资产的3%以下的，累计非风险投资运用资金总额占公司最近一期经审计净资产的5%以下的，由董事长审批。

（二）购买或出售资产

董事会授权董事长审批每一年度购买或出售的交易金额占公司最近一期经审计净资产的5%以下的资产（含股权）。

（三）资产抵押

对公司及控股子公司的抵押事项，单笔被抵押的资产低于公司最近一期经审计净资产的3%，累计的被抵押的资产低于公司最近一期经审计净资产的10%的，经董事长审批。

（四）对外担保

公司对控股子公司的担保，单笔担保额低于公司最近一期经审计净资产的3%，且担保总额（含控股子公司的对外担保）低于公司最近一期经审计净资产的5%，除《公司章程》第四十一条另有规定的，由董事长审批。

【案例2-12】天士力（上市公司）公司章程（二）

除章程第一百一十八条规定的董事长职权外，董事会在遵循合理必要、科学高效及明确具体的原则下，可以授权董事长在董事会闭会期间代为行使董事会部分职权。董事会在考虑进行上述授权时，应充分和慎重地关注董事长的管理能力、授权后的控制风险及保证措施。

（一）可以授予给董事长的部分董事会职权应限于：

（1）对内部管理机构的设置进行临时调整。

（2）监督检查股东大会决议及董事会决议实施情况，在发生不可抗力或情势发生重大变更的情况下，有权决定暂停执行相关决议。

（3）在董事会获授权限范围内，决定公司资产出售、购买及置换的初步方案，并决定签署与之相关的意向性协议。

（4）在董事会获授权限范围内，决定公司对内对外投资的初步方案，并决定签署与之相关的意向性协议。

（5）在董事会获授权限范围内，决定公司融资的初步方案。

（6）在公司经理、董事会秘书、财务总监等高级管理人员出现严重违法行为或失职行为时，决定暂停相关人员的职务，并有权临时任命适当人员接替其履行职务。

（7）除法定披露事项外，决定公司其他信息披露事项。

（8）召集相关人员拟订有关董事会的议案。

（9）提出需经董事会讨论的董事会议案。

为了加强董事长对公司的管控，同时提高公司的决策效率，建议L集团根据自身实际情况，在一定数额范围内，授予董事长对外投资、对外担保、重大资产购买、出售及抵押等方面的权利。

【案例2-13】香雪制药（上市公司）公司章程（三）

（一）具有大学专科以上学历，从事秘书、管理、股权事务等工作三年以上，年龄不低于25周岁且符合中国证监会、证券交易所的相关规则规定的自然人。

（二）有一定财务、税收、法律、金融、企业管理、计算机应用等方面知识，具有良好的个人品质和职业道德，严格遵守有关法律、法规和规章，能够忠诚地履行职责。

（三）董事会秘书必须由公司董事、经理、副总经理或财务总监兼任。

（四）本规则第三条规定不得担任公司董事的情形适用于董事会秘书。

（五）公司聘任的会计师事务所的会计师和律师事务所的律师不得兼任董事会秘书。

3. 董事薪酬案例

【案例2-14】重庆福安药业（上市公司）

第七条 在公司经营管理岗位任职的董事，按照在公司任职的职务与岗位责任确定薪酬标准。

....

第九条 独立董事、不在公司经营管理岗位任职的董事、监事实行津贴制度。上述人员出席公司董事会、股东大会等按《公司法》和《公司章程》相关规定行使其职责所需的合理费用由公司承担。

第十条 公司高级管理人员（主要包括董事长、总经理、副总经理、财务总监、董事会秘书）的薪酬由基本薪酬和绩效薪酬组成。计算公式为：年度薪酬＝基本薪酬＋绩效薪酬。

（一）基本薪酬：根据高管所任职位的价值、责任、能力、市场薪资行情等因素确定，为年度的基本报酬。

（二）绩效薪酬：根据公司年度目标绩效奖金为基础，与公司年度经营绩效相挂钩，年终根据当年考核结果统算兑付。

【案例2-15】浙江佐力药业（上市公司）公司章程

第五条 公司向董事会组成人员和监事会组成人员支付一定金额的津贴作为报酬。具体执行标准如下（税前）：

1. 独立董事津贴为每年人民币60万元。
2. 非独立董事津贴为每年人民币20万元。

上述津贴与内部董事、内部监事在公司领取的工资报酬无关。

【案例2-16】海南瑞泽新型建材股份有限公司（上市公司）公司章程
董事长的薪酬由基本薪酬、绩效薪酬和奖励薪酬共同构成。

（一）基本薪酬是内部董事的年度基本收入，主要考虑岗位职务价值、责任态度、管理能力、市场薪酬行情等因素，不与业绩考核结果挂钩。

基本薪酬标准：55.2万元。

（二）绩效薪酬是公司董事会薪酬与考核委员会根据董事长完成董事会下达的年度经营预算指标的程度，对照董事会确定的当年经营业绩目标考评后，发放给董事长的激励性薪酬。

（三）奖励薪酬是指董事长超额完成董事会确定的年度经营目标后，经公司董事会薪酬与考核委员会考核后发放的奖励性薪酬。

2.2 L集团公司总经理

2.2.1 问题与分析

大多数中国家族企业的创建者既是所有者，又是管理者，同时也是生产、销售的直接参与者。在企业的创业阶段，管理层的扁平化可以使企业内部信息传递畅通，有利于企业对市场变化及时做出反应。在企业成长阶段，专业知识、管理技能、实干技巧越发重要；因循守旧、缺乏创新都会使"创业容易守业难"变为现实。因此，家族企业的壮大，除了家族成员自身水平的提高以外，在管理层中引入外部人，如职业经理人是不可避免的。如何处理职业经理人与董事会的关系，职业经理人的职责和权限都是公司治理需要关注的问题。

2.2.2 L集团总经理的风险管控

1. 总经理与董事长的关系

参照国内其他家族药业企业的案例和经验，特别是在企业正处于规模化发展的阶段，可以选择董事长和总经理分任的模式，并选择职业经理人担任总经理。

家族企业可以保障资金安全,员工拥有极高的劳动效能和创业热情,企业内聚力强。而民营家族企业在经过多年打拼之后,选择由自己的后辈(也称"二代")来接班是很自然的事。因此,L集团也可以考虑为接班做些准备。在创始人及其后辈均有意延续并接班的情况下,可以考虑由后辈担任公司总经理,逐步接班担任董事长后,继续选任业务水平高、能力强的职业经理人担任公司总经理。

在实际经济运行和公司运转的过程中,由于董事会是一个虚拟的机关,其议事方式是会议制。董事会会议虽然在集体民主合理决策、沟通协调、资源共享等方面发挥着较高的效率,但这种会议召集召开程序相对于执行公司具体业务和决策的需求来说,效率过于低下,不能适应快速发展的市场的需要。为了降低决策成本、提高决策效率、及时把握市场机会和应对经营危机,建议L集团也可将部分日常经营的决策权授予经理,但具体的事项、数额方面,还应由公司自己根据情况决定。

同时,L集团要对经理进行适当的约束,以防止出现"内部人控制"。作为委托人的股东不可能实现对拥有私人信息和企业控制权的经理进行全面彻底的监督,同时,股东和经理人的效用函数也并非完全一致,因此,理性的经理人会努力追求自身效用最大化而不是股东财富最大化,由此产生的代理问题会对股东价值带来严重的损害。例如,经理等公司管理层通过对股东大会、董事会以及监事会的操控,使得公司治理偏离其目标。具体表现为抢夺公司控制权、公司丑闻、财务欺诈、操纵盈余、虚假信息以及公司破产风险增加等损害公司利益的行为和现象。国美电器的"黄陈之争",巨联集团遭遇"内鬼"即为前车之鉴。

2. 经理的权利和义务

(1) 经理的职权。

《公司法》第四十九条规定,"经理对董事会负责,行使下列职权:(一)主持公司的生产经营管理工作,组织实施董事会决议;(二)组织实施公司年度经营计划和投资方案;(三)拟订公司内部管理机构设置方案;(四)拟订公司的基本管理制度;(五)制定公司的具体规章;(六)提请聘任或者解聘公司副经理、财务负责人;(七)决定聘任或者解聘除应由董事会决定聘任或者解聘以外的负责管理人员;(八)董事会授予的其他职权"。

我国《上市公司章程指引》有关经理职权的规定基本同《公司法》

保持一致。目前，大多数公司在章程中明确规定董事会授予经理的职权，但是，公司并没有在章程中约定"董事会授予的其他职权"，使得经理的职权过度虚化。

（2）经理的义务。

经理对公司负有忠实义务和勤勉义务以及公司章程规定的其他义务。

3．经理的任职条件

经理属于公司高级管理人员，其任职条件基本与公司董事相同，此处不再赘述。但是，也由部分公司为防止交叉任职或基于竞业禁止的需要，也规定了经理的其他消极条件。例如，康美药业和江中药业的公司章程都规定，在公司控股股东、实际控制人单位担任除董事以外其他职务的人员，不得担任公司的高级管理人员。

4．经理的薪酬

经理属于公司高级管理人员，其薪酬应当参考公司董事，此处不再赘述。

5．经理的解聘

《公司法》规定，经理由董事会决定聘任和解聘。

6．经理秘书的工作职责

经理秘书主要协助经理的日常事务性工作，负责文件的汇签、收发管理；对公司级会议进行记录，并整理成文；处理经理日常行政事务、会议、接待、活动、报销单整理等工作；负责经理和各部门总监的联络工作；整理经理的文件；完成部门经理布置的各项工作。

建议L集团将经理秘书定位为行政事务辅助人员，主要负责文书类工作。另外，还应承担如下工作：

（1）协助经理处理公司公文、行政事务。

（2）了解文件管理制度、日常文件的收发程序。

（3）拟定文件的借阅权限及借阅规定，并严格按规定借阅。

（4）负责文件的汇签、收发、管理工作。

（5）做好公司级会议的记录并整理成文。

（6）严格执行保密制度，做好各项保密工作。

（7）经理活动、接待方面的安排、报销单的整理、来访的接待，与各部门密切联系。

（8）有关文稿的撰写及审批。

（9）公司会议、报告的安排。

（10）公司所有资料的存档。

（11）每周一提交上周工作总结和本周工作计划。

（12）执行经理交办的其他工作。

7. 经理助理的工作职责

经理助理是管理岗位，主要协助经理对公司的日常经营和业务管理工作，是公司的储备管理人才，待条件成熟后，可晋升为副经理。其优势在于分担经理工作，协助经理与各部门沟通。

建议L集团将经理助理定位为公司的管理人员、公司的储备管理干部，其具体工作职责为：

（1）拟制行政管理制度，并对各部门执行情况进行监督、检查。组织筹备公司经理会议、专题研讨会议等公司会议，安排会议议程，准备会议文件，并做好会议记录，主动掌握有关决议的执行情况。

（2）负责处理本部门与其他部门外事活动的配合工作。

（3）忠实执行、积极完成经理委派的各项任务，负责整理经理的各类资料、文件并分类保管及归档。

（4）起草公司年度工作总结及经理讲话稿。

（5）负责经理的对外联络、来电、来访记录及礼仪，配合经理处理外部公共关系（政府、重要客户等）。

（6）负责编排经理的工作日程表。

（7）协助部门领导对公司内部发布重要信息、通知、通告工作。

（8）每周提交上周工作总结和本周工作计划。

（9）其他交办的工作。

8. 总经理的法律风险与防范

总经理与公司董事一样，属于《公司法》规定的"高级管理人员"，负责执行公司（董事会）的决策。总经理同样需要遵守前述的忠实、勤勉义务，其法律风险则源于对上述义务的违反。另外，在职业经理人担任公司总经理的情况下，职业经理人也是公司的雇员之一，需要与公司签订劳动合同。因此，总经理还应当遵守劳动合同规定的义务，承担违反劳动合同的法律责任。

为防范总经理的法律风险，可采取与董事法律风险防范相类似的措施，此处不再赘述。

2.2.3 背景材料与案例

1. 董事长与总经理关系制度模式比较

在英国,约有95%的公司坚持认为公司董事长和总经理应当分别由不同的人担任;而在美国,几乎80%的公司将两个角色合二为一。中国现有的有关公司治理的政策和指引中都建议董事长和经理要分任,一些国企中甚至会出现党委书记、董事长、经理三个职务分别由三人担任的状态。但是,也有许多公司采取董事长兼任总经理的公司治理模式。如何把握好他们之间的分工和各自的职责权限,往往成为公司治理中的难题之一。(见表2-3)

表2-3 董事长与总经理关系模式比较

模式	优点	缺点	案例公司
董事长兼任总经理	可以解决二者权责交叉和公司权力分配失衡的缺陷,使治理更有效率	在兼任模式下,管理层往往倾向于向董事会隐瞒一些信息(往往是坏消息),从而降低了董事评估公司业绩的能力。在此模式下,除了经理本人,没有人对他进行监督	益佰制药、江中药业等
董事长与总经理分任	董事会的独立性不可或缺,董事长和经理担负着截然不同甚至可能相互冲突的职能。经理运作公司,董事长运作董事会,而董事会的职能之一就是恰当地监督经理。角色的分开可以控制经理权利,同时减少了经理只注重短期目标的风险	董事长和经理的职能分立会使经理失去开展正常工作所需的权力。职能分立后,到底谁对公司业绩负责也可能变得模糊。分立的董事长甚至可能篡夺经理的职权	天士力、修正药业、华润三九、以岭药业、康臣药业等

实证调查研究表明,1991年至2005年,有172家上市公司董事长兼任总经理,其中14家公司的大股东是个人股东,占比仅8.1%。而2006年至2012年,共有384家上市公司董事长兼任总经理,个人控股的有218家,占比近60%。由此可以看出,对于大股东是自然人(例如创始人)的情况下,董事长兼任总经理的情况更为普遍。

【案例 2-17】修正药业集团（民营非上市药业公司）

集团董事长由公司创始人修涞贵担任，集团总经理由修远担任。修远是修正药业集团董事长修涞贵的大儿子，其"海归"后进入家族企业，7年来在多个岗位锻炼。其从 2007 年整顿广东分公司销售渠道混乱，到 2011 年负责斯达舒事业部全国的销售，再到如今修涞贵把销售业务全部交给修远。现在修远管理着修正销售体系下的 10 万人，这意味着修正药业 80% 以上员工已属修远管辖，修涞贵正在渐渐地让渡手中的权力。

【案例 2-18】天士力集团（上市公司）

其集团董事长由公司创始人之子闫凯境担任，总经理由公司副董事长朱永宏担任。此前，集团董事长由公司创始人闫希军担任，公司总经理由职业经理人李文担任。2012 年，董事长闫希军之子闫凯境担任公司总经理，职业经理人退至幕后。2014 年 3 月，闫凯境接过父亲的班，担任公司董事长。2015 年 1 月，其辞去总经理一职，并改由职业经理人朱永宏担任公司总经理。

【案例 2-19】益佰制药（上市公司）

集团董事长、总经理均由公司创始人窦启玲担任，但其女儿现任公司董事。

【案例 2-20】达安基因（上市公司）公司章程

公司章程规定，公司董事长不同时兼任总经理。

2. 经理职权制度模式比较

（1）列举法。参照《公司法》及《上市公司章程指引》，在公司章程中列举经理的具体职权，同时附加"章程或董事会授予的其他权利"的兜底条款。

（2）概括法。在公司章程中不规定经理的具体职权，而是交由董事会授权决定。

无论列举法还是概括法，公司章程中有关经理职权的内容仍然较为抽象，一般情况下，大多数公司会由董事会审议通过《经理工作细则》，将经理的职权进一步细化、具体化。《经理工作细则》中对经理职权所做的差异化规定，则主要表现为将董事会的部分职权下放给经理。主要有以下两种情况：

第一，授予经理提议召开临时董事会会议的权利。上海神奇制药、广州白云山制药、贵州信邦制药等均在经理工作细则中做出此类约定。根据我国现行《公司法》的规定，对于有限责任公司，董事会的议事方式和表决程序，除本法有规定的外，由公司章程规定。对于股份有限公司，代表1/10以上表决权的股东、1/3以上的董事或监事会，可以提议召开董事会临时会议。以上企业，授予经理提议召开临时董事会会议的权利，有利于经理更好地行使职权，值得借鉴。

第二，将一些日常经营决策的权利授予经理。主要表现为在董事会授权的额度内，决定公司投资、资产处置、合同签订及公司其他经营业务的审批。

【案例 2-21】华润三九药业（上市公司）公司章程

总裁对董事会负责，行使下列职权：

（一）主持公司的生产经营管理工作，组织实施董事会决议，并向董事会报告工作。

（二）组织实施公司年度经营计划和投资方案。

（三）拟订公司内部管理机构设置方案。

（四）拟订公司的基本管理制度。

（五）制定公司的具体规章。

（六）提请董事会聘任或者解聘公司高级副总裁、副总裁、财务负责人。

（七）决定聘任或者解聘除应由董事会决定聘任或者解聘以外的负责管理人员。

（八）本章程或董事会授予的其他职权。

【案例 2-22】中国生物制药（上市公司）公司章程

董事会可根据董事会自行认为各个方面适当的条款与条件同总经理或经理达成协议，包括总经理或经理为便于开展公司业务而任命助理经理或其他基层员工的权力。

【案例 2-23】上海神奇制药投资管理股份有限公司《总经理工作细则》

总经理行使下列职权：（十）经董事会授权，有权决定公司 500 万元（含 500 万元）以下的投资、资产处置、合同签订（不包括购买原材料、燃料和动力，以及出售产品、商品等与日常经营相关的资产购买或出售行为）及公司其他经营业务。上述投资或资产处置涉及关联交易时，应按有关规定办理。

【案例 2-24】江苏康缘药业股份有限公司《总经理工作细则》

总经理对董事会负责，行使下列职权。

（八）经理享有下列事项的决策权：

1. 购买或者出售资产或者股权，提供财务资助，租入或者租出资产，委托或者受托管理资产和业务，债权、债务重组，转让或者受让研究与开发项目，上海证券交易所认定的其他交易。上述交易额达下列标准的事项：①交易涉及的资产总额（同时存在账面值和评估值的，以高者为准）占公司最近一期经审计总资产不满 10% 的；②交易的成交金额（包括承担的债务和费用）占公司最近一期经审计净资产不满 10% 的；③交易产生的利润占公司最近一个会计年度经审计净利润不满 10% 的；④交易标的在最近一个会计年度相关的主营业务收入占公司最近一个会计年度经审计主营业务收入不满 10% 的；⑤交易标的在最近一个会计年度相关的净利润占公司最近一个会计年度经审计净利润不满 10% 的。上述指标涉及的数据如为负值，取绝对值计算。

2. 与关联人发生的交易达下列标准的事项：①公司与关联自然人发生的交易金额不满 30 万元；②公司与关联法人发生的交易金额不满 300 万元，且占公司最近一期经审计净资产绝对值不满 0.5% 的关联交易。

3. 股东大会授予的其他投资、决策权限。

3. 经理的义务与责任

【案例 2-25】千红制药（上市公司）公司章程

（一）遵守法律、行政法规和公司章程，忠实履行职务，维护公司利益，不得利用在公司的地位和职权为自己谋取私利；不得利用职权收受贿赂或者其他非法收入，不得侵占公司的财产。

（二）不得将公司资产以其个人名义或者以其他个人名义开立账户存储；除依照法律规定或者股东大会同意外，不得挪用公司资金或者将公司资金借贷给他人，不得以公司资产为其他个人债务提供担保。

（三）除依照法律规定或者股东大会同意外，不得违反公司章程的规定与公司订立合同或者进行交易；不得自营或者为他人经营与公司同类的营业或者从事损害公司利益的活动，不得泄露公司的秘密。

（四）未经股东大会同意，不得兼任其他有限责任公司、股份有限公司或者其他经营组织的负责人。

（五）执行公司董事会决议，向公司董事会报告工作，接受公司监事会的监督。

（六）在研究决定职工福利、安全生产和劳动保护等涉及职工切身利益的问题时，应当事先听取公司工会和职工的意见，并邀请公司工会或者职工代表列席有关会议。在研究决定经营管理的重大问题，制定重要的规章制度时，应当听取公司工会和职工的意见和建议。

（七）公司出现下列情形之一的，总经理或其他高级管理人员应当及时向董事会报告，充分说明原因及对公司的影响，并提请董事会按照有关规定履行信息披露义务：

1. 公司所处行业发展前景、国家产业政策、税收政策、经营模式、产品结构、主要原材料和产品价格、主要客户和供应商等内外部生产经营环境出现重大变化的。

2. 预计公司经营业绩出现亏损、扭亏为盈或同比大幅变动，或者预计公司实际经营业绩与已披露业绩预告情况存在较大差异的。

3. 其他可能对公司生产经营和财务状况产生较大影响的事项。

4. 经理与副经理的关系

【案例2-26】安徽丰原药业（上市公司）公司章程

副总经理主要职权：

（一）副总经理就其所分管的业务和日常工作对总经理负责，并承担相应的责任。

（二）有权召开分管工作范围内的业务协调会议，会议结果向总经理报告。

（三）副总经理可受总经理的委托，代行总经理职权。

（四）副总经理可以向总经理提议召开总经理办公会。

（五）在总经理授权范围内，决定所分管的事项及审批相关费用和支出。

（六）总经理授予的其他职权。

5. 经理助理职责

【案例2-27】康美药业（上市公司）公司章程

公司章程第134条规定，公司总经理助理由经理提名，由董事会聘任或解聘。公司总经理助理协助经理履行职责，负责分管范围内的各项工作，对经理负责，可以参加经理工作会议，并对公司经营管理工作发表意见。

2.3 L集团公司监事会

2.3.1 问题与分析

《公司法》规定，有限责任公司设监事会，其成员不得少于3人。股东人数较少或规模较小的有限责任公司，可以设1～2名监事，不设监事会。监事会应当包括股东代表和适当比例的公司职工代表，其中职工代表的比例不得低于1/3，具体比例由公司章程规定。股份有限公司设监事会，其成员不得少于3人。

监事会是公司治理的重要组成部分，是监督公司董事、经理等高级管理人员忠实、勤勉履行职责的重要部门，其监督权的行使是维持现代公司良好运转的重要条件。然而，现实中，监事会的监督职能会受到多种因素的掣肘，往往沦为股东会和董事会的附属，无法形成有效的权力制衡。如何充分发挥监事会的监督作用，防止公司董事、经理等高级管理人员的道德风险，对于降低代理成本、提高公司治理水平至关重要。

2.3.2　L集团监事会的风险管控

1. 监事会的设置

（1）英美法系模式。

以英国、美国为代表的"一元模式"的公司治理中不设立监事会，而是通过董事会相关委员会，如内部审计委员会（全部由独立董事组成）以及外部市场，来实现对董事会的监督，具有相对的独立性。

（2）大陆法系模式。

在法国、德国等为代表的"二元模式"下，公司设立监事会。监事会具有强大的职能，同时行使决策与评价监督权，相当于我国董事会和监事会的结合。另外，监事会在人员组成上具有独特结构，股东监事与雇员监事各半。

（3）日本模式。

与大陆法系相同的是，日本公司也设立监事会。但是，日本模式下的监事会只行使业务监察、会计监察等监督职能，不行使决策职能。

根据《公司法》的相关规定，监事会由股东（大）会选举产生，履行对董事、经理等高级管理人员进行监督的职能。由此可见，我国更接近于日本模式，即在股东（大）会下设立与董事会平行，但又相互独立的监事会。

2. 监事的任职资格

监事任职资格与董事相同，但是，董事、高级管理人员及财务负责人不得兼任监事。在监事人员组成上，在公司规模较小的情况下，可以不设监事会，只设1～2名监事。随着公司规模的扩大，未来公司可以设立3人以上的监事会。同时，考虑到发挥资深或退休老员工的作用，可以采取"股东监事+职工监事"的模式，从公司职工中，特别是从那些资深或退休的老员工中推选人员担任公司监事。

3. 监事的聘任与解聘

根据《公司法》的规定，职工监事由职工代表大会选举产生和罢免，非职工监事由股东大会选举产生和罢免。监事任期3年，连选可以连任。

4. 监事的职责

根据《公司法》的相关规定，监事的职责可以分为以下两方面：

（1）对内监督权。具体包括：①业务执行监督权。②罢免建议权。对违反法律、行政法规、公司章程或股东会决议的董事、高级管理人员提出罢免的建议。③提案权。向股东会会议提案。④召集和主持股东大会会议权。⑤在董事会不履行职责或监事认为必要时,有召集临时股东大会的权利。⑥质询和建议权。列席董事会会议,并对董事会决议事项提出质询或建议。

(2) 对外代表权。具体包括:①诉讼权。当董事或经理违反法律法规,监事请求其停止违法行为无效时,可以代表公司向法院对董事或经理提起诉讼。②调查纠正权。监事若发现公司经营情况异常,可以进行调查,必要时可以聘请会计师事务所等协助其工作,费用由公司承担。

5. 监事的薪酬

根据《公司法》的相关规定,监事的薪酬由股东会决定,具体办法同董事,此处不再赘述。

6. 监事会及监事的风险与防范

监事会是公司的监督机构,负责对公司董事、经理以及其他高级管理人员的行为进行监督。《公司法》规定,公司监事会的职责、议事规则由公司章程规定,但是并没有规定监事会决议被撤销或被宣告无效的情形。然而,从法理上来说,监事会决议应当符合法律、行政法规和公司章程的规定,若存在违反规定的情形,也会导致决议的无效或被撤销。

为防范监事会决议无效或被撤销,建议在公司章程中明确公司监事会的职责和议事规则,以及监事会决议无效或可撤销的情形。

另外,作为公司的高级管理人员,监事对公司同样负有忠实义务和勤勉义务。由于公司监事履行的是监督职责,并没有参与公司具体的经营决策,因此,《公司法》并没有规定公司监事需要承担违反竞业禁止、未经同意的自我交易、挪用资金等禁止性规范的责任。但是,《公司法》规定,监事在执行公司职务时违反法律、行政法规或公司章程的规定,给公司造成损失的,应当承担赔偿责任。同时,《中华人民共和国刑法》(以下简称《刑法》)对此也有相关刑事责任的规定。因此,公司监事的法律风险主要是民事赔偿责任和刑事责任。

为防范上述法律风险,建议由法律专业人员,如律师,对董事进行职业风险防范方面的培训,对董事的职业法律风险进行定期评估和法律辅导。但是,由于监事履行的是监督职责,不承担经营风险,因此,不一定需要购买责任保险。

2.3.3 背景材料与案例

1. 监事制度模式比较

（1）不设监事会。

总体而言，在境外，如香港上市的内地公司遵循英美模式，不设监事或监事会，而是在董事会中选任独立非执行董事，由其履行监督职能。

【案例2-28】康臣药业（香港上市公司）

公司不设监事会，只在董事会内设独立非执行董事，行使监督职能。董事会成员共9人，其中3人为执行董事（分别担任主席、行政总裁和首席科学家），3人为非执行董事，3人为独立非执行董事（行使监督职能）。

【案例2-29】中国先锋医药（香港上市公司）

公司不设监事会，只在董事会内设独立非执行董事，行使监督职能。董事会成员共7人，其中3人为执行董事（分别担任主席、行政总裁和财务总监），1人为非执行董事，3人为独立非执行董事。

（2）设立监事会。

目前，内地大多数非上市公司只设1~2名监事，上市公司则要求设立3人以上的监事会。

【案例2-30】和佳股份（上市公司）

公司设监事会，监事会成员共3人，其中主席1人。

2. 监事（会）的人员组成

监事主要行使对公司董事、经理等高级管理人员的监督职能，其监督的主要途径是财务监督。因此，在监事（会）的人员组成方面，主要有以下几种情况：

（1）职工监事。

《公司法》第五十一条规定："监事会应当包括股东代表和适当比例的公司职工代表，其中职工代表的比例不得低于三分之一，具体比例由公司章程规定。监事会中的职工代表由公司职工通过职工代表大会、职工大会或者其他形式民主选举产生。"因此,可以由职工代表大会选举职工代表担任公司监事,不设职工代表大会的,则由股东(大)会选举公司职工担任公司监事。有的职工监事在公司不担任任何职务,只是一名普通员工;也有的职工监事在公司兼任其他职务(如部门经理等)。但是,根据监事任职资格的规定,监事不能同时兼任公司高管,即董事、董事会秘书、经理、副经理或财务总监。

【案例2-31】以岭药业(上市公司)
公司监事会由3人组成,其中1人为职工监事。

(2)财务监事。
由公司的财务人员或具有财务知识的人担任公司监事,从而更有利于对公司财务进行监督,防止公司管理层在财务上弄虚作假,"掏空"公司。

(3)党委书记或工会主席。
公司设立党组织的,由公司党组织负责人(如党委书记)担任公司监事;不设党组织的,由工会主席担任公司监事。该模式的目的在于充分发挥基层党组织代表人民利益的作用,加强党组织的群众基础,树立公司良好的社会形象。

【案例2-32】万达集团(上市公司)
公司党委书记高茜,同时担任集团监事会主席。

2.4　L集团公司党委

2.4.1　问题与分析

党委不是公司治理结构中必须设立的部门。但是,考虑到L集团由国有企业改制而来,设立党委能够理顺原有的管理体制,也可以更好地加强员工的集体凝聚力。同时,公司在运营过程中经常与机关、事业单位交流,笔者认为应当成立公司党委,并在公司治理过程中充分发挥公司党委的作用，理由如下：

（1）加强公司党建有助于改善公司治理绩效。

民营企业外来员工比重偏大，员工缺少归属感的现象普遍存在，而以家族管理为特征的民营企业"内外有别"的管理方式，以及管理制度的不健全所导致的用人的随意性、奖惩的不公平性等问题，严重影响了员工的工作积极性，进一步影响了企业的管理绩效。民营企业的党组织坚持对党员要求更高一点、管理更严一点，同时通过各种考核、评比与奖励，促使党员职工做好本职工作，努力培养一流的工作技能、保持一流的工作效率、创造一流的工作业绩，为企业的发展献计献策，改善公司的经营绩效，促进企业的发展，充分发挥党员的先锋模范作用。

（2）加强企业党建有助于提升企业文化，增强企业凝聚力。

民营企业党委通过组织开展政治、文化、法律、安全等方面知识的培训，能帮助职工提高知识文化水平、法律安全知识，提高工作能力和工作水平，促进企业新产品开发、生产经营成本降低和产品质量的提高。还能够通过开展丰富多彩的政治文化活动，陶冶职工的思想情操，增强职工的主人翁意识，调动他们的工作积极性。因此，民营企业通过党建工作作用于企业文化的各个层面，能使企业文化的导向力、凝聚力、激励力、约束力、延续力得到提升，最终形成合力，增强企业的文化实力。

（3）加强公司党建有助于缓解劳资矛盾，稳定劳动关系。

由于民营企业的员工是一个特殊的群体，有着复杂的价值取向，有着不同的交往沟通方式，而且他们有不同的就业经历和不同的文化层次，这使企业管理层与员工的沟通的有效性受到很大的影响。在很多民营企业，由于缺乏沟通，管理层不了解员工的思想动态，采取简单的管理方式，企业的发展得不到员工应有的理解和支持，容易产生各种人际矛盾，职业经理人和普通员工存在忠诚度不够、跳槽现象严重等问题，严重影响了企业的发展。在民营企业主、职业经理人和普通员工之间，党组织起着核心的协调作用。（见图2-9）党组织能够在企业管理层和普通员工之间架起沟通的桥梁，促进各方信息渠道的通畅。同时，还能够通过关心、代表和维护广大职工的合法权益，增强员工的主人翁意识和责任感，使员工从为老板打工的心态转变为热爱企业、关心企业的发展的心态，也使员工更加安心工作、爱企如家。党组织的个别谈心、集中培训等沟通方式，能够帮助员工消除各种思想顾虑，凝聚力量，留住人才，稳定队伍。

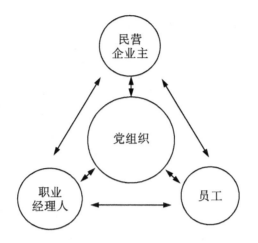

图2-9 党组织与民营企业主、职业经理人、员工的关系

资料来源：谢建，《民营企业党建与有中国特色的企业管理理论》，载《中共福建省委党校学报》2010年第3期。

目前，许多民营企业都成立了公司党委，并使其参与公司的治理过程。广东省著名民营企业，如立白企业集团、温氏集团、深圳迈瑞生物医疗电子股份有限公司、广州白云山和记黄埔中药有限公司等均成立了公司党委，并探索出了符合公司特点的民营企业党建之路。

2.4.2 L集团党委的风险管控

L集团由国有企业转制而来，具有较浓的国有企业色彩。近年来，L集团的外来务工人员逐渐增多，如何加强企业凝聚力，吸引和留住人才，是企业发展的重要因素。同时，L集团还是广东省基层党建创新的试点。因此，建议L集团设立基层党组织（党总支或党委），同时在公司党委与董事会结合模式和公司党委与监事会结合模式中选择其一或同时兼备，将企业党建嵌入公司治理中。具体的做法是：若L集团重视并欲强化党委的地位和作用，则采取公司党委与董事会结合的模式，否则便采取公司党委与监事会结合的模式。当然，也可以同时采取两种模式相结合的途径，例如浙江正泰集团的做法。

1. 公司党委与董事会结合

在董事会中下设咨询保障委员会（见图2-10），属于董事会专门委员会之一，该委员会与公司党委是"两块牌子，一套人马"。

（1）董事会专门委员会的地位和作用。

董事会是公司治理的核心，董事会专门委员会通常指由董事会设立的、由公司董事或外部人士组成的，行使董事会部分权力，或者为董事会行使权力提供帮助的董事会内部常设机构。在董事会中，审计委员会、薪酬委员会和提名委员会是公司普遍设立的专门委员会。通过设置董事会专门委员会，既有利于提高董事会的工作效率，有效发挥其功能，又有利于明确董事的义务和责任，适应现代公司管理专业化的发展要求。

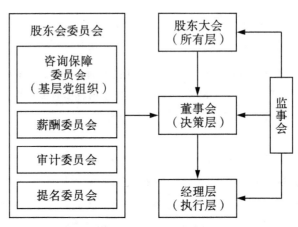

（公司党委作为董事会咨询保障委员会嵌入董事会）

图 2-10 董事会咨询保障委员会示意

资料来源：初明利，《嵌入公司董事会的民营企业党建机制创新研究》，载《兰州学刊》2011 年第 4 期。

结合中国国情，进一步发挥民营企业党组织对董事会的协调、促进作用，可以尝试在董事会中设立咨询与保障委员会，由公司党委行使该委员会的工作职能。咨询与保障委员会同公司党委是"两块牌子，一套人马"，该委员会对公司的经营目标、战略方针、重大决策、职工福利保障等提出建设性意见，供董事会参考，促进董事会制度不断完善。咨询与保障委员会在公司内部的工作职权根据董事会的授权取得，并向董事会负责。

（2）咨询与保障委员会构建模式。

1）人员构成。

由于咨询与保障委员会由民营企业党委担任，因此其组成人员即为公司党委成员，其主席即为公司党委书记（或党总支书记）。咨询与保障委员会成员及主席均根据党支部的组织活动原则产生。

2）职权来源。

咨询与保障委员会的职权应由民营企业的董事会通过单独的授权赋予，其有权在自己的工作职权范围内单独决定工作事项。

3）工作职责。

第一，参与企业重要经营问题决策。目前我国大多数民营企业还处于发展初级阶段，公司治理内部机制有待完善，董事会科学决策机制尚不成熟。要实现民营企业向现代企业的方向发展，需要咨询与保障委员会的积极参与。因此，可以根据《公司法》的有关条款，并结合本企业实际情况，规定咨询与保障委员会参与企业经营问题决策咨询的具体事项，例如对公司的经营目标、战略方针、重大决策、激励方案和职工福利保障等提出建设性意见。

第二，下设工会，推进企业文化建设。作为沟通联系管理层与基层员工的公司党委，可以设立工会，并通过党组织和工会两个载体，组织开展各种活动，推进企业文化建设，促进和谐企业建设。

第三，争取公共资源的支持。不断改善外部治理环境是民营企业面对的重要课题，也是公司党委应当积极参与的工作领域。首先，运用党的组织优势和宣传资源，大力宣传在民营企业中建立党组织、开展党建工作的重要意义，宣传民营企业党建工作的先进典型，进一步扩大公司的社会影响。其次，与上级党委政府部门加强联系，反映企业经济发展中面临的问题，积极寻求政府相关部门的优惠政策或其他政策扶持，为民营企业发展提供良好的制度环境和政策扶持。最后，在处理企业与社区、新闻媒介、社团、社会公众等外部关系上，穿针引线、搭建桥梁，帮助企业建立良好的公众关系，树立良好的企业形象，为民营企业实现良好的公司治理创造条件。

2. 公司党委与监事会结合

可以选择由公司党委书记担任监事的模式，待公司规模进一步扩大，特别是公司准备上市、需要设立监事会的时候，可以采取由公司党委书记担任监事会主席，党委成员（主要是资深老员工）担任监事的模式。

（1）监事会的地位和作用。

监事会是股东大会领导下的公司的常设监察机构，执行监督职能。监事会与董事会并立，独立地行使对董事会、总经理、高级职员及整个公司管理的监督权。详细职能见前面监事会职能部分。

(2) 公司党委嵌入监事会的制度设计。

第一,公司党委书记担任监事。在公司不需要设立监事会的情况下,可以由公司党委书记担任公司监事,行使监督职能。

第二,公司党委成员担任监事。由资深的老员工担任公司党委成员,同时,公司党委向股东会或职工代表大会推荐监事人选,并经股东大会选举程序,选举公司党委成员为公司监事。

3. 党委的治理风险与防范

公司党委可以采取"董事会+党委"模式或者"监事会+党委"模式。因此,其法律风险与防范与前述董事会或监事(会)的法律风险与防范相同。另外,在现代公司治理制度下,需要防止党委过度干预公司的经营决策和管理。因此,建议L集团依照党章制定党委活动章程,明确党委的职责范围。

2.4.3 背景与案例

1. 企业党委模式比较

公司治理的形式一般分为两种形态:一类是外部治理,指来自企业外部主体和市场的监督约束机制,同时也指由法律法规和文化氛围构成的环境因素;另一类是内部治理,是企业内部利益相关者之间的权力分配和制衡关系,具体表现为企业内部的制度安排。在企业内部治理机制中,公司党委可以在决策咨询、激励监督和开展职工思想教育等环节发挥重要作用。在企业外部治理机制中,可以发挥宏观指导作用,通过相关渠道、依照法律程序为企业的发展提供更好的制度安排和公共产品。

据调查了解,目前公司党委参与公司治理的途径和模式主要包括以下几种:

(1) 公司党委与公司董事会结合的模式。

董事会是公司的决策机构,是公司最核心的部门。公司党委通过与董事会结合,参与董事会决策,能促进董事会决策科学化。在实务中,公司党委与公司董事会结合的模式有"董事长=党委书记""公司高管=党委书记"、公司治理综合指导委员会、公司治理信息反馈委员会等多种运作模式。

1)"董事长=党委书记"的直接运作模式。

在公司董事长是党员的情况下,公司董事长兼任公司党委书记,主要适用于国有企业。通过董事长获取董事会对公司党建的支持,积极发挥党员董事在公司内部治理中对企业发展政治方向的引领作用,包括对企业政治取向和社会参与的引导,对企业在合法经营和履行社会责任等方面提出合理建议,积极协调、尽力改善公司治理利益相关者的关系等。

【案例2-33】天士力(上市公司)

天士力控股集团有限公司创建于1994年,是以大健康产业为主线,以生物医药产业为核心,以健康产业和医疗康复、健康养生、健康管理为两翼的高科技国际化企业集团。闫希军,现任天士力控股集团有限公司党委书记、董事局主席,天士力制药集团股份有限公司董事长。2000年,天士力集团党委启动实施了"党建旗帜工程",着力把党建工作融入企业发展。在4个分公司设立了党总支部委员会,在12个车间和部门建立了党支部,在全国多地的市场办事处成立了党小组。

2)"公司高管=党委书记"模式。

这种模式主要适用于规模较大的民营企业。在很多民营企业中,董事长不一定是党员,那么,公司党委书记可以考虑由其他董事、高管担任,并可以在董事会中设置专门委员会,该委员会主席由党委书记、公司高管担任,成员由党员职工组成,根据公司章程和内部细则,对公司的经营目标、战略决策提出建设性意见,为董事会决策提供咨询,供董事会参考。此模式至少可以从两个层面支持公司治理:其一,有助于完善民营企业决策内部听证制度,提升企业决策科学化水平,从而最大限度地保障相关权益人的利益;其二,有助于提升以公平、公正和效益为核心内容的企业文化,促使企业从经验决策向科学决策转变。

【案例2-34】立白集团(民营非上市公司)

2001年,立白集团成立党组织,2008年成立党委,下设8大党支部,总部拥有党员336名,全国12家分公司和子公司覆盖党员近2000名。曾获全国非公有制企业"双强百佳"党组织、全国民营企业思想政治工作先进单位、广东省先进基层党组织、广东省"两新"百强党组织。现任党委书记许晓东同时担任集团副总裁。

【案例 2-35】温氏集团（民营非上市公司）

温氏集团于 1996 年成立党支部，1999 年成立党总支部，2003 年成立党委，是云浮市第一个成立党委的民营企业，是广东省非公有制经济组织党建工作示范点。现任党委书记黄松德同时担任集团副总裁。

另外，根据《中央企业董事会规范运作暂行办法》第 24 条规定，"公司党委成员符合条件的，可通过法定程序进入董事会"，因此，许多央企采取此种模式。

3）公司治理综合指导委员会模式。

这种模式主要适用于规模较小的民营企业。针对党员人数不足 3 人、不具备建立党支部的民营企业，可以采取 L 式的运作模式，即以开发区（园区）、乡镇（街道）、村（社区）、商业街区、商务楼宇等为单位，与其他企业建立 L 党组织，并且由 L 党组织依托行业协会（商会）等建立公司治理综合指导委员会，帮助企业改善内部治理绩效。

4）公司治理信息反馈委员会模式。

这种模式主要适用于外商投资（控股）企业，外商在公司治理方面处于主导地位，企业党组织的活动空间和活动方式有局限。在这类企业中，可以建立公司治理信息反馈委员会，汇总党员和职工对企业发展的意见、建议，向公司董事会进行反馈，进入企业管理层的中方党员也可以在公司治理中表达党组织的意见。

（2）公司党委与公司监事会结合。

公司党委与监事会结合，主要是通过选任党员监事，对公司经营过程、经营结果进行客观而及时的监督，进一步提高监事会的实效性，积极维护相关利益主体的权益，主要有以下三种模式。

1）上级党组织向股东会推荐企业外党员代表，经股东会选举担任公司监事。

这种模式主要适用于企业规模较小、党员人数少、尚不能满足在企业中独立设置党支部要求的情况。采取此种模式的工作特点是党员监事并非本企业员工，由上级党组织推荐具有社会工作经验和相关专业知识的党员担任属地小规模民营企业监事，接受企业属地 L 党支部的领导，也可以考虑选派身体健康的离退休党员担任此项工作，其薪酬由上级党组织负责发放。

2）公司党委（或党支部）书记经股东会选举担任公司监事。

这种模式同模式3）一样，主要适用于企业规模大、党员人数多、企业主对党建工作支持力度大、已经建立党委（或党支部）的民营企业。经股东大会选举程序，提名公司党委（或党支部）书记担任公司监事（或监事会主席）。模式2）、3）更加有利于公司党委整体发挥作用，把党建工作同企业公司治理紧密结合起来，在处理企业与政府、社区、新闻媒介、金融、社团、民众等之间的外部关系上，穿针引线、搭建桥梁，在企业合法经营的前提下帮助企业建立良好的公众关系，树立良好的企业形象。

【案例2-36】万达集团（上市公司）

大连万达集团党委下设11个分党委、8个党总支、280多个党支部。党员6000余人，分布在全国70多个大中城市的上百家分公司。王健林董事长曾亲自担任党委书记，党委设立专职副书记、成员由副总裁以上的领导担任，重大事项召开总裁会、党委会联席会议讨论决策。现任党委书记高茜，自2009年12月起担任监事会主席，同时还担任万达集团审计部（后改名为审计中心）总经理。在此之前，她曾担任大连万达集团审计部总经理及大连万达集团房地产管理有限公司副总经理。

万达集团党委的主要职责：①宣传贯彻党的路线方针政策；②团结凝聚职工群众；③维护各方合法权益；④建设先进企业文化；⑤促进企业健康发展；⑥加强自身建设。

3）公司党委向股东大会和职工代表大会推荐党员代表，经选举后担任公司监事。

这种模式与模式2）的区别在于公司党委成员担任监事或监事会主席，而不是党委书记。

【案例2-37】浙江正泰集团（民营上市公司）

正泰集团是中国工业电器行业产销量最大的企业之一，综合实力连续多年名列中国民营企业500强前10位。该集团1993年7月成立党支部，

1995年7月成立党总支部委员会，1998年12月建立党委，在温州地区共建立党支部26个，党员521名，先后获得全国先进基层党组织等荣誉。集团党委副书记吴炳池任监事会主席，党委书记林可夫任集团副总裁。

2. 公司党委与公司治理激励机制相结合

激励机制建设是公司治理中的重要内容，在民营企业中，投资人、经理人和职工各自利益诉求的差异明显，一些企业由于激励机制建设滞后，导致公司治理利益相关者权益受损，股东大会、董事会和经理层的内部制衡机制难以实现。公司党委可以根据企业发展的实际提出合理化建议，以党委的名义提出激励方案，在企业激励制度建设中发挥作用。同时，公司党委积极参与员工业绩评议工作，积极倡导劳动付出与薪酬分配相匹配、员工收入与企业收益相匹配的原则，促进劳资关系从直接对立向依法调整的方式转变。

3. 公司党委参与企业文化建设

企业文化是指"在一定的社会经济条件下通过社会实践所形成的并为全体成员所遵循的共同意识、价值观念、职业道德、行为规范和准则的总和"。加强企业文化建设，以此调整企业内部人与人之间以及与外部的关系行为，已经成为现代企业制度的内在要求。公司党委参与企业文化建设，能够以贯彻党的方针政策、遵守国家法律法规、维护各方的合法权益为基础，通过组织开展政治、文化、法律、安全等方面知识的培训，帮助职工提高知识文化水平、法律安全知识，提高工作能力和工作水平，促进企业新产品开发、生产经营成本降低和产品质量的提高。同时，党组织参与企业文化建设，可以建立畅通的职工意见反馈渠道，及时咨询、了解不同层面人员对企业发展规划、经营管理的建议和利益诉求，随时掌握职工的思想动态，缓解内部矛盾压力，加强沟通协调，克服董事会信息反馈不对称、不畅通等问题。

4. 公司党委与改善企业外部治理环境

受多种因素的影响，我国的民营企业面临的是一个市场体系发育不成熟、地方政府保护、国有企业和民营企业存在差别待遇的外部治理环境，因而导致民营企业在行业准入、产品市场、资本市场等方面面临不公平竞争和外部治理环境恶化的问题。

一方面，公司党委能够协调上级党委政府部门，及时向上级党组织反馈企业经济发展中面临的问题，为党和政府出台相关政策提供参考，寻求政府相关部门在融资、税收方面的优惠政策或其他政策扶持，为民营企业发展提供良好的制度环境和政策扶持。另一方面，党组织能够引导企业承担社会责任，利用社会媒体，宣传民营企业投资人和员工艰苦创业、勇于进取的拼搏精神，宣传民营企业为经济社会发展做出的贡献，树立良好的企业社会形象，为企业发展营造良好的外部空间。

【案例 2-38】上海大众汽车有限公司

上海大众汽车有限公司是上海汽车股份集团公司和德国大众公司成立的合资企业，在成立之时就创造了"三同时三公开"的做法，即：合资谈判中同时明确建立党组织，确定中方行政干部的同时明确党务干部，任命中方主要领导的同时任命党组织书记；党组织公开挂牌，党务干部公开身份，党组织公开活动，党组织书记纳入高级管理人员序列、党务干部纳入管理人员编制。

【案例 2-39】东风汽车有限公司

东风汽车有限公司是二汽集团与日产公司成立的合资企业，中日双方通过艰苦漫长的合资谈判，终于在公司章程中明确载有"两公开、两纳入"条款。"两公开"，即党的组织公开活动，党的机构公开挂牌；"两纳入"，即合资公司党务工作人员按单位总人数的 6% 配备，党务活动经费按职工工资总额的 6% 提取。东风汽车有限公司的党组织在合资公司中充分发挥了政治核心作用，并建立了"党委决定、程序表达、依法决策、体现主张"的工作运行模式。

参 考 文 献

[1] 邓峰. 普通公司法 [M]. 北京：中国人民大学出版社，2009.
[2] 黄辉. 现代公司法比较研究——国际经验及对中国的启示 [M]. 北京：清华大学出版社，2011.
[3] 施天涛. 公司法论 [M]. 3 版. 北京：法律出版社，2014.
[4] 刘俊海. 现代公司法 [M]. 3 版. 北京：法律出版社，2015.
[5] 李维安. 公司治理学 [M]. 2 版. 北京：高等教育出版社，2009.

[6] [卢森堡] 马克·格尔根. 公司治理 [M]. 王世权, 杨倩, 侯君, 等译. 北京: 机械工业出版社, 2014.

[7] 宁向东. 公司治理理论 [M]. 北京: 中国发展出版社, 2006.

[8] [美] 斯科特·格林.《萨班斯－奥克斯利法案》与董事会: 公司治理的最佳技巧及范例 [M]. 荆新, 译. 大连: 东北财经大学出版社, 2012.

[9] [英] 阿德里安·戴维斯. 公司治理的最佳实践——树立声誉和可持续的成功 [M]. 李文溥, 林涛, 孙建国, 等译. 北京: 经济科学出版社, 2011.

[10] [美] 查兰. 顶级董事会运作: 如何通过董事会创造公司的竞争优势 [M]. 武利中, 译. 北京: 中国人民大学出版社, 2003.

[11] 邓峰. 中国法上董事会的角色、职能及思想渊源: 实证法的考察 [J]. 中国法学, 2013 (3).

[12] 谢增毅. 董事会委员会与公司治理 [J]. 法学研究, 2005 (5).

[13] 于东智, 池国华. 董事会规模、稳定性与公司绩效: 理论与经验分析 [J]. 经济研究, 2004 (4).

[14] 于东智. 董事会、公司治理与绩效 [J]. 中国社会科学, 2003 (3).

[15] 初明利, 贾元昌. 党的建设在非公企业公司治理中的作用与途径 [J]. 中州学刊, 2012 (5).

[16] 初明利. 嵌入公司董事会的民营企业党建机制创新研究 [J]. 兰州学刊, 2011 (4).

[17] 叶敏, 周俊鹏. 从股东会中心主义到董事会中心主义——现代公司法人治理结构的发展与变化 [J]. 商业经营与管理, 2008 (1).

[18] 钱玉林. 股东大会中心主义与董事会中心主义——公司权力结构的变迁及其评价 [J]. 学术交流, 2002 (1).

[19] Andrei Shleifer, Robert W Vishny. A survey of corporate governance [J]. The Journal of Finance, 1997, 52 (2): 737-783.

[20] Hart, Oliver, John Moore. Property rights and the nature of the firm [J]. Journal of Political Economy, 1990, 1119-1158.

[21] Williamson, Oliver. The economic institutions of capitalism [M]. New York: Free Press, 1985.

[22] Williamson, Oliver. Corporate finance and corporate governance [J]. Journal of Finance, 1988, 43: 567-592.

第 3 章
L集团董事会专业委员会

本章主要讨论了L集团专业委员会设立的必要性和风险管控设计,并通过相关案例对其设置方式进行比较和分析。董事会下设四个专业委员会:决策委员会负责公司发展战略和投资决策,审计委员会关注公司内部审计及内部控制工作情况,提名委员会考察公司董事任命提名工作,薪酬与考核委员会主管公司薪酬架构与考核方式的设置。专业委员会作为董事会决策的重要支持机构,在董事会决策过程中积极发挥着重要的作用,促进公司治理水平不断提升。

3.1 L集团专业委员会的问题与分析

3.1.1 完善专业委员会制度是规范公司治理结构的要求

建立董事会专业委员会制度是完善公司治理的重要手段。L集团要完善现代企业制度,为未来的上市融资和长远发展奠定坚实的基础,不仅要充分发挥已有的决策委员会在企业投资决策中的作用,还必须设立目前缺乏的审计委员会、提名委员会和薪酬与考核委员会。在董事会专业委员会制度不完善的情况下,L集团的公司治理会面临以下几种问题。

1. 独立董事缺乏独立行使职权和监督高管的平台

目前,L集团独立董事的占比较低,而且独立董事是由大股东或董事会推荐的,中小股东不享有董事提名权,在这种情况下,独立董事往往受控于大股东,很难达到维护中小股东利益的目的。大股东实际控制了公司的决策权、管理权和监督权。另外,L集团采取董事长和CEO两职合一的方式,这种董事会治理的手段,可能不利于企业有效地实施管理问责制,从而影响董事会日常工作的独立性。若企业的CEO同时兼任董事会主席,董事会成员往往会出于情感原因，在决策态度上倾向于依附 CEO 以及其他高级管理人员。在企业的董事会专业委员会制度不完善的情况下，独立董事缺乏对企业运行实施有效监督和对最高管理层进行有效规制的平台，这在很大程度上使董事会丧失了独立性，严重制约了董事会作用的充分发挥。

2. 缺乏保障企业信息披露频率和质量的专业机构

L集团目前尚未建立规范化的信息披露制度和财会公开制度，公司的投资状况、经营管理状况、财务状况以及经济效益状况缺乏一个专业性的监管机构。这一方面是由于国家宏观监管措施不完善。目前，我国关于上市公司信息披露的监管措施和法律制度相对比较健全和完善；而关于非上市公司的信息披露，国家以及地方相关管理部门都缺乏相应的监管措施和相配套的机制。另一方面，作为非上市公司，L集团的股东自身缺乏建立和完善信息披露体制的意识，在缺乏有效管理手段的情况下，没有主动建立起规范的公司信息披露制度。另外，企业内部缺少保障会计信息质量的内部审计机构。这些机构设置上的缺陷都使得L集团在企业信息披露数量和质量上存在着问题。

3. 缺乏保障独立董事任命科学性的机构和制度

L集团在独立董事选聘机制和任职资格方面，其董事成员通常是由公司领导或大的出资者推举出来。这种独立董事均由大股东推荐或董事会推荐，小股东不享有董事提名权的模式，很难维护小股东的利益，从而造成董事提名机制的不科学。

另外，有些独立董事和决策委员会的成员是从外部聘请的经济学家、大学教授等，他们虽然专业修养和社会地位很高，聘请他们在一定程度上也可以提升公司知名度，但这些专家学者对公司经营的实际情况往往了解甚少，不能有效地管理和指导企业。如果没有在董事会设置专门的机构对这些外部的专家进行提名、任命，设计针对性的薪酬考核机制，外聘专家的作用将会受到极大的限制。

4. 缺乏统一制定考核制度的机构导致激励不足

民营企业中董事和高级管理人员持股过高的现象已经非常普遍。我国民营企业高级管理人员持股过高使得剩余可分配的管理股权较少，容易造成中低层管理人员得不到股权或股权较低，从而很难调动其工作积极性。L集团高层管理人员持股过高，一方面严重挫伤了基层管理人员的积极性；另一方面，在较高的股权薪酬制度下，高层管理人员往往容易安于现状，创新意识不高，这会影响企业的整体运行效率。

L集团目前的考核体系还存在很多不科学的地方。第一，L集团的薪酬制定主要由企业的领导决定，缺乏专门的薪酬体系来控制相关人员的薪酬标准，公司主要领导大多凭主观印象进行考核，企业尤其缺乏专门针对高层管理人员的薪酬与考核体系；第二，已经建立的薪酬与考核体系过于简单，存在考核的指标不够明确细化、可操作性不强、考核执行力度不够等问题；第三，L集团比较侧重对工作业绩的考核，然而，绩效考核通常不与薪酬、晋升挂钩，这不利于调动员工的积极性。在缺乏薪酬与考核委员会的情况下，薪酬的制定将缺乏科学性，考核也将流于形式。

3.1.2 制度不完善和管理不当可能导致决策委员会效率不高

为了提高企业战略决策和董事会运转的有效性，在美国和日本等国的公司中，通常会设立战略委员会或决策委员会，目的是强化董事会的战略管理功能，对公司发展战略和重大投资决策进行研究并提出建议，以实现董事会决策的民主化、科学化和规范化。

牛建波和刘绪光（2008）发现设立战略委员会能带来显著的公司溢价。Wommack（1979）认为战略委员会应该成为公司的常设机构，以便经常评估管理层的投资建议。荀星（2009）也指出，战略委员会的专业性和多样性可以发挥重要的作用。为适应公司的战略发展需要、确定公司发展规划、健全投资决策程序，越来越多的中国上市公司和企业集团也开始设立决策委员会。L集团作为中国大健康产业的大型民营集团公司，正处于迅速扩张的阶段，投资决策的有效性对其发展极其重要。因此，设置决策委员会对L集团加强决策科学性、提高重大投资决策的效益和决策的质量、完善公司治理结构、增强公司核心竞争力、为企业上市融资做准备等都具有重大的战略意义。决策委员会是L集团重大战略决策的咨询机构，能够提高决策水平和决策效率，但若管理不当，也可能给公司带来法律风险。

1. 可能存在的违规决策、越权决策

决策委员会是L集团为提高决策水平和决策效率的需要而设立的机构，不是《公司法》要求设立的机构，法律也没有规定其职责范围，而是

交由公司根据自身情况决定。如果公司没有明确委员会的职责权限，一方面，可能造成公司任何投资决策均需要经过投资决策委员会讨论，会降低工作效率；另一方面，也可能造成任何投资决策均不经过投资决策委员会讨论，使其形同虚设。同时，如果没有确定投资决策委员会的议事规则和工作程序，或者规则、程序混乱，那一方面可能形成不了决议，或决议的效力无法确定；另一方面又可能造成委员会违反程序进行决策，最终导致决议无效。

2. 投资中心可行性报告不够充分和准确

投资中心应当在决策委员会召开会议之前从所要投资项目的概况、筹集资金情况、所面临的风险、投资回报率等方面对投资项目进行可行性分析，并编制出项目投资计划上报决策委员会审批。随后，决策委员会应根据项目的具体要求组织专家进行会审并做出决策。但出于快速占领市场、降低决策成本等的目的，或者由于企业决策机制不健全、内部治理架构不完善和投资中心与决策委员会沟通不充分、反馈不及时等因素，投资中心在编制可行性报告时可能会缺乏足够的事前尽职调查，导致直接由项目负责人、总经理和董事长等得出可行性报告的结论。这一隐患有可能会误导决策委员会的决策，加大项目投资的风险，是对全体股东不负责任的表现。21世纪初，美国UT斯达康公司就曾经出现过这种问题，导致企业投资方向模糊、决策委员会效率低下。

3. 外聘专家可能泄露商业秘密

为了降低成本，同时增加项目参与人员的灵活性和专业性，企业往往采用短期聘用外聘专家、专家跟着项目走的策略。但是这一看似合理的策略却给企业带来了很多问题和风险。例如，外聘专家通常仅会关注项目带来的短期利益而不会关心企业的长远发展，从而为了自身利益而做出不利于公司长期发展的决策。同时，短期聘用外聘专家也可能带来公司机密被泄露的道德风险。

例如，2002年的华为集团泄密案件和2012年的东软集团泄密案件。两家公司的情况十分类似，都是由于大批核心技术人员和高管的跳槽而使得核心技术被竞争对手盗用，从而给企业带来严重的损失。整体上看来，外聘专家的情况与核心技术人员和企业高管类似，他们都在项目运营中起核心作用，直接接触到项目中最为核心的内容，而且具有很强的流动性。

L集团的决策委员会主要是由外聘专家构成的，讨论的是公司的重大投资和经营决策，拥有对外投资的决策权，这无疑放大了外聘专家的道德风险。如果不采取一定的保密措施，对与会人员提出保密要求的话，则可能会泄露会议讨论内容、泄露公司商业秘密。泄密案不仅会给企业造成经济名誉损失，更会影响其转型升级的步伐，进而给企业造成不可估量的重大损失。

4. 缺乏风险控制意识和机制

随着经济的快速发展，外部的环境也日新月异，企业对外投资的风险同时加大。因此，企业决策委员会除了要对项目的投资收益率进行关注外，还应关注项目的风险以更好地发现风险、规避风险和控制风险。如果L集团决策委员会的外聘专家过于急功近利，只关注项目收益，而缺乏风险控制意识及风险控制机制，就会使得风险临近时，企业无法及时预警、控制损失，最终导致项目的失败，给企业带来重大损失，甚至造成企业的财务困境，影响企业的扩张和未来的发展。

例如，BBD集团决策委员会就存在缺少风险意识、对风险的评估及应对程序的问题。对于BBD集团来说，无论是投资铿电池还是铿电都是一个完全陌生的领域，它从人才到技术都很缺乏；在资金方面，BBD集团更是从不考虑资金的成本。这些行径加大了投资的风险，以至于企业连年亏损，甚至到了破产的地步。BBD集团的投资决策阶段，根本没有从风险意识方面去考虑投资回报，看着别人投资什么就干什么，一股脑儿进入了空调、自动售货机、铿电池、太阳能、电动车、摩托车、照明、电工、厨卫设备、海洋生物、IT（信息技术）、房地产等多达几十个行业、几千种产品，以致2008年时全面爆发危机。

5. 缺乏对投资实施过程的信息的跟踪

由于L集团决策委员会的成员是外聘的兼职专家，在决策时信息收集可能不足，也可能存在由于对企业的归属感不强而导致的失责问题。因为投资项目处于不断变化的环境中，所以决策时"可行"的投资项目可能在实施过程中会变得"不可行"。如果没有及时更新信息，对项目的投资收益重新进行评估，对投资决策做出适当的调整，就可能会给企业带来巨大的损失，也会带来违约等法律风险。特别是由于L集团正处于发展和扩张阶段，对外投资活动一般较为频繁、投资金额大、做出决策的时间短，从而决策失误和偏差带来的风险将会大大提高。

以HT集团为例，它在对外投资日常管理、跟踪部门与会计核算部门之间的信息沟通和相互制约机制方面不健全。如投资管理办公室没有根据投资合同及文件对每笔对外投资的投资额、投资方式、投资比例、投资额做出增减变动，没有将投资收益的取得等建立对外投资登记簿，也没有定期核对财务部门的记录数。这些会使其对外投资执行与会计核算记录之间出现问题，如将被投资单位分回利润作为投资成本回收，已关停的被投资企业的投资长期挂账等现象。如此一来，在投资项目的外部条件发生变化时，会由于公司决策委员会得到的信息不及时而不能马上采取必要的措施以减少损失或增加效益。

6. 决策委员会成员与管理层勾结

覃家琦（2010）指出，对于决策委员会而言，其职责固然在于保证公司投资于良好的项目，或者保证公司投资具有良好的效果，但要达到这一点，首先要保证公司进行投资，因为没有投资就不可能有良好的投资效果。由此推断，决策委员会在其设立之后，将会推动公司进行更多的投资以体现自身的职责和价值。所以，决策委员将会依赖总经理提出更多的投资方案以体现其职责和价值，而总经理则依赖决策委员会在审核和投资决策中给予更好的评价从而能够更多地投资以体现其业绩。出于自身利益考虑，决策委员会不仅会尽量避免与以总经理为代表的管理层形成对立，而且可能会形成相互依赖的关系。为了不得罪总裁或是获得私利，决策委员会有可能并不进行调查和审核而直接通过由总裁领导的投资评审小组提交的立项议案。

7. 过度投资和盲目扩张的问题

管理层的报酬往往与企业规模正相关，所以当企业存在大量自由现金流时，经理人便更热衷于通过加大固定资产投资、发展多元化产业或合并收购等行为来扩大公司规模，从而将现金流更多地投入能够给自己带来私人收益的投资项目，但这种项目很可能是损害公司整体价值的非盈利项目，进而导致过度投资。决策委员会的设立和良好运作本来应该能在很大程度上解决这一问题。但在实际运营中，往往存在着决策委员会委员不作为或是与总经理勾结的情况。这一现象使得企业过度投资、盲目扩张的情况得不到监督和控制，最终影响公司的长远发展。

8. 决策委员会成员相互推诿

决策委员会的规模越大，表明其承担的职责越重，体现自身价值的动机也就越强烈，这会促使它通过更多的投资来体现自身的重要性，否则将容易遭到人浮于事、人多不干事的非议，甚至产生缩减规模的可能。另外，规模越大，在体现决策委员会自身价值这个共同目标的约束下，对投资持否定意见的成员可能会被迫放弃自己的意见，甚至成员之间会相互推诿，使得投资建议更容易获得通过。

3.1.3 缺少审计委员会导致企业的法律风险增大

1. 审计机构独立性不够

当前，L集团缺少审计委员会，这可能导致其内部审计机构在组织中的职权及隶属定位不清的问题。例如，将内部审计部门直接在财务部门或人事部门中设立，这不仅使内部审计的工作范围受到局限，内部审计机构同时还要受到公司CEO的领导，这使得实际机构与其他职能部门的地位不能区分开来，而且内部审计的处理也很难做到相对独立和客观。这需要设立专门的审计委员会来确保审计机构独立于其他部门，统一由审计委员会统筹监督审计工作。

2. 审计缺乏风险防控

民营企业审计工作最初多集中在对企业的财务报告、账表纠错等事项上。随着经济的发展，审计工作不仅局限于此，还要越来越多地致力于企业的风险防控管理。这就需要建立审计委员会，来对企业的审计工作进行全面的规划。审计机构人才类型的需求不再局限于财务和会计等方面的人才，同时也需要经管、营销以及法律等方面的人才。单单依靠原有的财务和会计人员，缺乏审计委员会的统筹安排，将难以完成风险防控方面的审计工作。

3.1.4 缺乏提名委员会导致企业陷入内部人控制

1. "近亲繁殖"和内部控制

在不设立提名委员会的情况下，L集团董事或董事长由主要负责的领导和主要出资人员担任董事，而没有进行必要的选拔、比较和考核等程序，董事任命较为随意。下任董事会成员往往由原任董事选举产生，甚至直接在家族成员中产生，这容易造成"近亲繁殖"。同时，这样也容易造成大股东在董事会中安插亲信，干预独立董事的具体工作，从而造成"内部人控制"的局面。这使得独立董事不能够独立地行使其职能，不利于企业进行科学的管理和决策，会造成公司管理组织的畸形发展。

2. 独立董事的罢免或退出机制不健全

独立董事被任命后，其表现更多由董事会下设的考核机构来评估。然而下设的考核机构对独立董事个人的信息和相关资料掌握得很少，很难科学准确地做出评价。加之原有董事的干预，独立董事容易出现"连选连任"的现象，这不利于及时对不合格的董事提出罢免建议，也不利于对新型董事人才的引进。因此，迫切需要设立董事会提名委员会，独立地行使董事的提名权力，使董事的提名机制更加健全和完善。

3.1.5　缺乏薪酬与考核委员会导致激励约束机制的有效性低

1. 薪酬制定与绩效考核缺乏科学性

在没有薪酬与考核委员会的情况下，L集团企业主完全把持着企业的剩余索取权和控制权，薪酬的水平更多由董事长和少数高层管理者决定，薪酬制定随意性强，缺乏专业的考核体系。初期阶段，这种管理模式是必要的。但随着企业的发展，依然采用这种管理模式，很容易导致企业内部薪酬体系的不公。L集团管理薪酬与考核的机构还没有对高管薪酬管理和普通员工的薪酬管理进行区分。高管人员薪酬的制定有着特殊性，他们是企业战略性的人才，需要专业的人士对其管理能力和工作绩效进行考评，企业主不应进行过多的干预，否则企业将难以留住人才。

2. 薪酬制定与绩效考核缺乏战略性

L集团在讨论薪酬和绩效考核的问题时，更多会考虑企业的短期效益、公平、透明性、补偿性以及处理好相关人员的利害关系等事项，而对企业的长远发展和整个薪酬与考核体系的战略性缺乏理性的思考。薪酬与考核的设计应该将企业薪酬与考核体系构建与企业发展战略有机结合起来，使企业薪酬与考核体系成为实现企业发展战略的重要杠杆，为了企业的长远发展，L集团需要引进更加优秀和富有创新潜力的人才来制定企业的薪酬与考核体系，在实施管理的过程中，可能会触犯相关人员的利益，但从长远来看，要建立更加合理的激励制度，就必然需要组织专业的人员对原有的考评体制进行改革。因此，薪酬与考核委员会的缺乏是不利于企业构建良好的激励制度的。

3.2 L集团专业委员会的风险管控

3.2.1 决策委员会治理的风险管控

1. L集团决策委员会制度的现状

L集团现拟在集团总部下设决策委员会,主要职责是对公司的长期发展战略和重大投资决策进行研究并提出建议,对董事会主席及董事会负责。投资方案属于股东大会审批权限范围的,以董事会及董事会主席名义提交股东大会审议。

决策委员会职能独立于公司其他部门,成员由董事会主席及外聘的各界专家学者组成,受董事会监督。外聘专家不属于董事会成员,另外,要设置决策委员会秘书岗位。此外,决策委员会下设投资中心,主要负责对国内外的各种投资方案进行可行性的研究和初步审核,并向决策委员会提交正式提案。总裁是决策委员会的列席成员,但没有投票权,主要负责向投资中心提交项目意向和初步可行性报告,并组织有关部门具体执行决策委员会投票通过的投资决策。

2. 职能和权限设计

这一点与现有的三种模式没有根本性的区别,都是对公司长期发展战略规划、重大战略性投资进行可行性研究及决策。我们概括为这几点:①对公司年度投资计划和重大战略性投资项目的方案进行研究并决策,根据公司的发展战略对产业结构调整的要求予以审议批准;②对公司的长期发展规划、经营目标、发展方针进行研究并提出建议,对公司的经营战略包括但不限于产品战略、市场战略、营销战略、研发战略、人才战略进行研究并提出咨询意见;③对其他影响公司发展战略的重大事项进行研究并提出建议;④对以上事项的实施进行跟踪检查;⑤公司董事会及董事长授权办理的其他事宜。

在具体进行工作时,决策委员会审查公司投资计划和经营方案的主要依据包括:①投资项目是否符合国家及地区的产业政策和公司发展方向,项目产业前景论证是否充分和可行;②项目的可行性报告、有关财务报告、有关合同协议及相关文件是否完整;③项目投资风险是否已被考虑并得到有效防控,项目成本、收益预测是否合理;④项目是否还存在需要提出质询的内容,是否需要项目负责人进行针对性的解释和补充。

L集团决策委员会的职权与现有三种模式不同的是:

(1) 不承担对公司融资决策进行研究和决策的职能。

为了保证投资和融资决策的独立,决策委员会不承担对公司融资决策进行研究和决策的职能,也不承担对公司重大资本运作、资本运营项目进行研究并提出建议的职能。

(2) 由董事长直接管辖,董事会负责监督。

L集团的决策委员会不仅是一个投资计划的常设决策机构,而且是公司经营和发展的顾问机构。它不是一个董事会的直接下属部门,我们把其定位为一个由董事长直接管辖、董事会负责监督的董事会的衍生部门,决策委员会的外聘成员不是董事会的成员,而是以兼职的方式工作,根据企业投资和发展的需求进行轮换。决策委员会是受董事长管辖的,所以除了公司董事会可授权决策委员会外,董事长也可直接授权决策委员会。

(3) 决策委员会不承担审核公司的年度报告、财务结算报告等职能。

这一点也是和现有的上市公司的战略委员会不同的。例如,山西百圆裤业连锁经营股份有限公司战略委员会的工作内容之一,是审核企业的年度财务结算报告,并提交董事会会议进行审核。L集团的决策委员会制度如此设计的原因,主要是为了强化决策委员会的研究和投资决策职能,把审核的职能让渡给公司的财务部门和其他董事会成员。

(4) 决策委员会的决策具有较高的权威性。

例如,浙江杭州鑫富药业股份有限公司就明确规定,战略委员会履行职责时,公司相关部门应给予配合。在L集团,我们提出,如果企业相关部门没有根据决策委员会的要求递交相关材料,或者没有严格执行决策委员会的决策,将会影响对该部门领导的年终考核。未经决策委员会决策,公司不得对外签署任何投资或投资承诺的协议和文件。

3. 组织架构设计

像大多数上市和非上市公司一样,L集团的决策委员会主席由董事长担任。决策委员会下设投资中心,主要负责做好决策委员会会议的前期工作,提供公司有关方面的资料,例如,对项目进行分析和研究,撰写可行性报告。

与现有的上市公司和非上市公司决策委员会制度不同的有以下三点:

（1）公司总裁主要负责执行决策委员会的决策。

上市公司中，由公司总经理（总裁、项目投资的负责人）任投资评审小组组长，而在L集团的规划中，公司总裁不参与投资中心的具体工作，主要负责执行决策委员会的决策。决策执行情况一方面向决策委员会报告，作为其下一步决策的依据；另一方面向公司董事长和董事会报告，接受董事会的考核和绩效评估。

（2）强化投资中心的研究职能，淡化投资中心的评估职能。

现有的决策委员会运行中遇到的一个问题就是，缺乏对外投资可行性研究和评估的专业部门，不同的业务部门独立编制可行性报告，投资评审小组难以及时发现并指出报审可行性报告中的问题，也难以与编制可行性报告的单位建立有效的沟通。由于过分依赖于编报单位的研究，使得可行性研究与评估之间缺乏独立性，无法真正建立不同业务环节之间的控制。

为了解决可行性报告编制专业部门缺乏的问题，L集团应该强化投资中心的研究职能，淡化投资中心的评估职能，使投资中心在可行性报告的研究和编制、各项目和业务部门的沟通方面承担更多的工作。为了使可行性的研究和评估充分独立，在投资中心做出完整的可行性研究报告后，再由决策委员会举行会议对项目方案进行讨论和评估，以提高企业投资决策的效率。

（3）决策委员会的人员规模为3～5名。

由于上市公司投资评审小组的评估职能在L集团更多地由决策委员会成员承担，所以，L集团决策委员会的规模不能过小；但是，作为非上市实业公司，投资决策不用接受外界公众和证监会的严密监督，重大投资决策的频率也没有投资公司那么高，为了节约决策成本，决策委员会的规模不用太大。在上市公司，决策委员会由3～7名委员组成；而在非上市的投资公司，决策委员会人数波动范围较广，一般由3～15名委员组成。综合考虑L集团的实际情况，我们建议，决策委员会的人员规模为3～5人。

4. 成员的确定及任期设计

我们认为，L集团的决策委员会由董事长组织、董事会监督、外部专家组成的运作模式具有一定的合理性。众所周知，在上市公司中，内部董事主导的董事会容易陷入内部人控制、侵占等问题。相对于内部董事，独立董事基于对自身声誉的考虑以及所具有的专门知识而被认为能够更独立客观地完成决策和监督任务，因此高独立性成为"好"董事会的重要标准之一。我们认为，L集团的外部专家相对于具有股权的内部董事，具有更高的独立性，而且他们也会更重视自己在各自专业学术领域的声誉和权威，而不仅仅只关注公司提供的有形薪酬。

相应地，由于在L集团，决策委员会是由外部专家组成，且受董事长直接管辖。这些外部专家并不是董事会的成员，所以，对其产生和任期的确定，我们认为应该更多地参考有聘用外部专家的非上市投资公司决策委员会的短任期制度。

我们提出的方案是：

（1）决策委员会1/2以上的在任委员可以根据当前投资决策的专业需要向主席即董事长提出聘任某位新委员的提案，董事长也可以直接提案，董事长的提案交董事会审议投票通过，该外部专家即可获得聘任。董事会对决策委员会的决策具有监督权。

（2）如果某些特定的一次性项目，在现有的决策委员会成员中没有该领域的专家，1/3以上的决策委员会成员可以向董事长提出提案，根据不同的决策事项，临时聘请一些外部的咨询专家协助决策委员会进行决策。这样既能缩小部门规模、节约经营成本，使决策委员会保持一定的人员弹性，又能保证决策的专业性，提高决策效率。

（3）聘请外部专家的提案不需要通过董事会审议，只需要获得董事长的同意。临时聘请的外部咨询专家可以列席投资决策委员会会议，但是没有投票权，只能提供一些投资建议供决策委员会参考。

（4）为了督促决策委员会成员提高决策效率，我们参考了非上市投资公司的做法，把决策委员会的外聘委员设定为每届任期2年，可连聘连任。投资决策委员会外聘委员在每届期满前因主客观原因导致无法负责时，由公司董事会决定更换人选。

（5）关于决策委员会的成员构成，我们认为，应该包括法律专家、行业专家、经济专家和中介机构研究人员等。聘请的外部专家必须是相关领域的行业权威和资深专业人员，尤其是要注重专业性和多样性，将多样化的信息联系起来，发挥群体优势，从而鉴别出问题并找到问题的解决方法。由于决策委员会的成员具有不同公司甚至不同行业的经历，从而具有不同的经验和决策方式，他们可以将这些不同的决策方式和方法带入公司的决策制定中，这样必然能制定出使公司具有核心竞争力的、符合公司未来发展方向的战略决策；决策委员会的多样性还有助于提高公司战略决策对环境的适应性，推动公司做出更具有创新性的决策。此外，决策委员会作为一种群体决策机制，可以增强公司决策的民主化。

（6）L集团在确定决策委员会成员和临时的外聘咨询专家时，必须先对其进行调查，确认其有充分的知名度和相关资质，以保证其能够胜任该工作。同时，必须调查这些专家与企业竞争对手和投资对象等是否有利益关系，以保证其能从L集团的利益出发进行决策和提供建议。

（7）由于投资中心要负责与各业务部门的沟通和编制可行性报告，所以投资中心的成员必须对企业的业务和发展情况比较熟悉。我们建议投资中心可以由企业内部发展计划、财务、投资、科技生产、审计等部门的负责人组成，同时，还可以根据不同投资项目，分别聘请或邀请本集团企业或外部该领域的专业技术人员参与，对可行性报告中一些需要具备专业技术能力才能提供合理判断的特殊内容进行研究。

（8）对公司曾聘用、已聘用和待聘用的所有外聘专家的相关资料（包括履职情况和行业风评等）建立档案，记录在企业的专家名册中，由投资中心进行整理，由企业人力资源部进行考察确定和备案保存，董事会秘书负责监督档案的建立与工作联系。

5. 决策程序设计

这一部分与已有的三种模式没有本质差别，但是由于我们调整了企业业务层、投资中心和决策委员会的职能，公司业务层主要负责向投资中心提出投资意向申请和初步可行性报告，投资中心负责对可行性报告进行研究，编制详细的可行性报告，决策委员会负责对完整的可行性报告进行审核，对投资项目进行决策。因此，在程序上还是具有一定的差别。同时，决策委员会必须充分利用企业由数据中心部门和财务共享系统等构成的现代化信息平台提供的数据和资料，以此作为决策的依据。

具体的决策程序如下：

（1）由公司总裁将重大投资、资本运作、资产经营项目的意向、初步可行性报告以及合作方的基本情况等项目文件和法律资料上报投资中心。

（2）由投资中心进行初审，反馈给各相关业务部门，让其提供必要的详细资料，并上报决策委员会备案。

（3）公司有关部门或控股（参股）企业根据投资中心的反馈对外进行协议、合同、章程及可行性报告等洽谈并上报投资中心。

(4)由投资中心根据各业务部门递交的材料编制完整的可行性报告,并向决策委员会提交正式提案。

(5)决策委员会根据投资中心的提案召开会议、进行讨论,将决策结果提交董事会进行最终审批和确认,同时反馈给投资中心,由总裁具体执行决策委员会的决策,将决策结果进行逐层通知和工作部署。

6. 会议制度设计

L集团的决策委员会会议制度和上市公司战略委员会的会议制度比较相似。决策委员会分为定期会议和临时会议。在每一个会计年度结束后的4个月内,决策委员会应至少召开一次定期会议。公司决策委员会主席或3名以上委员联名可要求召开决策委员会临时会议。

决策委员会会议应由2/3以上的委员出席方可举行。公司董事可以出席或列席战略委员会会议,非委员对会议议案没有表决权。每名委员享有一票的表决权,会议做出的决议须经全体委员过半数通过。

出席会议的委员应本着认真负责的态度,对议案进行审议并充分表达个人意见;委员对其个人的投票表决承担责任。决策委员会对于了解到的公司相关信息,在此等信息尚未公开之前,负有保密义务。

投资中心的负责人可列席决策委员会会议,必要时亦可邀请公司临时外聘的咨询专家、公司董事、监事、总经理及其他高级管理人员和项目工作负责人员代表列席会议。决策委员会会议记录作为公司档案由公司董事会秘书处负责保存,保存期为10年。

7. 成员的义务及免责条款设计

由于L集团的决策委员会与上市公司不同,是由外部专家组成的。为了强化这些委员的责任意识,我们对上市公司战略委员会制度做了一些改进,要求所有委员必须根据项目情况、相关指标、会议的情形、项目组对反馈意见的答复及专项核查意见(如有)等做出独立判断,并在表决票上明确说明理由。也就是说,决策委员会的成员对自己的投票负有独立的责任,避免了"搭便车"和互相推诿的问题。

具体而言,L集团决策委员会实施以执行结果为导向的决策失误内部责任追究机制,这不仅能对决策专家的对外决策行为形成约束,也能提高其参与对外投资项目的积极性,防止正确的对外投资决策行为产生错误的执行结果。如果决策委员会的判断出现失误,项目执行后出现投资不足、收益率过低等问题,决策委员会的专家将承担相应的责任。具体的判断依据是每位专家在决策委员会会议上的发言、投票以及投票的理由。对因工作不力、决策失误等造成公司重大损失或经营管理目标严重不达标的，公司视其损失大小和责任轻重，给予经济处罚、行政处分或解聘职务等处罚。

此外，L集团还需要制定一定的免责条框，保证外聘专家没有后顾之忧，能够充分地表达自己的意见。外聘专家的行为是否满足免责条框，由董事会在绩效考核时根据各决策委员会成员提交的述职报告进行判断。该报告的内容包括考核期内参与的投资决策、专业判断、投票选择及详细理由、目前公司的投资项目的执行情况及效率等，以及与决策委员会其他成员的合作，对考核期履职情况进行自我评价。董事会依据考核期内的项目执行效率对决策委员会整体及每个专家分别做出评价意见，最终决定每位决策委员会委员的考核结果和薪酬。如果专家的判断失误是由于业务部门准备资料不齐全或投资中心可行性报告不够全面准确等原因引起，或者是专家判断正确但与最终表决结果不一致等，该外聘专家便不需要承担决策失误的责任。

8. 成员的激励制度设计

根据上市公司对战略委员会委员的薪酬考核制度，我们制定了L集团对决策委员会成员的激励制度。

（1）由于决策委员会成员是兼职的外聘专家，这些专家非常重视自己在专业领域的声誉和权威，所以L集团的激励制度除了薪酬制度外，还包括比例比较高的声誉激励。例如，对专业性强、决策效率高的专家发出公开感谢信，推荐决策委员会的专家参与业界的学术会议和论坛，公司领导人与决策委员会专家一起参加省市领导视察和企业的对外交流等。

（2）人力资源部负责制定专家人才引进与贮备办法以及聘用聘请的费用方案。决策委员会委员的年度薪酬由基本年薪和绩效年薪构成，年度薪酬总额范围为基本年薪和两倍基本年薪之间。

（3）基本年薪是年度的基本薪酬，按月平均发放，具体金额由董事会依据公司经营规模、经营难度、行业特点、市场薪酬水平以及决策委员会所承担的职能职责和项目决策难度及风险决定。绩效年薪由董事会根据公司经营业绩考核结果决定具体金额。

（4）考核实施半年度和年度考核。半年度考核在每年7月中旬进行，年度考核在本年度结束后考核。考核指标分为定量指标、定性指标、扣分指标三大类。综合评价分数低于80分，绩效年薪为0；综合评价分数大于等于80分，根据实际得分计算绩效年薪，绩效年薪等于绩效年薪基数乘以综合评价得分率。

9. 风险管控的制度建构

为防范可能存在的法律风险，L集团需要建立并完善以下制度规则。

(1) 完善决策委员会工作机制。

建立严密的授权审批制度，明确投资决策委员会的职责权限，建立并完善委员会议事规则和工作程序，同时借鉴独立董事制度，规定委员会违法决策、违反程序决策或越权决策的法律责任。例如，潜江永安药业股份有限公司就规定，委员会决议违反法律、法规或《公司章程》，致使公司遭受严重损失时，参与决议的委员对公司负连带赔偿责任。但经证明在表决时曾表明异议并记载于会议记录的，该委员可以免除责任。

(2) 完善公司保密制度和委员会保密条款。

建立并完善公司保密制度，要求与会人员遵守保密义务，同时规定委员会成员擅自披露秘密的法律责任。例如，浙江康恩贝制药股份有限公司就规定，出席会议的委员均对会议所议事项有保密义务，不得擅自披露有关信息。

(3) 做好权限管控，高度关注临时咨询专家和离职专家。

L集团必须对临时外聘的专家和离职专家的行为做好权限管控和翔实审计，把控所有可能的风险，防止他们为了增加在下一份工作中的竞争力而去出卖企业的内部资料或是将公司机密转化为自己创业的资本，才能保证企业安全无忧。要充分考虑到各种泄密的途径和工具，例如，打印、扫描、笔记本电脑、U盘、电子邮件、电话、短信、磁带等办公常用的信息传播载体，通过内网安全软件等多重保护和与时俱进的防御技术严守企业的机密。

(4) 建立完善的决策后评估和调整制度。

决策委员会必须通过考察投资项目的执行过程和结果，对决策的科学性和正确性进行再评估，检查对外投资项目的执行效果，保证及时发现问题、总结经验，及时对投资决策进行调整。同时，董事会将会把决策委员会成员在再评估和投资决策调整议事时的投票和发言，作为对其进行考核的重要依据之一。

(5) 建立完整、及时、有效的信息沟通体系。

信息沟通和反馈贯穿着投资决策的整个过程，对投资项目的成功起到至关重要的作用。在立项阶段，投资中心、决策委员会和董事会之间信息的有效沟通反馈可以使立项过程更加透明合理；在执行阶段，信息的沟通反馈可以使决策委员会对项目的实施情况有准确的认识，以便更好地根据实施情况调整策略、控制风险。L集团必须建立一个完整、及时、有效的信息沟通体系，减少最新的信息和项目执行情况传递到决策委员会的时间，保证企业不会因为信息的滞后和反应的延迟而不能及时地规避风险，进而抓住稍纵即逝的绝佳投资机会。

10. 投资活动的业务流程

L集团投资活动一般包括以下业务流程（见图3-1）：

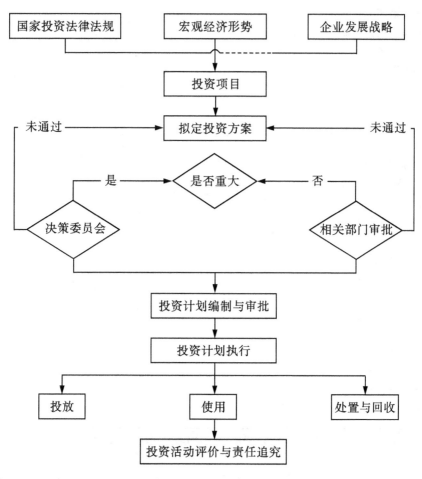

图3-1　L集团投资活动业务流程

投资方案的提出和审批的风险控制流程如图 3-2 所示：

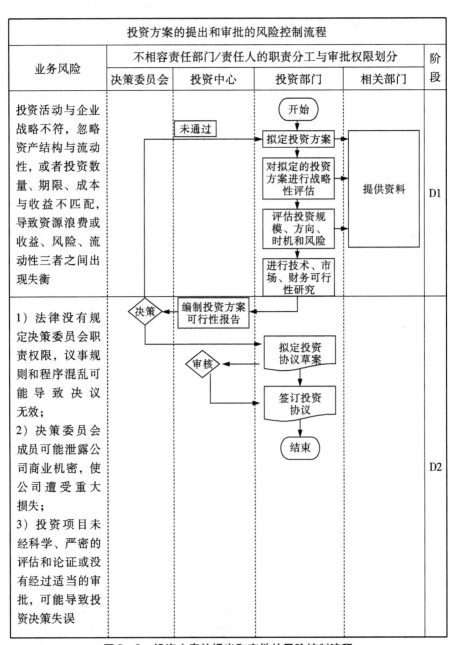

图 3-2 投资方案的提出和审批的风险控制流程

在 D1 阶段，即投资方案的可行性论证阶段，投资部门应根据企业发展战略、宏观经济环境、市场状况等，提出 L 集团的投资项目规划，在对规划进行筛选的基础上，拟订投资方案并进行初步评估。对于拟订的投资方案，首先进行战略性评估，包括是否与企业发展战略相一致、是否能为企业创造竞争优势等。其次，评估投资规模、方向、时机和风险，包括投资规模是否适当，是否与企业的资金实力和筹资能力相匹配；投资方向是否与企业的主业相符合，是否存在过度分散投资的问题；投资时机是否恰当，是否能使企业尽早占领市场；投资风险是否与企业现有资产风险相一致，是否在企业所能承受的范围之内。最后，进行投资方案的技术、市场和财务可行性的研究，包括企业是否具备投资项目所需的技术能力、投资项目的核心技术是否处于行业领先地位；投资项目的市场容量与前景是否良好，企业是否有占领市场的竞争优势；投资项目的收益是否稳定，投资的现金流量在数量和时间上是否与筹资现金流量相匹配，投资项目的资产结构是否合理，是否实现了资产流动性、收益性和风险性的最佳权衡；等等。在投资方案的可行性评估过程中，相关部门（包括被投资方）应予以配合，提供投资评估所需的资料。

在 D2 阶段，在对投资方案的可行性进行综合评估的基础上，投资中心应编制完善的投资方案可行性报告，提交决策委员会审批。决策委员会在审批时，应重点关注投资项目的预期收益和风险以及发展前景，并且应贯彻集体决策的原则，实行集体决策审批或联签制度，在综合正反两方面意见的基础上进行决策，而不应由少数人主观决策。对于审批通过的投资方案，投资部门拟订投资协议草案，报投资中心审核。审核时应重点关注投资方与被投资方的权利和义务、双方的收益分配与风险分担是否合理，是否存在容易产生争议或对企业利益有潜在损害的条款，等等。投资协议草案经审批后，投资部门与被投资方应签订正式的投资协议或合同。

3.2.2　审计委员会治理的风险管控

1. 职能和权限设计

L 集团审计委员会的主要职能有：

（1）完善库房管理审计。

L 集团可从企业的销售发货原始记录和购销合同入手，核查营销部门是否有虚报销售、隐瞒库存、空挂应收账款等违规违约行为，内审人员不仅要看财务账本，而且要到相关现场和库房去核查，对有关物品的充抵报废情况要做到账面和实物相对应。审计委员会内部成员可直接介入相关的物资采购以及投标活动,审计委员会将这种行为列入必须履行的程序。这种专项审计可进一步完善本企业的库房管理制度。

(2) 重视经济责任审计。

L集团要及时评价企业领导人履行经济责任的情况。通过开展关于经济责任的审计,审计委员会能够发现领导层管理过程中存在的问题,找到相关责任人,督促其改进管理工作。经济责任审计需要与财务审计和管理审计相结合,只有这样,经济责任审计才能向更深层次和更广范围开展。

(3) 突出战略审计。

在制定各项战略时,L集团要着眼于企业长远发展,这离不开战略审计的实施。企业要进行系统和全面的分析,确定当前所面临的各种机遇和挑战,制订出行动规划并适时调整。具体而言,应做到以下两个方面:第一,充分利用企业现有的各项财务数据以及非财务数据资料,进行深入的分析,对制定的战略的合理性和有效性进行评估;第二,结合经济责任审计,针对管理中存在的问题提出解决方案,使企业更有效地实施战略管理。

(4) 兼顾审计成本的节约。

L集团审计委员会应在原有财务、客户信息、库存等信息化管理的基础上,进一步将所有部门的有关生产、研发、人力资源等信息纳入信息系统,以便于审计委员会对相关部门进行日常评价,这样可以尽量做到一次审计满足多种需求,降低审计成本,提高审计工作效率。

2. 成员的确定及任期设计

(1) L集团确定审计委员会成员可由3～7人组成,其成员大部分或全部为独立董事,其中至少应有一名独立董事是会计或财务专业人士,其成员要由提名委员会提名并经董事会表决。

(2) 随着L集团的不断发展,对审计人员能力的要求不应只限于财务方面,内部审计人员的专业构成也应该适当地多元化。鉴于L集团是一个主要从事医药生产的企业,内部审计部门可逐渐吸纳医学、化工、管理以及法律等相关专业人员。审计委员会的成员可考虑由一支既懂会计和审计、财经法规和行业政策,又懂医药、化工业务和经营管理的态度严谨、作风踏实的内部审计队伍构成。这样,非审计人员可在经营管理和具体业务方面为审计人员提供更多的信息,以便审计人员更好地开展工作。L集团可通过笔试、面试或短期实习等方式，全面了解应聘人员的专业胜任能力。

（3）在内部审计人员的结构配置方面，依照业务水平的差异，L集团可按照高级、中级和初级水平进行合理分层；依照年龄结构的差异，可分为老、中、青三个年龄段，既要将经验丰富的中老年审计人员和富有创新精神的青年审计人员安排在各自适合的位置，发挥其所长，也要注意为他们提供相互之间的学习和交流的平台，在整体上，最大限度地发挥内部审计的职能。

（4）在成员任期方面，其任期与董事会任期一致，委员任期届满，连选可以连任。其间如有委员不再担任公司董事职务，其委员资格即自行解除，并由董事会补足委员人数。

L集团内部审计委员可考虑定期或不定期实行岗位轮换制，这是优化人力资源配置的重要途径，具体包括以下两个方面：

第一，可在公司审计机构内部实行岗位轮换制，定期安排内部审计人员实施跨公司的内部审计。这样的内部岗位轮换制有利于审计人员对各下属分公司的业务和性质进行全面的了解，培养良好的应变能力。

第二，在内部审计机构与其他部门之间实行岗位轮换制。让生产企业的成本会计人员参与贸易公司的采购项目审计，或者让物流公司的内部审计人员去生产企业负责供应链管理，这样跨部门的轮换有利于内部审计人员全面了解本行业的具体情况，更客观地进行风险判断。

3. 决策程序设计

L集团审计委员会决策程序的设计主要包括以下几个方面：

（1）了解被审计者的审计回复。

首先，建立书面的审计回复制度，要求被审计单位或部门对审计报告中所提出的审计中发现的问题和建议做出书面的、正式的答复；其次，认真阅读被审计单位的审计回复，注意其回复中是否针对审计报告中提出的问题进行了现状和原因的深入分析；最后，还要确认被审计单位在审计回复中是否表明将要采取的措施，并是否确定了具体的时间和负责人。

（2）合理安排后续审计时间和审计方式。

内部审计部门应该根据审计的具体情况，并结合被审计单位的审计回复，确定后续审计的时间。而在有效的审计资源下更大地发挥审计的作用，则需要内部审计机构和被审计单位的共同努力，在一些无关紧要的项目上，应鼓励被审计单位在审计过程中迅速纠正错误，及时进行整改，以减少内部审计人员后续审计的时间。把握重点、突出质量是后续审计的内在要求，也是集团管理层的客观需要。

（3）询问、记录整改的措施。

在被审计单位做出审计回复后，内部审计人员应先查看整改措施的运行情况，后询问被审计单位进行了哪些整改措施，并与审计回复中所述的将要采取的措施进行比较，看是否达到要求。根据比较情况，内部审计人员应将被审计单位的审计回复进行书面总结，督促被审计单位认真实施整改措施。

（4）对整改情况进行评价。

对于重大的审计问题应注意检查有无隐瞒、漏审、错审的情况，将其作为重点进行监督和修正。经询问、记录及跟踪审计等必要程序后，内部审计人员要对已整改的情况进行再评估，以有效地反映集团当前的业务及内部管理的现状。

（5）编写后续审计报告。

在完成上述审计程序后，内部审计人员一般都会编写后续审计报告。后续审计报告要包括后续审计目的、重申前期审计建议、概括整改措施、后续审计结果等要素，并报送集团总裁审阅。

（6）整理相关资料，建立档案。

内部审计工作中产生的记录、工作信件、被审计单位的审计回复、会议记录、计算过程等，这些后续审计工作记录，是重要的审计资料。内部审计人员应将其分类整理并归档管理，以便日后查询。

4. 成员的激励制度设计

L集团审计委员会激励机制可以从物质和精神两个方面来构建，即适当的物质报酬机制和声誉激励机制，以便使审计委员会成员发挥其良好作用，避免给企业带来负的外部性影响。

建立审计委员会成员的薪酬制度有利于提高成员的积极性，增强董事的独立性。在聘任审计委员会成员之前，薪酬委员会应向股东代表大会提出审计委员的薪酬发放办法，将薪酬的形式、数额、发放时间等形成决议文件并获得通过，保证决议落实到位。董事会和高层管理不能直接决定审计委员的报酬。有关独立董事的报酬机制，可采取适度津贴和奖金的做法。此外，特别要注意控制好独立董事的薪酬。因为，太低的报酬无法调动其积极性，太高的薪酬会导致独立董事为了获取高额报酬，在行使职权时，向董事会靠拢，放弃其独立性（这在由董事会决定独立董事薪酬的背景下犹为突出）。独立董事的薪酬应主要依据其专业知识积累的程度和运用能力以及其承担的潜在法律风险来确定。

对于多元化经营的企业集团，应该提高审计委员会薪酬，以激励他们更尽职尽责地完成会计报表监督任务。随着L集团多元化经营的开展，其报表监督的复杂性和难度不断增加，审计委员会需要付出更多的努力进行监管，高薪酬会激励审计委员会成员更加努力地工作、完成好财务报告的监督工作。

另外，加强企业内部行业自律、社会舆论与相关机构的监管等精神层面的奖励和处罚也是必不可少的。可针对那些做事认真负责、如实报告相关信息的审计人员进行模范表彰和奖励。良好的职业道德不仅是审计人员必须具备的职业素养，更是企业的无形资产，对于提高企业的声誉、树立良好的社会公众形象起着至关重要的作用。

5. 风险管控的制度建构

在市场竞争越发激烈的形势下，L集团将面临越来越多的风险。这就要求审计委员会不仅要重视事后的财务和会计方面的审计，更要重视事前风险的管理。针对集团经营活动中的一些特殊情况，如高管的离任、关联交易、资金流动等问题，内部审计部门要不定期开展有针对性的专项审计活动。从组织架构、制度构建、财务风险等方面为集团提供有关风险控制的建议。委员会应更充分了解和把握企业各个管理层面以及整体审计状况，对风险管理的有效性进行检验、评估和报告，积极应对各种风险，找出风险防控的重点方面，提出风险管理和防控的有效措施，并根据实际情况适时做出调整。

总之，审计委员会要帮助企业建立风险管理体系，规避经营过程中的风险和可能出现的损失，使企业能够更好地实施战略管理，保持稳定的发展。

3.2.3 提名委员会治理的风险管控

1. 职能和权限设计

（1）L集团董事会提名委员会的职责。

1）结合企业特点对董事进行综合考察。

首先，提名委员会要确定董事会成员的结构和董事的基本分配名额；

其次，要针对董事所从事的行业特点，确定公司需要哪种类型的董事；最后，要考察董事的知识结构、技能水平以及从业经验。考察合格的，按照规定将材料提交董事会，最终确定适合公司未来发展的董事人选。

2）定期了解和检查董事会的内部状况。

提名委员会需要每年检查和分析董事会的架构、人数、组成是否符合当前需要，董事成员是否很好地履行了自己的职能，应根据公司的实际情况分析是否需要做出变动，并向董事会提出相应的建议。

3）保持独立董事人选的多元化配备。

在搜寻和配备独立董事人选时，提名委员会要顾及董事成员的性别、年龄、学历、从业经验和技能等多种因素，尽量保持董事会成员的多元化，物色相关的人选，了解他们的长处，就此向董事会提供意见。

4）引进外部专业人士做兼职。

提名委员会可考虑引入外部专业人员作为委员会的兼职成员。他们只是在特定的时间内参加提名委员会举行的会议，为委员会提供适合公司的独立董事人选。同时，兼职人员不占用提名委员会中正式成员的名额，可减少在设置提名委员成员过程中产生的冲突。外部的成员也不会受到内部人的控制，他们独立地分析独立董事人选的问题，提出相应的建议。

5）对提名人选进行上岗培训。

提名委员会要让提名董事熟知所要从事董事的职责特点和对公司发展的意义，并对其进行上岗前必要的培训。

（2）提名委员会的权限。

1）从公司获取咨询专业人士的费用。

提名委员会在对专业性要求较高的董事人员的提名过程中，可咨询专业人士，以便获得更科学的指导，公司需要支付相应的咨询费用。

2）获取公司雇员的相关信息和资料。

提名委员会可在公司允许的范围内，获取企业内部雇员的相关信息和资料，以便从内部成员中挖掘合适的董事人选。公司应尽可能为提名委员会提供相应的资源，以便其更好地了解提名人选的信息。

3）享有部分评价与考核权。

L集团可适当授予提名委员会对董事和高管人员的表现进行评价的权限。在进行公司治理的过程中，提名委员会对于董事或经理候选人的背景资料了解更多，可与薪酬与考核委员会共同协作，对已经任职的董事进行考核，提出继续留任或罢免的建议，以便构建更加合理的提名委员会运行机制，不断完善提名委员会的工作。

2．成员的确定及任期设计

（1）L集团提名委员可由5～7人组成，独立董事要占多数，这是为了更好地保证董事和高级管理人员候选人提名标准和过程的公正性和有效性。公司内部董事至少要有一名，因为公司内部董事更加了解内部的实际运营情况，便于提名委员会结合专家意见和内部人员的建议，更加科学、合理地选任董事成员。

（2）提名委员会委员由董事长、1/2以上独立董事或者全体董事的1/3提名，并由董事会选举产生。提名委员会设主任委员（召集人）一名，由独立董事委员担任，负责主持委员会工作。主任委员在委员内选举，并报请董事会批准产生。

（3）提名委员会成员的选任应按照以下条件来确定。提名委员掌握公司经营管理方面的基本专业知识或有担任过董事或经理的经历，熟悉公司发展的基本情况，对公司高层管理人员独立董事的职责、选拔标准熟知；着眼未来，明确董事会的人才类型需求；为维护公司和全体股东的利益而努力工作，不依赖和受制于大股东；具有较强的综合分析和判断能力，根据公司实际情况不断完善人才需求结构。

（4）L集团提名委员会任期应有别于上市公司的任期方法，表现优秀者可以连选连任，表现一般者尽量避免其连选连任，这是为了防止大股东和原董事控制公司的董事提名，同时便于新型董事人才的引进。期间如有委员不再担任公司董事职务，则自动失去委员资格并由委员会根据规定补足委员人数。委员会下设工作组，负责委员会的日常工作及委员会会议的准备工作。

3．决策程序设计

在做出决策之前，提名委员会下设的工作小组会做好相关的准备工作，向提名委员会提供有关公司和提名人选方面的材料，主要有：第一，公司现需要何种类型的董事和经理人以及需要的数量；第二，公司内部以及相关人才市场中的人才供给情况；第三，董事和经理拟定人员的基本情况。提名委员会依据国家法律法规，结合本公司的实际情况，对工作小组提交的相关材料进行审议，研究并讨论公司的董事和经理人员的当选条件、选择程序和任职期限，然后形成决议，提交董事会并获得通过，公司要遵照并实施该决议。

(1) L集团提名委员会对董事和经理管理人员的提名程序。

1) 与公司有关部门协商和交流。

提名委员会首先要依据当前的形势，分析公司的发展趋势，把握机遇和挑战，积极与公司有关部门进行交流，特别应该与董事长和CEO协商，了解公司还需要具备何种技能和经验的新董事和经理人员，确定选任的数量，与他们达成共识。

2) 广泛搜集信息和搜寻相关人才。

提名委员会要积极广泛地搜寻优秀人才，可在母公司或分公司、控股（参股）企业内部以及人才市场等广泛搜寻董事和经理人选，充分了解初选人的职业、学历、技能和相关的工作经历等情况，努力获得所中意的提名人选的同意，形成书面材料，提交董事会和高层管理人员。

3) 对董事和经理人候选人进行严格的审查和把关。

首先，对于公司现有的董事和经理人员，提名委员会可依照薪酬与考核委员会定期进行的考核结果对现任董事和经理人是否合格做出判断，分析是否有必要留任或采用新的人选来胜任。其次，对新的董事和经理候选人员要进行严格的预审。在工作考核期间，要看其业绩的表现，评估后决定其是否通过预审。

4) 研究和讨论选任的董事和经理人的当选条件、选择程序、任职期限等议案。

在和公司相关人员进行充分的协商后，提名委员会可举行会议研究和商讨董事和经理候选人所具备的条件、选择程序和任职期限等，对符合条件的候选人进行提名和备案，形成决议并提交董事会请求通过。

5) 董事会讨论并公开审核结果。

提名委员会要对董事会负责，所以其提案要提交董事会审议决定。提名委员会向董事会提交选任董事和经理人的名单，董事会要采用公开的方式披露预审结果的信息，并在选举董事的股东大会上提交提名委员会的工作报告，股东大会要对其进行讨论，控股股东在无充分理由或可靠证据的情况下，应充分尊重提名委员会的建议；反之，若有充分证据和理由，可否定提名委员会的相关建议，经过股东大会的讨论和表决后，董事会对提名委员会上报的董事和经理人选做出最后的选择。

(2) 提名委员会的议事规则。

1）提名委员会每年至少召开 2 次会议，并于会议召开前 7 天通知全体委员，会议由主任委员主持，主任委员不能出席时可委托一名其他委员（独立董事）主持。

2）提名委员会会议应由 2/3 以上的委员出席方可举行，每一名委员有一票的表决权，会议做出的决议，必须经全体委员的过半数通过。

3）提名委员会会议表决方式为举手表决或投票表决，临时会议可以采取通讯表决的方式召开。

4）提名委员会会议必要时可邀请公司董事、监事及其他高级管理人员列席会议。

5）如有必要，提名委员会可以聘请中介机构为其决策提供专业方面的意见，费用由公司支付。

6）提名委员会会议的召开程序、表决方式和会议通过的议案必须遵循有关法律、法规、公司章程及其他相关规定。

7）提名委员会会议应当有记录，出席会议的委员应当在会议记录上签名，会议记录由公司董事会秘书保存。

8）提名委员会会议通过的议案及表决结果，应以书面形式上报公司董事会。

4. 成员的激励制度设计

L 集团对提名委员会成员的激励制度主要可采取薪酬机制和权力制衡机制两种方式来设置。

在薪酬机制方面，薪酬委员会应制订详细的薪酬方案，建立对提名委员选任董事和经理人员的激励制度。对于提名委员会提名的候选人，在公司中业绩表现较好的，可加大对提名委员的薪酬奖励；反之，对于在公司内部表现较差的提名人选，可适当减少相关提名委员的奖金，具体薪酬水平的设定由薪酬委员会来制定。采用这种方式，主要是为了激励提名委员对提名的人选进行科学的考核和严格的把关，以确保所提供的候选人能更好地胜任公司的独立董事或经理人的工作。

在权力制衡机制方面，为了预防大股东控制、操纵和干预独立董事的提名，提高独立董事的独立性和积极性，L 集团可采取以下对独立董事进行激励的方式。

(1) 减少董事会和监事会对独立董事提名权的过多干预。

L集团应采取提名委员会取代董事会和监事在董事提名中的地位和作用的方式,这主要是基于我国董事会和监事会被控制股东所普遍控制的现状。这样做是为了最大限度地赋予提名委员会进行提名人选的自主权,保证提名权的独立性,调动其工作的积极性。

(2) 内部董事和外部董事的适当比例。

我国法律规定提名委员会中独立董事应占多数,保持提名委员会中的独立董事的独立性是至关重要的。目前,L集团提名委员会成员中的独立董事以内部董事居多,内部董事在提名董事人选方面可能会比较青睐内部人员,而忽视和排挤外部人才的引进。因此,在提名委员会中保持一定的外部董事的数量,对于从公司外部引进人才、提升独立董事的人才构成的合理性是至关重要的。这更有利于内部提名委员会成员树立竞争和合作的理念,主动交流学习,增强董事提名的科学性。

5. 风险管控的制度建构

由提名委员会负责独立董事的推举工作,能够在很大程度上保障独立董事提名的独立性,提高中小股东参与推荐独立董事候选人的积极性。L集团要充分保障提名委员会的独立董事提名权,通过赋予提名委员会决定权等方式来完善公司的提名委员会制度,使得提名委员会能够有效预防"内部人控制"的风险,促进董事会在性别、年龄、学历和工作背景等方面的多样性。

除了在提名董事中发挥作用,提名委员会在选择合适的人选担任公司CEO等方面也应肩负起一定的职责。提名委员会应该制定选聘CEO的标准,同时要为薪酬与考核委员会评估CEO业绩的标准提供相关的指导和建议,使薪酬与考核委员会制定合理的评估标准,建立良好的公司高管激励机制。这样,可以防止因薪酬委员会对CEO制定过高的业绩标准而造成高级管理人才的流失。

3.2.4 薪酬与考核委员会治理的风险管控

1. 职能和权限设计

薪酬与考核委员会的职能主要包括薪酬制定和绩效考核两个方面。

(1) 薪酬制度制定方面,L集团薪酬与考核委员会要制定集团公司整体薪酬战略,审定集团公司年度整体薪酬预算方案、分支机构及公司高管人员的薪酬构成、薪酬数额及薪酬水平，主要的职能包括：

1）确定公司总部薪酬并对分公司的薪酬方案进行指导。

薪酬与考核委员会制定公司总部总的薪酬政策，确定相关人员，尤其是公司高管人员的薪酬构成、薪酬数量及薪酬水平。另外，委员会还要对分公司和子公司的薪酬策略和制度的设计在流程上进行指导。

2）建立相应的考核评估链和数据库。

委员会要对相关人员的薪酬实施分级评估和集中考核，主要依据原始资料和数据（员工和管理人员的个人信息、业绩和企业的盈利状况等），并适时更新和完善已有数据库。建立考核评估链和数据库可降低薪酬评估的误差。

3）制订管理公司高管人员薪酬的专门方案。

许多民营企业高管的薪酬管理模式和普通员工的薪酬管理模式没有明显的差别，鉴于高管人员薪酬管理的特殊性及其重要性，L集团薪酬与考核委员会必须制定有别于普通员工的制度来管理高管人员的薪酬。

4）进行外部薪酬调研。

委员会同时要进行外部调研，了解相关行业薪酬的水平，吸收和借鉴其好的薪酬管理模式，适当对本企业薪酬管理模式进行必要的修正。

5）保证薪酬考核的透明度。

薪酬考评结果公布后，要及时注意相关人员对薪酬的意见反馈，必要时要与被考核人本人会面，进行必要的沟通和交流，以避免过多人员对自己的薪酬不满意，从而避免负面情绪扩散和人心涣散。

(2) 在绩效考核方面，薪酬与考核委员会的职能主要包括：

1）实行分类和分组考核。

在做绩效考核前，考核委员会要对每个工作岗位进行科学认真的调查分析，针对不同的工作岗位，研究和制定不同的考核标准。委员会要根据不同职能部门的工作类型以及工作性质将其划分为若干小组，然后分小组开展考核工作。分小组进行考核可以保证考核结果的公平、公正，还能使相同性质或类别的小组的考核结果具有可比性，促进各个小组的发展。

2）发挥中低层管理人员参与绩效考核的作用。

L集团一般对高管人员实行年薪制。但对于中低层管理人员，除了特定的待遇外，委员会要根据中低层管理人员岗位的主要范围和职责，对他们参与员工业绩考核和行为组织等活动进行评估，出台必要的奖惩措施，充分发挥中低层管理人员在绩效考核中的作用。

3）采用灵活多样的考核体系。

薪酬与考核委员会要审查中低层管理人员以及员工履行职责的情况，并对其进行月度、季度、年度绩效考评。要注意短期和长期考评的结合，考核期太短会造成相关人员过于重视相关的数字和指标，忽视工作的实际质量；考核期太长会造成考评结果的滞后性，挫伤相关人员的积极性。

4）重视绩效反馈和沟通。

薪酬与考核委员会要重视绩效实施效果的反馈，收集相关信息，积极与相关部门领导和员工进行沟通，以便不断改善考评的质量，因此，委员会要鼓励相关领导和员工积极参与到考评中。

薪酬与考核委员会的权限和职责主要包括：

第一，获取为履行其职责所需的信息。

薪酬与考核委员会有权要求集团公司各职能部门对薪酬与考核委员会的工作提供充分的支持，向薪酬与考核委员会提供为履行其职责所必需的信息。

第二，提出罢免职务的意见和建议。

薪酬与考核委员会有权对没有按时完成考核工作和任务的部门进行通报和批评，并对责任人提出罢免职务的意见和建议。

第三，调查和了解管理人员工作职责履行的情况。

薪酬与考核委员会有权调查了解集团公司中高级管理人员的分管工作范围及主要职责情况，向董事会报告并提出建议。

第四，要求相关人员汇报工作进展情况。

薪酬与考核委员会会议通过的决议或意见须由集团公司高级管理人员或其他相关负责人员进一步落实的，董事会办公室应将该决议或意见书面通知相关人员。薪酬与考核委员会有权在其规定的时间或在下一次会议上，要求上述人员向其汇报相关工作的进展和落实情况。

2. 成员的确定及任期设计

L集团薪酬与考核委员会成员的确定标准设立如下：

（1）L集团薪酬与考核委员会由5～9名董事组成，独立董事要占多数。其人员产生范围一般为：集团公司董事和外部董事、经理层、集团总部相关职能部门负责人。薪酬与考核委员会是企业实行激励措施的部门，它关系到公司能否调动员工的积极性、留住并吸引人才、使企业得到长远发展。因此，该委员会成员的来源应尽量广泛。

（2）薪酬与考核委员会委员由董事长、1/2以上独立董事或全体董事的1/3提名，并由全体董事的过半数通过产生。

（3）薪酬与考核委员会设立召集人一名，由独立董事委员担任，负责主持委员会工作；召集人在委员内选举，并报董事会批准产生。

（4）委员会成员可考虑由企业离、退休高管或在其他公司担任过董事长、总经理的经理人构成，他们有着丰富的从业经历，熟悉企业竞争环境，在确定管理层薪酬标准和层级差距时，他们能有效地把外部市场薪酬动态和企业内部薪酬水平、薪酬结构、薪酬差距很好地结合起来，能更好地促进薪酬设置的合理化，同时也有利于保持董事会及其薪酬委员会的独立性。

原则上，薪酬与考核委员会任期与董事会任期一致，委员任期届满，连选可以连任。期间如有委员不再担任公司董事职务，将自动失去委员资格，并由委员会补足委员人数。但委员任期也可根据实际情况适当做出调整，任期的时间长短设置要合理。新任的外部独立董事或薪酬委员会的成员对公司过去和现在的经营情况、组织和制度运作以及对自身的功能定位，通常需要一段时间来适应和熟悉，才能更加娴熟并充分发挥自身的作用。任期太短可能会使董事会或薪酬委员会的监督功能降低；但任期太长也会造成董事成员对工作产生倦怠或掉以轻心，也不利于委员会的良好运行。

3. 决策程序设计

在董事会办公室的统一协调下，集团公司相关职能部门应做好薪酬与考核委员会决策的前期准备工作，提供有关方面的资料：①提供集团公司及所属单位主要财务指标和经营目标的完成情况；②集团公司中高级管理人员的分管工作范围及主要职责情况；③提供集团公司中级管理人员岗位工作业绩考评系统中涉及指标的完成情况；④提供涉及薪酬分配和奖励的有关测算依据。

L集团要更加注重对高层管理人员的考评，薪酬与考核委员会对集团公司高层管理人员的考评程序如下：①高层管理人员向薪酬与考核委员会做述职和自我评价；②薪酬与考核委员会按绩效评价标准和程序，对高层管理人员进行绩效评价；③根据岗位绩效评价结果及薪酬分配政策，提出高层管理人员的报酬数额和奖励方式，表决通过后，报董事会审批。

4. 成员的激励制度设计

(1) 增强薪酬与考核委员会成员的独立性。

第一，适当增加独立董事的比例。一般来说，薪酬委员会中独立董事的比重越大，其独立性就越强。但是，外部独立董事不如内部董事了解公司的情况，薪酬委员会的职能就不会得到有效的发挥，因此，薪酬委员会满足独立性是需要付出一定成本的。L集团不宜采用全部由独立董事组成的薪酬委员会结构，但L集团独立董事的人数和比例还有待进一步提高，增加独立董事在董事会人数中的比例，加大独立董事的话语权。

第二，改变独立董事的任免机制。L集团在选举薪酬委员会的独立董事时，要有相应的严格的选举程序。在独立董事的选举方面，由董事会的提名委员会根据独立董事的条件筛选出候选人，然后，由公司股东大会投票表决来选择独立董事，在选举中，可考虑采用累积投票制来选举独立董事，充分考虑中小股东的权益，赋予中小股东更多的权利，让他们更多地参与到独立董事的选举中来。

第三，完善独立董事的退出机制。当独立董事的提议有悖于大股东或管理层的意愿时，很可能面临被罢免的风险，导致非正常退出。因此独立董事在行使权利时，可能会考虑到自身的利益，选择沉默或不作为。由此可见，独立董事的退出机制不完善，也会影响独立董事的独立性。在独立董事的退出机制方面，L集团应建立和完善相关的信息披露制度，对独立董事的非正常退出实行严格的把关。

(2) 提高薪酬与考核委员会的知情权。

公司应对新聘用的薪酬与考核委员会成员进行相应的职业技能培训，还要及时提供公司运营管理的相关信息，积极提供薪酬与考核委员会成员之间进行沟通与交流的信息平台，建立委员会内部和委员会与其他部门交流和讨论的会议制度。这样，一方面有利于薪酬与考核委员会工作制度的固定化和细致化；另一方面有利于建立薪酬与考核委员会和公司之间的"互信机制"，使相关信息更加公开化和透明化，提高委员会成员工作的效率。

(3) 建立专门针对薪酬与考核委员会成员的薪酬与考核体系。

针对薪酬与考核委员会的成员，企业需要从董事会额外抽取人员对薪酬与考核委员会进行薪酬与考核制定，决不能使委员会成员自己给自己发放薪酬、自己考核自己。

5. 风险管控的制度建构

建立专门委员会之间的权力制衡机制。L集团要从整体上重视薪酬委员会的作用和地位，将薪酬委员会纳入公司的发展战略中，与其他专门委员会形成战略联盟，达到权力的相互制衡，这样更有利于提高薪酬委员会的独立性。

提高上市公司薪酬委员会的综合水平。作为薪酬委员会的成员，必须对公司的经营状况和公司所处的行业有深刻的理解。同时，作为独立董事必须具备一定的财务、法律，尤其是薪酬方面的知识，因此，可以适当提高薪酬委员会的最低人数限制，要求薪酬委员会中有财务会计专业背景的董事，以便更好地对经理人进行绩效评估。另外，独立董事的个人信誉、道德水平和专业精神必须是良好的。L集团薪酬与考核委员会应建立有关独立董事资格考试的选拔制度，并对相关独立董事信用记录进行充分的调查和了解，通过这一制度来提高薪酬与考核委员会成员的专业素养。这种方式有利于独立董事综合素质的全面提升。

3.3 背景材料及案例

3.3.1 决策委员会设置备选模式的比较

从目前上市公司和非上市公司制定的决策委员会制度可以看出，L集团决策委员会制度的设置，有三种备选模式，其中，上市公司的战略委员会模式是最规范和完善的，非上市实业公司投资审批委员会模式虽然最贴近L集团非上市民营实业公司的实际，但是目前的制度设计极其不完善，存在很多漏洞，L集团想提高投资决策的效率，还必须借鉴上市投资公司的决策委员会模式。

1. 上市公司战略委员会模式

在功能和权限方面，与L集团的决策委员会最相近的是上市公司董事会设立的战略委员会。不同的是，上市公司战略委员会的组成成员是董事会的执行董事和独立董事，而不是外聘的专家。

（1）战略委员会制度的发展。

战略委员会制度在我国发展的时间还比较短。2002年，我国证监会和原国家经济贸易委员会（以下简称"原经贸委"）颁布的《上市公司治理准则》第五十二条规定，上市公司董事会可以按照股东大会的有关决议，设立战略、审计、提名、薪酬与考核等专门委员会；第五十三条还特别规定，战略委员会的主要职责是对公司长期发展战略和重大投资决策进行研究并提出建议。以董事会运作相对成熟的美国为例，其董事会专业委员会的构成主要是薪酬委员会、审计委员会和提名委员会。因此，战略委员会具有明显的中国特色。于一等（2013）指出，我国目前有近76%的上市公司选择设置三种及以上的委员会。

（2）战略委员会的职能。

王楠楠（2011）指出，董事会战略委员会的性质主要有以下三种：①仅仅是议事机构，没有决策权；②拥有一些决策权的决策机构；③既有议事又有决策权力的机构。性质的不同对战略委员会的效率将会产生一定的影响。当董事会战略委员会只是一个议事机构时，并不代表战略委员会不会对董事会决策产生影响，我国大多数上市公司战略委员会的主要负责人是董事长，对战略委员会和董事会决策负责，增加了作为议事机构战略委员会的建议被采纳的可能性。如果董事会战略委员会能够独立地对一些方案进行决策，拥有某些方案的监督和审查权以及对公司长期投资资源进行合理配置的权利，就会大大提高董事会的工作效率和决策质量。在我国，大多数上市公司董事会的战略委员会是议事机构。

上市公司的战略委员会议事规则明确规定，战略委员会是公司董事会下设的专门机构，主要负责对公司长期发展战略规划、重大战略性投资进行可行性研究，主要行使的职权如下：对公司的长期发展规划、经营目标、发展方针进行研究并提出建议，对公司的经营战略包括但不限于产品战略、市场战略、营销战略、研发战略、人才战略进行研究并提出建议，对公司重大战略性投资、融资方案进行研究并提出建议，对公司重大资本运作、资本运营项目进行研究并提出建议，对其他影响公司发展战略的重大事项进行研究并提出建议，对以上事项的实施进行跟踪检查，公司董事会授权办理的其他事宜。例如，山西百圆裤业连锁经营股份有限公司战略委员会的工作内容之一，是审核企业的年度财务结算报告，并提交董事会会议进行审核。

（3）战略委员会的组织架构。

在战略委员会的组织架构上，大部分上市公司的战略委员会负责人（包括战略委员会主任、召集人、主席）由董事长担任。战略委员会可下设投资评审小组，投资评审小组负责做好战略委员会议事的前期工作，提供公司有关方面的资料。例如，对项目进行初审并签发立项意见书。从功能上讲，L集团的投资中心和投资评审小组类似，主要是汇总每个投资项目的有关资料并进行可行性分析，为决策委员会进行决策提供参考，本身没有决策权。不同的是，上市公司中，由公司总经理（总裁、项目投资的负责人）任投资评审小组组长；而在L集团的规划中，公司总裁不参与投资中心的具体工作。

（4）战略委员会的人员组成。

对于战略委员会的具体实施，2002年3月上海上市公司董事会秘书协会发布了《董事会专门委员会实施细则》，详细规定了几种委员会的实施细则。其中，对于战略委员会的人员组成，《深圳证券交易所主板上市公司规范运作指引》中指出，董事会可以设立审计委员会、薪酬与考核委员会、提名委员会，制定专门委员会议事规则并予以披露。委员会成员由不少于3名董事组成，其中独立董事应当占半数以上并担任召集人。但是，这些文件都是一些效力很低的准则或者是仅仅具有指引作用的任意性规定。

上市公司会根据这些规定出台本企业战略委员会的实施细则。例如，在战略委员会的规模和人员组成上，北京钢研高纳科技股份有限公司董事会战略委员会实施细则规定，战略委员会由3～7名董事组成，其中应至少包括1名独立董事。浙江杭州鑫富药业股份有限公司董事会战略委员会实施细则规定，战略委员会成员由5名董事组成，其中应至少包括2名独立董事。创维数字股份有限公司董事会战略委员会实施细则规定，战略委员会由7名董事组成，其中应至少包括1名独立董事。根据我们对上市公司战略委员会细则的整理，不同规模和发展阶段的企业会在某些具体环节上具有差别，但规定基本上大同小异，医药行业和保健企业的战略委员会在实施细则上与其他行业并没有显著差异。

（5）战略委员会成员的任期。

在上市公司，战略委员会是董事会的下属机构。对于战略委员会的成员确定，创维数字股份有限公司规定，战略委员会委员由董事长、1/2以上独立董事或者全体董事的1/3提名，并由董事会选举产生。浙江杭州鑫富药业股份有限公司规定，战略委员会任期与董事会任期一致，委员任期届满，连选可以连任。战略委员会委员任期届满前，除非出现《公司法》

《公司章程》等规定的不得连职之情形,不得被无故解除其职务。期间如有委员不再担任公司董事职务,将自动失去委员资格。

(6) 战略委员会的议事程序。

根据对部分公司战略委员会议事规则的查阅,覃家琦(2010)发现,不管投资评审小组如何设置,最终的项目上报制度均可视为总经理负责制,这点与齐寅峰等(2005)的问卷调查结果一致:投资建议一般由总经理最终提出。这使得我们可以将以上决策程序直接浓缩为总经理—战略委员会—董事会三个环节。可以看出,战略委员会在企业投资决策过程中担当着重要角色。浙江杭州鑫富药业股份有限公司就明确规定,战略委员会履行职责时,公司相关部门应给予配合。如有必要,战略委员会可以聘请独立的第三方专业机构或专家为其决策提供专业意见,费用由公司支付。这也是和L集团的决策委员会显著不同的地方,在上市公司的战略委员会中,外部专家是战略委员会聘请的,主要是为决策提供一些参考,而在L集团的规划中,外部专家是决策委员会的成员,具有一定的决策权。

(7) 上市公司战略委员会与L集团决策委员会的比较。

基于以上分析,我们可以得出以下结论:L集团的决策委员会和投资中心在功能上与上市公司董事会的战略委员会和其下设的投资评审小组是类似的。但是,上市公司董事会的战略委员会和投资评审小组与L集团的决策委员会和投资中心具有以下四个不同点:

第一,上市公司战略委员会的组成成员是董事会的执行董事和独立董事,对董事会负责,而不是外聘的专家。由于外聘专家出任决策委员会成员是以兼职的形式,所以L集团对专家的管理、监督和激励难度更大,需要更为完善的制度。

第二,上市公司战略委员会可以在必要时聘请独立的第三方专业机构或专家为其决策提供专业意见,费用由公司支付。这也是和L集团的决策委员会显著不同的地方,在上市公司的战略委员会中,外部专家是战略委员会聘请的,主要是为决策提供一些参考,而在L集团的规划中,外部专家是决策委员会的成员,具有一定的决策权,独立性也因此比上市公司战略委员会低。

第三,上市公司中,由于执行部门对项目情况最为熟悉,所以由公司总经理(总裁、项目投资的负责人)任投资评审小组组长,而在L集团,总裁不参与投资中心的具体工作。相同的是,总裁都列席战略(决策)委员会会议，战略委员会和决策委员会的投资决策，最终都是由总裁去执行和落实的。

第四，在监督机制上，由于上市公司的战略委员会是董事会下设机构，董事会在年度工作报告中应披露战略委员会过去一年的工作内容，包括会议召开情况和决议情况等。监事会也应当对董事会专门委员会的执行情况进行监督，检查董事会专门委员会是否按照董事会专门委员会的议事规则履行职责。但是，在L集团现有的公司治理结构中，并没有监事会，主要是由董事会负责对决策委员会的监督工作，而且外部专家并不是董事会的董事。

2. 非上市实业公司投资审批委员会模式

由于《公司法》并没有对非上市公司设置决策委员会提出明确的要求，但是，由于投资决策对企业的生存发展至关重要，非上市的实业公司基本上都有设置与投资相关的专门负责机构，例如投资审批委员会等。从事资本投资的金融企业还会设置投资决策委员会。这两类不同的机构设置方式和投资决策程序，都有一些值得L集团借鉴的地方。

例如，大型农业控股企业××集团公司，在集团公司董事会设置了投资审批委员会，另外还设置了投资项目审批小组。对集团主管投资业务的经理审批通过的项目，集团会组织相关部门进行可行性研究，主要是对投资项目是否与集团的发展目标一致、规模、投资方式、风险与收益等做出评估，并将通过评估的对外投资项目根据投资规模不同，分别报集团公司主管投资经理审批或集团公司董事会扩大会议讨论决定。集团公司投资管理办公室对批准实施的投资项目，与财务部及国有资产办公室共同办理资产投资手续。从××集团的投资决策程序看，投资管理办公室并不参与集团的投资决策，更多的是担当为董事会的决策提供服务和执行的角色。

非上市实业公司投资决策程序中存在的问题是，由于缺乏对外投资可行性研究和评估的专业部门，因而难以及时发现并指出报审可行性报告中的问题，难以与编制可行性报告的单位建立有效沟通，并且过分依赖编报单位的研究，使得可行性研究与评估之间缺乏独立性，无法真正建立不同业务环节之间的控制。此外，作为上一级审批机构，集团公司的投资项目审批6人小组，人员构成虽然多元化，分别由发展计划、财务、投资、科技生产、审计等部门的负责人组成，但没有根据不同的投资项目，分别聘请或邀请本集团企业或外部该领域的专业技术人员参与，造成可行性报告中一些需要具备专业技术能力才能提供合理判断的特殊内容，无法得到准确的分析判断，进而影响评估论证效果，导致无法为决策委员会提供充分全面的依据，严重的可能导致决策失误。此外，对外投资的可行性研究、评估、决策环节虽然在流程上比较完善且明确了相关负责部门，但缺乏事前、事后的评价和责任追究制度，对外投资项目的实际经济效益与投资预期效益经常出现较大不利差异，甚至出现可行性研究不全面、不充分、不详细，造成对投资项目应投入资金估算不准，在投资实施初期就因投资项目资金不足，投资各方被动追加投资的局面。

3. 非上市投资公司决策委员会模式

相比非上市的实业公司，非上市资本投资公司的决策委员会制度设计更加系统和完善，基本上都有设置专门的议事规则。例如，博正资本投资有限公司的投资决策委员会议事规则就明确规定，投资决策委员会由3～15名委员组成，具体人选由董事会决定。投资决策委员会委员应当根据项目情况、相关指标、会议的情形、项目组对反馈意见的答复及专项核查意见（如有）等做出独立判断，并在表决票上说明理由。

关于外聘专家，不同的资本投资公司具有不同的规定。根据国信弘盛投资有限公司的投资决策委员会规则，投资决策委员会由公司相关董事、总经理、投资业务负责人、风险控制负责人等以及外聘委员组成。外聘专家包括投行专家、财务专家、法律专家、行业专家等。投资决策委员会委员由公司提名，董事会聘任。公司总经理、投资业务负责人、风险控制负责人为当然委员。投资决策委员会外聘委员每届任期一年，可连聘连任。投资决策委员会外聘委员在每届期满前因主客观原因导致无法负责时，由公司董事会决定更换人选。可见，国信弘盛投资有限公司除了通过引入各领域的专家以提高决策的科学性外，还通过缩短外聘委员的任期以提高外聘专家的风险意识和责任意识。

与国信弘盛不同的是，博正资本投资有限公司的投资决策委员会除了在成员中可以有外聘专家外，还可以另外聘请外部的咨询专家。其议事规则中规定，投资决策委员会成员由证券公司人员或者外聘专家兼任的，应当符合法律法规和公司制度的相关规定。决策委员会认为有必要时，可以聘请咨询专家进行咨询，费用由公司支付。咨询专家可以列席投资决策委员会会议。可见，在博正资本，外聘的委员有投票权，外聘的咨询专家没有投票权。

三种备选模式的比较见表 3-1：

表 3-1 决策委员会三种设置模式的比较

	上市公司战略委员会	非上市实业公司投资决策委员会	非上市投资公司决策委员会
职能	对公司长期发展战略和重大投资决策进行研究并提出建议	投资决策和风险控制机构	
权利	只有议事权,没有决策权,但投资建议容易获得通过	经董事会授权,具有决策、建议、咨询权	
义务	充分表达意见,独立判断,对其个人的投票表决承担责任;保密义务		
免责条款	大多数公司没有专门规定		
会议通过项目的处理	形成提案,提交董事会审议决定	经董事长签署后由总裁开始执行	
负责人（主任委员）	董事长		
成员组成	董事,至少包括一名独立董事	董事、总经理、投资业务负责人、风险控制负责人等	
有无外聘委员	无	有	
外聘专家身份	咨询专家	委员会成员或咨询专家	
成员人数	3～7	3～15	
成员任期	与董事会任期一致	任期一年	
下属机构	投资评审小组	投资项目审批小组	
下属机构职能	对项目进行初审并签发立项意见书,完成战略委员会决策的前期工作	对集团主管投资业务的经理审批通过的项目进行可行性研究,为决策层提供全面、准确的依据	
下属机构负责人	公司总经理（总裁、项目投资的负责人）		
决策程序	总经理→战略委员会→董事会	总经理→决策委员会→董事长	

3.3.2　审计委员会模式的比较

1. 上市公司审计委员会模式

审计委员会是董事会按照股东大会决议设立的专门辅助性工作机构，主要负责公司内外审计的沟通、监督和核查工作，为董事会提供决策依据，对董事会负责，配合监事会的监事审计活动。

(1) 审计委员会制度的发展。

审计委员会制度的相关理念20世纪90年代末才被引入中国，目前还处于起步和探索阶段。中国证监会和原国家经贸委于2002年1月7日联合发布的《上市公司治理准则》对上市公司设立审计委员会做了明确要求，其中，第五十二条规定："上市公司董事会可以按照股东大会的有关决议，设立战略、审计、提名、薪酬与考核等专门委员会。……其中审计委员会、提名委员会、薪酬与考核委员会中独立董事应占多数并担任召集人，审计委员会中至少应有一名独立董事是会计专业人士。"

国务院国有资产监督管理委员会（以下简称"国资委"）2004年8月公布施行的《中央企业内部审计管理暂行办法》明确提出：国有控股公司和国有独资公司应当依据完善公司治理结构和完备内部控制机制的要求，在董事会下设立独立的审计委员会。中国银行业监督管理委员会（以下简称"银监会"）于2005年9月发布《股份制商业银行董事会尽职指引（试行）》，要求银行建立审计委员会。2005年10月19日《国务院批转证监会关于提高上市公司质量意见的通知》中更进一步提出完善法人治理结构，设立以独立董事为主的审计委员会并充分发挥其作用。

随着我国独立董事制度的逐步完善，建立审计委员会制度已是公司治理结构中的一个重要组成部分。

(2) 审计委员会的职能。

《上市公司治理准则》第五十四条规定："审计委员会的主要职责是：(1) 提议聘请或更换外部审计机构；(2) 监督公司的内部审计制度及其实施；(3) 负责内部审计与外部审计之间的沟通；(4) 审核公司的财务信息及其披露；(5) 审查公司的内控制度。"这是我国上市公司治理结构在制度建设方面迈出的重要一步。

(3) 审计委员会的组织架构。

审计委员会设于董事会下，独立于经理层，这为审计委员会对企业有效进行监督提供了保证。《上市公司治理准则》要求审计委员会中独立董事应占多数并担任召集人，而且其中至少应有一名独立董事是会计专业人才。

审计委员会下设审计工作小组，作为审计委员会的执行机构，审计工作组由公司审计部门人员兼任，负责收集、整理、提供公司有关方面的资料，为决策委员会提供综合服务，负责日常工作联络、会议组织等事宜。

(4) 审计委员会的人员组成。

某公司2011年5月《董事会审计委员会工作细则》规定：

第三条　审计委员会由现任董事组成，包括独立董事。委员会中至少有一名独立董事为会计专业人士。

第四条　审计委员会委员由董事长、二分之一以上独立董事或者全体董事的三分之一提名，并由董事会选举产生。

第五条　审计委员会设主任委员（召集人）一名，负责主持委员会工作，主任委员由董事会选举产生。

根据公司的规模和治理结构的情况，审计委员会在规模大的公司可设5人，规模小的可设3人；对于一股独大的公司和董事长兼任总经理的公司应设5人，其他公司可设3人。为了保证审计委员会发挥监督作用，审计委员会中的独立董事应占多数。考虑到独立董事在获得公司内部信息方面的弱势，审计委员会中应设1名内部董事。审计委员会的主席应为独立董事。

(5) 审计委员会成员的任期。

审计委员会任期与董事会任期一致，委员任期届满，连选可以连任。其间如有委员不再担任公司董事职务，其委员资格即自行解除，并由董事会根据《董事会审计委员会工作细则》第三至第五条规定补足委员人数。

(6) 审计委员会的议事程序。

《董事会审计委员会工作细则》规定：

第九条　审计工作小组负责做好审计委员会决策的前期准备工作，组织有关部门向审计委员会提供与会议提案相关的书面资料。

第十条　审计委员会会议对审计工作小组提供的报告进行评议，并将相关书面材料提交董事会讨论。

审计委员会是会议体制度，主要通过会议形式开展工作。①审计委员会每年至少召开四次正式会议，每次会议至少一天；②在审计委员会召开的会议中，必须有一次只有独立董事参加的会议；③审计委员会的独立董事如果认为有必要，可以要求召开临时会议，临时会议属于增加的会议，不能抵减正式会议的次数。对审计委员会的会议内容必须记录，出席会议的委员必须在会议记录上签字表示负责。对会议决议有反对意见的必须记录在案，会议决议的弃权者与赞成者承担同样的责任。

2. 上市公司审计委员会与L集团审计委员会的比较

我国上市公司"一股独大"的特殊股权结构使得董事会与大股东基本上被捆绑在一起。在许多公司治理结构严重缺位的上市公司中，董事会成了控股股东侵占上市公司利益的一个工具，中小股东的权益被严重侵害。审计委员会对企业审计的结果，其信息一般很少对外公开。

上市国有企业审计委员会委员的候选人产生方式广泛，如公开招聘、股东推荐、董事会推荐、经理人推荐、社会推荐、个人自荐等，并组织差额选举。采用一定的公开方式（例如报刊），向社会公示审计委员会候选人的情况。审计委员会的规模，取决于公司业务的规模和结构的复杂性以及委员会在职人员的经验和工作时间，成员一般由3～9人组成。

L集团审计委员会有较大的自主权，它可以将内外审计的信息汇总和分析，然后把涉及高层管理者的审计和管理信息直接向董事会进行汇报，并把其他有关企业日常审计和管理的信息直接向高层管理者反馈。这样既可以帮助管理层及时发现和改进管理中的不足，又可以监督和评价管理层的工作，更好地向董事会和股东负责。

但是，在缺乏相关法律法规的管理和约束的情况下，L集团的内部审计机构的地位和权威性得不到保障，内部审计机构有时会受到CEO的直接干预，审计机构的独立性和权威性就会被削弱。在CFO（首席财务官）和总会计师对内部审计机构进行指挥时，很容易将管理财务部门的方法应用其中。内部审计人员在实施财务数据审计时，容易受到财务部门的干涉，评价结果缺乏客观性，从而对内部审计的权威性产生不利影响。内部审计工作的独立性流于形式，使得内部审计机构形同虚设。内部审计机构的地位得不到规范性的保障，将导致审计委员会不能有效地开展工作和更好地发挥作用。

我国的国有大中型企业以及上市公司，在国家的大力支持下，能够积极仿照西方国家的审计模式，逐步将审计的财务导向型向风险管理型转变。而在非上市民营企业中，财务、账表导向型审计模式的应用依然很普遍，采用风险导向型审计模式的民营企业非常少。L集团目前主要还是采用事后审计的模式，审计的重点集中在账目表格的审查、财务纠错等审计模式，缺乏风险防控，有待转变审计管理的模式。

上市公司和L集团审计委员会模式比较总结如表3-2所示：

表3-2 上市公司审计委员会与L集团审计委员会模式比较

	上市公司	L集团
成员产生方式	公开招聘、股东推荐、董事会推荐、经理人推荐、社会推荐、个人自荐等	公开招聘、董事会推荐或家族成员担任审计岗位等
地位和权威性	内部审计人员直接隶属审计委员会，具有特定的地位和权威性	内部审计人员受到CEO干预，具体工作由财务部门指挥，地位和权威性得不到保障
内部审计模式	风险管理	事后审计、财务纠错等
审计人员的教育水平	内部审计人员教育的内容和方式多样化，企业积极开展风险预警和风险管理方面的培训课程，同时也不断迎合目前信息化发展的趋势	审计人员知识结构相对单一，多局限于财务、查账等方面的知识，缺乏风险管理方面的培训
审计独立性	一股独大，委员会中独立董事受制于大股东	家族成员绝对控股，自主管理，独立董事基本完全受制于企业主，内部审计工作的独立性流于形式

3.3.3 提名委员会模式的比较

1. 上市公司提名委员会模式

提名委员会是董事会按照股东大会决议设立的专门工作机构，主要负责对公司董事和高级管理人员的人选、选择标准和程序进行审查并提出建议。在预防"内部人控制"中，提名委员会的重要性日益凸显。

(1) 提名委员会制度的发展。

我国最早规定提名委员会的规范性文件是中国证监会于2001年8月发布的《关于在上市公司建立独立董事制度的指导意见》（以下简称《指导意见》）。《指导意见》规定，上市公司董事会下设薪酬、审计、提名等委员会的，独立董事应当在委员会成员中占有1/2以上的比例。上海证券交易所同年发布的《上市公司治理指引》规定了提名、审计、薪酬和投资决策等四个委员会的设立、组成及其职责，其中，提名委员会与审计委员会一样，其设立均为强制性规定；该指引同时规定，上述四个委员会均应主要由独立董事组成，并由独立董事担任主席。2002年1月，中国证监会和原国家经贸委联合发布的《上市公司治理准则》第五十二条规定，"上市公司董事会可以按照股东大会的有关决议，设立战略、审计、提名、薪酬与考核等专门委员会。专门委员会成员全部由董事组成，其中审计委员会、提名委员会、薪酬与考核委员会中独立董事应占多数并担任召集人"。

(2) 提名委员会的职能。

提名委员会的主要职责是：①研究董事、经理人员的选择标准和程序并提出建议；②广泛搜寻合格的董事和经理人员的人选；③对董事候选人和经理人选进行审查并提出建议。

(3) 提名委员会的组织架构。

根据《企业管治守则及企业管治报告》第A.5节规定，所有上市公司应设立提名委员会，而且委员会由董事会主席或独立非执行董事担任主席，成员须以独立非执行董事占大多数。

(4) 提名委员会的人员组成。

某上市公司《董事会提名委员会实施细则》规定：

第三条　提名委员会由三名董事组成，其中独立董事两名。

第四条　提名委员会委员由董事长、二分之一以上独立董事或者全体董事的三分之一提名，并由董事会选举产生。

第五条　提名委员会设主任委员一名，由独立董事委员担任，负责召集和主持提名委员会会议；提名委员会主任委员在提名委员会委员内选举产生，并报请董事会批准。当提名委员会主任委员不能或无法履行职责时，由其指定一名其他委员代行其职权；提名委员会主任委员既不履行职责，也不指定其他委员代行其职责时，任何一名委员均可将有关情况向公司董事会报告，由董事会指定一名委员履行提名委员会主任委员职责。

第七条　提名委员会因委员辞职、免职或其他原因导致人数低于规定人数的三分之二时，公司董事会应及时增补新的委员人选。

（5）提名委员会成员的任期。

第六条　提名委员会委员任期与同届董事会董事的任期一致，连选可以连任。委员任期届满前，除非出现《公司法》《公司章程》或本实施细则所规定的不得任职的情形，不得被无故解除职务。期间如有委员不再担任公司董事职务，自动失去委员资格。

（6）提名委员会的议事程序。

某上市公司《董事会提名委员会实施细则》规定：

第十九条　提名委员会会议应由三分之二以上（含三分之二）的委员出席方可举行。

第二十条　提名委员会每一名委员有一票表决权；会议做出的决议，必须经全体委员（包括未出席会议的委员）过半数通过方为有效。

第二十一条　提名委员会委员可以亲自出席会议，也可以委托其他委员代为出席会议并行使表决权，委托其他委员代为出席会议并行使表决权的，应向会议主持人提交授权委托书。授权委托书应不迟于会议表决前提交给会议主持人。

第二十二条　提名委员会会议表决方式为记名投票表决；临时会议在保障委员充分表达意见的前提下，可以采用传真、电话方式进行并以传真方式作出决议，并由参会委员签字。

第二十三条　公司非委员董事受邀可以列席提名委员会会议；提名委员会认为如有必要，也可以召集与会议议案有关的其他人员列席会议、介绍情况或发表意见，但非提名委员会委员对议案没有表决权。

第二十四条　如有必要，提名委员会可以聘请中介机构为其决策提供专业意见，有关费用由公司支付。

第二十五条　提名委员会的召开程序、表决方式和会议通过的议案必须遵循有关法律、法规、《公司章程》及本实施细则的规定。

第二十六条　提名委员会会议应当有书面记录，出席会议的委员应当在会议记录上签名；会议记录由公司董事会秘书保存。

第二十七条　提名委员会会议通过的议案及表决结果，应以书面形式报公司董事会。

第二十八条　出席会议的委员对会议所议事项有保密义务，不得擅自披露有关信息。

2. 上市公司提名委员会与 L 集团提名委员会的比较

上市公司提名委员会主要由独立董事组成,《关于在上市公司建立独立董事制度的指导意见》授权上市公司董事会、监事会、单独或者合并持有上市公司已发行股份 1% 以上的股东可提名独立董事候选人。上市公司的独立董事具有一定的独立性。然而,表面上,上市公司众多小股东都拥有提名权,但事实上,由于在我国上市公司中,"一股独大"的现象非常普遍,董事会和股东大会基本被控制,独立董事的提名权往往由大股东行使。因此,许多国有公司在独立董事选举的股东大会中,基本上没有提出过超过选举名额的独立董事候选人,选举的对象集中在大股东身上,这种等额选举的方式使得独立董事选举流于形式,产生"内部人控制现象"的风险大大增加。

L 集团所有权与经营权采取"两职合一"的方式,董事长事事亲力亲为。L 集团同样存在着控股股东或董事长对其他董事人选及董事会的操控的现象,独立董事的选任机制缺乏详细的董事提名与聘任规则。L 集团董事选拔比较随意,董事委派选拔没有统一模式,集团会根据实际需要随时对董事人员做出调整。但在现实工作中,更多的是由主要负责的领导出任董事或董事长,而没有进行必要的选拔、比较或者考核等程序,出现董事任命较为随意。

上市公司和 L 集团提名委员会都存在着独立董事缺乏独立性的现象。上市公司中,独立董事的选举、聘任、报酬等实际上主要还是管理当局或大股东说了算。这是因为独立董事的候选人是由董事会、监事会和持股达一定比例的股东来提名的,股东大会的讨论更多只是走形式。目前,独立董事大多是部分高校的院士、教授和相关学者,他们对公司的实际经营并不了解,日常公务也比较繁忙,很难独立地判断和发表意见。部分独立董事的法律地位尚不清晰,许多上市公司将独立董事混同于顾问。

L 集团在"两职合一"的背景下,董事会成员受到经理层的控制,提名委员会中独立董事的独立性难以得到保障。董事无法真正代表股东行使权力,同样存在内部人控制的局面,提名委员会中的独立董事形同虚设。

上市公司和 L 集团提名委员会的模式比较总结如表 3-3 所示:

表3-3 上市公司提名委员会与L集团提名委员会模式比较

	上市公司	L集团
独立董事选拔方式	选举方式规范。由提名委员会统一提名，报经董事会批准，最终确定独立董事的人选	没有统一方式，比较随意。具有民营企业资本方出于控制公司的目的，往往干预提名委员会，选择自己的亲信而不是最有利于企业发展的人出任独立董事
经理人的产生	由提名委员会提名产生	两职合一，企业主既是董事长，也是总经理
提名委员会独立董事的比例	独立董事的比例较少	独立董事的比例较少
委员会成员的来源	内部董事和外部专业人员	基本都是内部董事，很少有外部专业人员
提名委员会中独立董事的独立性	所有权与经营权分离，独立董事有一定的独立性，但依然有待完善	董事会成员与经理层高度重合，提名委员会中的独立董事易受经理层控制，其独立性很难保障

3.3.4 薪酬与考核委员会模式的比较

1. 上市公司薪酬与考核委员会模式

薪酬与考核委员会是董事会设立的专门工作机构，主要负责制定公司董事及高管人员的考核标准并进行考核；负责制定、审查公司董事及高管人员的薪酬政策与方案，对董事会负责。

（1）薪酬与考核委员会制度的发展。

自2002年起，我国上市公司在证监会《上市公司治理准则》的指导下陆续设立了"全部由董事组成"且"独立董事占多数并担任召集人"的薪酬委员会。同年，上海上市公司董事会秘书协会和国泰君安联合课题组拟订的《董事会薪酬与考核委员会实施细则指引》中第二章第四条规定："薪酬与考核委员会成员由三至七名董事组成，独立董事占多数。"

我国上市公司采用了英美模式下的董事会委员会建制来设立薪酬委员会制度。但是，我国不像英美国家的上市公司那样拥有分散的股东投资状况和发达的证券制度，我国薪酬委员会制度的建立尚处于初级阶段。引入薪酬委员会制度后，我国学者开始致力于构建薪酬委员会制度，并对其进行规范性研究。我国上市公司最初仅有6%的公司设置了薪酬委员会。最近几年，我国越来越多的上市公司设立了薪酬委员会，目前设立薪酬委员会的上市公司已超过90%。

（2）薪酬与考核委员会的职能。

《董事会薪酬与考核委员会工作细则》规定：

第九条　薪酬与考核委员会的主要职责权限：

（一）根据董事及高管人员管理岗位的主要范围、职责、重要性以及其他相关企业、相关岗位的薪酬水平制定薪酬计划或方案；

（二）薪酬计划或方案包括但不限于绩效评价标准、程序及主要评价体系，奖励和惩罚的主要方案和制度等；

（三）审查公司董事及其他高级管理人员的履行职责情况并对其进行年度绩效考评；

（四）负责对公司薪酬制度执行情况进行监督；

（五）董事会授权的其他事宜。

（3）薪酬与考核委员会的组织架构。

薪酬与考核委员会相对比较独立。薪酬与考核委员会的构成大多以非执行董事为主，薪酬与考核委员会所涉及的问题与其个人经济利益关系较少，决策相对比较独立和合理。

《董事会薪酬与考核委员会工作细则》规定：

第八条　薪酬与考核委员会下设工作组，专门负责提供公司有关经营方面的资料及被考评人员的有关资料，负责筹备薪酬与考核委员会会议并执行薪酬与考核委员会的有关决议。

薪酬与考核委员会是一个起到监控、激励上市公司高层经营者作用的董事会专设的机构，是在所有者与经营者完全分离的前提下，防止高管层权力过分膨胀的一种约束机制。

（4）薪酬与考核委员会的人员组成。

《董事会薪酬与考核委员会工作细则》规定的设想：

第四条　薪酬与考核委员会成员由三至五名董事组成，独立董事占多数。

第五条　薪酬与考核委员会委员由董事长、二分之一以上的独立董事或全体董事的三分之一提名，并由全体成员的过半数通过产生。

第六条　薪酬与考核委员会设主任委员（召集人）一名，由独立董事担任，负责主持委员会工作；主任委员在委员内选举产生，并报董事会批准产生。

（5）薪酬与考核委员会成员的任期。

《董事会薪酬与考核委员会工作细则》规定的设想：

第七条　薪酬与考核委员会任期与董事会任期一致，委员任期届满，连选可连任。期间如有委员不再担任公司董事职务，自动失去委员资格。并由委员会根据上市公司董事会《薪酬与考核委员会工作细则》第四至第六条补足委员人数。

（6）薪酬与考核委员会的议事程序。

《董事会薪酬与考核委员会工作细则》规定的设想：

第十二条　薪酬与考核委员会下设的工作组负责做好薪酬与考核委员会决策的前期准备工作，提供以下书面材料，以供决策：

（一）提供公司主要财务指标和经营目标完成情况；

（二）公司高级管理人员分管工作范围及主要职责情况；

（三）提供董事及高级管理人员岗位工作业绩考评系统中涉及指标的完成情况；

（四）提供董事及高级管理人员的业务创新能力和盈利能力的经营绩效情况；

（五）提供按公司业绩拟订公司薪酬分配规划和分配方式的有关测算依据。

2. 上市公司与L集团中薪酬与考核委员会的比较

在薪酬制定方面，纵观我国国有上市公司，公司高管薪酬由政府强制规定不得高于某一数值，缺乏市场灵活性。另外，薪酬与考核委员会引入了独立董事来担任，但不少上市公司仍有执行董事参与薪酬与考核委员会的决策，出现了内部人给内部人定工资的情况，独立董事并没有起到预期的作用。可见，国有上市公司薪酬与考核委员会缺乏独立性和专业性。

而非国有企业所处的行业基本上是完全竞争的行业，很少获得政府额外的金融和政策支持，其薪酬标准的设定不受来自政府的薪酬管制的约束。L集团在高管薪酬的设定上没有上限标准，可根据企业需要和市场行情进行灵活设定和调整。但在快速成长的同时，L集团还缺乏一套与之相适应的薪酬体系，薪酬模式受到企业主的直接干预。

在考评体系方面，国企一般都采取按月度、季度、年度来考核的方法，而没有抓住考评工作中的关键时间点来考核。最终考核出来的结果虽然反映出了一些问题，但反映出来的情况往往已经存在了数月，甚至一年之久，具有滞后性，这种考核方式缺乏时效性，不能够及时地反映当前的问题，不利于企业及时做出判断和调整。企业的内部职员为应对月度、季度或者年度末期的总的考核，往往只是简单地书写工作总结等，考核表现出了形式化，这不利于调动员工的工作积极性。

很多国企考评体系指标的标准由企业统一制定，主要沿用以往单一化的考评制度，却没有从不同类别人员的实际情况和特点出发来制定，这种无差别的考核方式，忽略了企业自身的特点和差异性。这种做法缺乏科学性和民主性，挫伤了高管和员工工作的积极性，也不能满足领导对多样化员工的需求。企业的绩效考核容易受到领导者主观因素的影响。这种受管理层影响的、随意的评定方式，势必难以保证其公正性和公平性。

国企缺少来自外部的竞争压力，缺乏对绩效考核方式进行创新的动力。企业不能根据自身所处的环境，研究企业在持续发展过程中究竟需要何种考核方式、形成何种动力、达到何种目的。

L集团面对外部竞争的压力，为了更好地激励企业高管和员工，会比国有企业更加重视如何不断改革和完善绩效考核体系。为了更好地促进企业盈利和发展，其考核体系能够不断地与时俱进、及时调整。但是，L集团与民营企业家族式的特点相结合。企业内部股东多为家族成员，他们和经理人之间存在着很大程度的不信任。薪酬与考核委员会也在很大程度上不是由独立董事组成的。委员会中执行董事大多来自家族成员，使得企业主和家族成员对薪酬的制定干预较多。

国企的薪酬与考核方式由薪酬与考核委员会统一制定并公开结果。而L集团的薪酬考核过程是不公开的，降低了考核透明度，这也不利于建立高层领导与员工的互信，阻碍了企业的发展。L集团虽然建立了内部薪酬管理机构，但是薪酬评定标准不明确，有时采取暗箱操作的方式进行评定，不进行小组评议，这样使得薪酬与考核的结果缺乏科学性和公平性。管理人员和员工需要知道薪酬评定的过程，这样才能找到自身不足，加以改进。

上市公司和L集团薪酬与考核委员会模式的比较总结如表3-4所示：

表3-4 上市公司薪酬与考核委员会与L集团薪酬与考核委员会模式比较

	上市公司	L集团
高管薪酬	高管薪酬最高标准由政府统一规定，薪酬标准单一	高管薪酬不受政府管制，没有上限，薪酬标准可根据市场行情灵活调整，但薪酬受到企业主干预
薪酬体系的设定	主要由薪酬委员会统一制定	缺乏统一和规范的薪酬考评体系，企业主干预较多
薪酬激励方式	薪酬的长期与短期激励相结合	注重企业的短期收益，忽视薪酬的长期激励
委员会成员	独立董事占一定比例，但仍有许多执行董事	独立董事非常少，许多执行董事来自家族成员
薪酬与考核透明度	由薪酬与考核委员会统一考评，考核方式公开	薪酬与考核体系不健全，薪酬评定标准不明确，对评定结果很少公开或进行小组讨论

3.3.5 案例

【案例3-1】常州千红生化制药股份有限公司董事会战略委员会工作规则

第二条 董事会战略委员会是董事会的专门工作机构，主要负责对公司长期发展战略和重大投资决策进行研究并提出建议。

第三条 战略委员会成员由不少于三名董事组成，其中应至少包括一名独立董事。

第四条 战略委员会委员由董事长或二分之一以上独立董事或全体董事的三分之一以上提名，并由董事会选举产生。

第五条 战略委员会设主任委员一名，由公司董事长担任。

第六条 战略委员会任期与董事会任期一致，委员任期届满连选可以连任。期间如有委员不再担任公司董事职务，自动失去委员资格，并由委员会根据上述第三条至第五条规定补足委员人数。

第七条 战略委员会下设投资评审小组，由公司经理任投资评审小组组长。

第八条 战略委员会的主要职责权限：

1. 对公司长期发展战略规划进行研究并提出建议；
2. 对公司重大投资融资方案进行研究并提出建议；
3. 对公司的重大购买、出售和置换资产项目进行研究并提出建议；
4. 对其他影响公司发展的重大事项进行研究并提出建议；
5. 董事会授权的其他事宜。

第九条　战略委员会对董事会负责，委员会的提案提交董事会审议决定。

【案例3-2】浙江杭州鑫富药业股份有限公司董事会战略委员会议事规则

第十三条　战略委员会分为定期会议和临时会议。在每一个会计年度结束后的四个月内，战略委员会应至少召开一次定期会议。公司战略委员会主任或两名以上委员联名可要求召开战略委员会临时会议。

第十四条　战略委员会会议可采用现场会议方式，也可采用非现场会议的通讯表决方式。除《公司章程》或本议事规则另有规定外，战略委员会会议在保障委员充分表达意见的前提下，可以用传真方式做出决议，并由参会委员签字。

第十五条　战略委员会会议由委员会主任负责召集和主持，当委员会主任不能或无法履行职责时，由其指定一名其他委员代行其职权；委员会主任既不履行职责，也不指定其他委员代行其职责时，任何一名委员均可将有关情况向公司董事会报告，由公司董事会指定一名委员履行战略委员会主任职责。

……

第十九条　战略委员会应由三分之二以上的委员出席方可举行。公司董事可以出席或列席战略委员会会议，非委员董事对会议议案没有表决权。

……

第二十二条　战略委员会如认为必要，可以召集与会议议案有关的其他人员列席会议、介绍情况或发表意见，但非战略委员会委员对议案没有表决权。

……

第二十四条　出席会议的委员应本着认真负责的态度，对议案进行审议并充分表达个人意见；委员对其个人的投票表决承担责任。

【案例3-3】斯达康决策委员会投资方向模糊、决策效率低下的案例

UT斯达康公司的决策委员会一直在发展3G（第三代移动通信技术）业务还是IPTV（交互式网络电视）业务、是继续走国际化路线还是主攻国内市场方面摇摆不定，因此他们在投资方向上十分模糊，股权的收购和更迭十分频繁。这一现象的根本原因还是公司决策委员会在事前并没有对准入行业和投资对象进行深入分析，投资决策流程形同虚设。UT斯达康有些项目根本未经过投资评估的程序便直接提报董事会，部分项目从提出到最终决定投资仅用了不到半个月的时间，项目没有经过风险评估、资源评估及经济效益评估，没有项目的可行性报告，但此投资项目仍然通过了董事会的批准。有时，公司的控制股东已决定投资某项目，再由相关单位补充该项目的投资可行性报告。由于公司控股股东已决定投资，补充报告的客观性就大打折扣。例如，UT斯达康强势突入3G，做出全面开花式投资美版CDMA2000（Code Division Multiple Access 2000，码分多址2000）、欧版WCDMA（Wideband Code Divison Multiple Access，宽带码分多址）及中国版TD-SCDMA（Time Division-Synchronous Code Division Multiple Access，时分同步码分多址）三大标准的投资决策。然而一个完整的3G产品线耗时长、耗资大，国内外竞争对手已在3G领域耕耘多年，华为、中兴等中国通信企业依靠前期的技术积累，在海外的3G市场已取得累累硕果。但是UT斯达康不具备先发优势，同时不断下滑的小灵通营收已经不足以支撑其在3G业务上的巨额投资。此外UT斯达康要全面应付3个3G标准，关注力量分散，无法集中资金优势，捉襟见肘在所难免。

【案例3-4】宁波三星医疗电气股份有限公司董事会审计委员会议事规则

第二条　审计委员会是董事会按照公司章程设立的董事会专门工作机构，在其职权范围内协助董事会开展相关工作，主要负责对公司内部控制、财务信息和内部审计等进行监督，并对董事会负责。

第三条　本委员会由三名董事组成，独立董事两名，本委员会全部成员均须具有能够胜任审计委员会工作职责的专业知识和商业经验。

第四条　本委员会委员由董事会选举产生。本委员会委员的罢免，由董事会决定。

第五条　本委员会委员应符合中国有关法律、法规及相关证券监管部门对本委员会委员资格的要求。

第六条　本委员会设主任（召集人）一名，由具备会计或财务管理相关的专业经验的独立董事委员担任，由本委员会委员选举产生，负责主持本委员会工作。

第七条　本委员会任期与董事会一致，委员任期届满，连选可以连任。期间如有委员不再担任公司董事职务或独立董事职务，自动失去委员资格，并由董事会根据上述第四条至第六条规定补足委员人数，补充委员的任职期限截至该委员担任董事的任期结束。公司董事会须对本委员会成员的独立性和履职情况进行定期评估，必要时可以更换不适合继续担任的成员。

……

第九条　本委员会的主要职责权限：
（一）监督及评估外部审计机构工作；
（二）指导内部审计工作；
（三）审阅公司的财务报告并对其发表意见；
（四）评估内部控制的有效性；
（五）协调管理层、内部审计部门及相关部门与外部审计机构的沟通；
（六）董事会授权的其他事宜及相关法律法规中涉及的其他事项。

【案例3-5】江西江中药业股份有限公司董事会提名委员会实施细则

第二条　董事会提名委员会是董事会按照股东大会决议设立的专门工作机构，主要负责对公司董事和经理人员的人选、选择标准和程序进行选择并提出建议。

第三条　提名委员会成员由三至五名董事组成，其中独立董事二名。

第四条　提名委员会委员由董事长、二分之一以上独立董事或者全体董事的三分之一提名，并由董事会选举产生。

第五条　提名委员会设主任委员（召集人）一名，由独立董事委员担任，负责主持委员会工作；主任委员在委员内选举，并报请董事会批准产生。

第六条　提名委员会任期与董事会任期一致，委员任期届满，连选可以连任。期间如有委员不再担任公司董事职务，自动失去委员资格，并由委员会根据上述第三至第五条规定补足委员人数。

第七条　提名委员会的主要职责权限：

（一）根据公司经营活动情况、资产规模和股权结构对董事会的规模和构成向董事会提出建议；

（二）研究董事、经理人员的选择标准和程序，并向董事会提出建议；

（三）广泛搜寻合格的董事和经理人员的人选；

（四）对董事候选人和经理人选进行审查并提出建议；

（五）对须提请董事会聘任的其他高级管理人员进行审查并提出建议；

（六）董事会授权的其他事宜。

【案例3-6】哈药集团股份有限公司董事会薪酬与考核委员会实施细则

第二条　薪酬与考核委员会是董事会按照股东大会决议设立的专门工作机构，主要负责制定公司董事及高级管理人员的考核标准并进行考核；负责制定、审查公司董事及高级管理人员的薪酬政策与方案，对董事会负责。

…………

第四条　薪酬与考核委员会成员由3名董事组成，其中包括2名独立董事。

第五条　薪酬与考核委员会委员由董事长、二分之一以上独立董事或者全体董事的三分之一提名，并由董事会选举产生。

第六条　薪酬与考核委员会设主任委员一名，由独立董事委员担任，负责主持委员会工作；主任委员在委员内选举产生。

第七条　薪酬与考核委员会任期与董事会任期一致，委员任期届满，连选可以连任。期间如有委员不再担任公司董事职务，自动失去委员资格，并由委员会根据上述第四至第六条规定补足委员人数。

第八条　薪酬与考核委员会下设工作组，专门负责提供公司有关经营方面的资料及被考评人员的有关资料，负责筹备薪酬与考核委员会会议并执行薪酬与考核委员会的有关决议。

第九条　薪酬与考核委员会的主要职责权限：

（一）根据董事及高级管理人员管理岗位的主要范围、职责、重要性以及其他相关企业相关岗位的薪酬水平制定薪酬计划或方案；

（二）薪酬计划或方案主要包括但不限于绩效评价标准、程序及主要评价体系，奖励和惩罚的主要方案和制度等；

（三）审查公司董事及高级管理人员的履行职责情况并对其进行年度

绩效考评；

（四）负责对公司薪酬制度执行情况进行监督。

【案例3-7】MND有限公司发展过程中董事会专业委员会的作用及发挥

内蒙古MND（集团）股份有限公司于上市之前，在董事会下设了三个专业委员会：审核委员会、提名委员会、薪酬委员会。三个委员会的权限和职责如下。

审核委员会的权限：

第一，审核委员会可就公司的财务汇报程序、内部监控和风险管理制度是否有效向董事会提供独立意见及监察。

第二，审核委员会应作为其他董事、外聘核数师和管理层之间的沟通管道，管理财务及其他申报、内部监控和审计等。

审核委员会的职责：

第一，主要负责就外聘核数师的委任、重新委任及罢免向董事会提供建议、批准外聘核数师的薪酬及聘用条款，以及处理任何有关该核数师辞职或辞退该核数师的问题。

第二，按适用的标准检讨及监察外聘核数师是否独立客观及核数程序是否有效。

第三，就外聘核数师提供非核数服务制定政策，并予以执行。

第四，监察公司的财务报表以及年度报告及账目的完整性，并审阅报表及报告所载有关财务申报的重大意见。

提名委员会的权限：

第一，提名委员会获董事会授权调查属于其职权范围内的活动，并获授权向雇员取得提名委员会所需的资料的权力。

第二，提名委员会应获公司供给充足资源以履行其职责，并获董事会授权，可在有需要时咨询独立专业意见。

提名委员会的职责：

第一，至少每年检讨董事会的架构、人数、组成和多元化程度。

第二，将按人选的长处，物色具备合适资格可担任董事的人士或就此向董事会提供意见。

第三，评核独立非执行董事的独立性及审阅独立非执行董事各自对独立性所做的确认。

第四，就董事委任或重新委任以及董事继任计划向董事会提出建议。

第五，履行职责时如有需要，应寻求独立专业意见，费用由公司支付。

第六，准备年内工作摘要，并向董事会汇报其决定或建议。

薪酬委员会的权限：

第一，薪酬委员会获董事会授权调查属于其职权范围内的活动，也获授权向任何雇员取得薪酬委员会所需的资料。

第二，薪酬委员会获董事会授权，可在有需要时咨询独立专业意见，薪酬委员会应获公司供给充足资源以履行其职责。

薪酬委员会的职责：

第一，就公司董事及高级管理人员的全体薪酬政策及架构，以及就设立正规而具透明度的程序制定薪酬政策，向董事会提出建议。

第二，向董事会建议个别执行董事及高级管理人员的薪酬待遇，并就非执行董事的薪酬向董事会提出建议。

第三，考虑同类公司支付的薪酬、须付出的时间及职责，以及公司集团内其他职位的雇用条件。

第四，准备薪酬委员会年内的工作摘要，并向董事会汇报薪酬委员会的决定或建议。

参 考 文 献

[1] 胡震. 我国民营企业董事会有效治理机制研究 [D]. 苏州：苏州大学, 2014.

[2] 杨海兰, 王宏梅. 上市公司董事会专业委员会的设立及其在中国的现状分析 [J]. 当代经济管理, 2009, 31 (4)：92-96.

[3] 牛建波, 刘绪光. 董事会委员会有效性与治理溢价——基于中国上市公司的经验研究 [J]. 证券市场导报, 2008 (1)：64-72.

[4] 王晨燕. 非上市民营企业内部审计研究 [D]. 厦门：厦门大学, 2014.

[5] 张斌. 论审计委员会的演变及其启示 [J]. 经济师, 2007 (5)：243-245.

[6] 张华伟. 审计委员会的建设与会计信息质量的相关性研究——基于中

国上市公司的数据［D］．北京：首都经济贸易大学，2007．

［7］韩镇．上市公司设立审计委员会的思考［J］．湖北审计，2002（4）：6-7．

［8］张晓农．关于上市公司设立审计委员会的探讨［J］．经济与管理，2002（1）：10-13．

［9］鹿丽，吴莎莎，苑华．财务报表质量影响分析——基于上市公司与非上市公司治理结构比较［J］．渤海大学学报，2013，35（1）：56-59．

［10］宋文阁，赵璐．论构建全新的国有企业审计委员会制度框架体系［J］．审计文摘，2009（1）：60-63．

［11］王晨燕．非上市民营企业内部审计研究［D］．厦门：厦门大学，2014．

［12］朱方州．我国上市公司提名委员会制度探究［J］．法制博览旬刊，2014（6）：61-63．

［13］项静．提名委员会：理论、现状与重构［D］．大连：东北财经大学，2005．

［14］程俊峰．我国民营企业高管薪酬管理研究——以甘肃昊峰集团为例［D］．兰州：兰州大学，2011．

［15］孟佳娃．中国上市公司薪酬委员会有效性研究［D］．长春：吉林大学，2013．

［16］高文亮，罗宏．薪酬管制、薪酬委员会与公司绩效［J］．山西财经大学学报，2011（8）：84-91．

［17］赵磊．重构国有上市公司薪酬委员会［J］．董事会，2007（4）：62-63．

［18］刘蕙．关于民营中小企业薪酬分配问题的探讨［J］．大陆桥视野，2012（06）：34-34．

［19］曹祥生．国企绩效考核工作存在的问题及对策探讨［J］．商业时代，2012（11）：89-90．

［20］宁爱民．浅论国有企业薪酬分配和绩效考评体系存在的问题［J］．中小企业管理与科技旬刊，2012（7）：36-37．

［21］王立波．家族企业与职业经理人关系分析［J］．中国集体经济，2011（18）：63-64．

[22] 崔立权. 民营企业薪酬管理存在的问题及对策 [J]. 辽宁经济, 2008 (10): 57.

[23] 卢建军. MND 董事会建设研究 [D]. 呼和浩特: 内蒙古大学, 2013.

[24] 严文海. 浅议××集团公司对外投资内部控制建立及完善 [J]. 现代商业, 2010 (20): 252-254.

[25] 于一, 何维达. 董事会专门委员会自愿设置的有效性——基于中国上市公司的经验证据 [J]. 贵州财经大学学报, 2013 (4): 80-86.

[26] 王楠楠. 战略委员会对上市公司非效率性投资影响的研究 [D]. 南京: 南京农业大学, 2011.

[27] 曹夫舟. 上市公司董事会专业委员会制度研究 [D]. 哈尔滨: 黑龙江大学, 2014.

[28] 覃家琦. 战略委员会与上市公司过度投资行为 [J]. 金融研究, 2010 (6): 124-142.

[29] 张辰, 汤颖梅. 公司特征、审计委员会薪酬与会计报表监督——基于中介模型的实证检验 [J]. 财会通讯, 2016 (18): 3-6.

第 4 章
L 集团行政部门风险管控的方案设计

从公司治理结构的角度来看，L 集团行政部门是隶属于集团总部的主要管理部门。其治理风险来自内部代理的成本以及对管理权力的控制。因此，降低治理风险，改善行政部门内控环境的主要途径有两方面：一是优化行政部门的治理结构，包括架构组成、部门定位、职位设置等内容；二是明确行政部门权责分配与工作规范，防范在行政部门管理权行使过程中可能出现的风险。对 L 集团而言，从内控体系设置的"扁平化"和"制度化"角度来说可按照职能导向将其架构设置为"两层级五部门"的模式，即企业行政部门权力架构由行政决策层及总部职能层组成。行政决策层主要是行政副总裁，总部职能层包括财务部、人事部、工会、公关部和法务部等五个部门。行政决策层是集团行政管理的主管部门，其可能出现的法律风险主要有违反忠实义务和善管义务的风险以及战略运营风险。总部职能层是集团行政管理的执行部门。不同的部门将面临不同的法律风险：财务部门存在规范性及财务风险，人事部门存在劳资关系协调的风险，工会存在职能运作违规的风险，法务部门存在风险防控职能不清的风险，公关部门则存在关系维系及危机管理的风险。对上述风险的防范与控制主要从岗位设置、人员选拔、职权职责、工作流程以及相应的激励与约束机制设计上着手。不同企业对风险管控的方案设计是有差异的，L 集团公司行政部门风险控制方案的设计全面权衡了行业环境、竞争对手、公司战略等因素，尤其重点考虑了"互联网＋"时代和大健康理念对行政部门风险控制的影响。

4.1 L 集团行政部门的问题与分析

4.1.1 L 集团行政部门的内控环境问题

L 集团行政部门的内控环境是公司风险内控体系的重要组成部分，对确保集团公司运营及管理水平具有支配性作用。从内容上可知，L集团内控环境问题主要包括行政部门的架构组成、机构设置及权责分配等。

诺斯指出，除非现存的经济组织是有效率的，否则经济增长就不会简单地发生。这句话指明了公司内部风险管控的核心主要有两个：提高经营效率和防范舞弊风险。每家公司内部都存在协调成本和控制成本。完善内部控制体系就要使组织内部各个职能部门或业务岗位之间相互制约和牵制，降低内部代理所产生的成本，实现经营效率的上升。而降低协调成本和控制成本的主要方式是组织架构的设计及其变革。企业发展的不同阶段，需要有不同的内部控制体系的调整与之相适应。

对"互联网+"时代的医药企业集团而言，要保持企业的竞争力就要与时俱进，适应环境带来的影响。现代公司治理对民营企业行政部门的要求不再局限于刚性的生产运用管理，而更多地考虑如何激发人的潜能，如何利用社会优势获取社会关系资源、增加柔性管理的关注、塑造企业自身的核心竞争优势。因此，企业行政管理组织的变革势在必行，如何有效构筑企业行政部门的内控体系是企业行政部门治理的核心问题。

传统集团公司行政管理采用传统"层级结构"的管理模式，所有的决策权掌握在管理者、领导者手中。由于组织结构的多层性，决策者很难听到基层员工的心声，从而使得决策的制定犹如空中楼阁，存在主观评断；同时文书档案管理、办公室管理、总务后勤管理等具体行政事务构成了企业行政管理的中心工作，带有强烈的国家政府机关色彩，企业行政管理活动集中于事务性活动，不能集中力量为企业创新和发展服务，员工也因为没有得到应有的关注和尊重，而在工作中表现得缺乏积极性，对企业认同感不高，难以适应"互联网+"时代的柔性化生产及个性化市场需求。

网络经济及全球化发展促使L集团企业进行组织架构体系设计时需要考虑"扁平化"的改革方向。扁平化管理的目标是在计算机管理信息系统的协助下，在集团内部建立一套精干、高效的组织机构，压缩管理冗余人员，消除部门之间职能重叠与交叉的现象，以提高管理效率。组织结构的"扁平化"通过减少组织中的管理层次，缩短行政管理决策与行动之间的时间滞后，从而加快企业应对市场变化的速度，建立动态竞争优势，使组织的适应能力更加柔性化，并通过发挥组织员工的积极性，在更多放权管理的刺激下，员工更有归属感，通过不断努力工作学习，提高自己的实力，进而为行政管理部门带来更大的推动作用。

"扁平化"意味着企业行政部门的组织管理模式也要与之相应,尤其在确保企业行政管理权力体系的有效运作过程中,在强化企业的治理结构和组织结构,完善各种职能划分和岗位设置,实现企业组织力量的有效整合保证的要求下,对组织内的管理应实行制度化管理。即建立规范的工作制度、有效的处理程序,从而方便行政管理部门内员工与管理者之间的沟通,也方便员工在与其他部门员工工作时及时有效处理许多权力范围内的问题,提高企业整体的应变能力。

基于对民营企业行政内控体系设置的"扁平化"和"制度化"的考虑,对 L 集团而言,按照职能导向型组织设计理论,企业行政部门权力体系架构可大致归纳为"两层级五部门"的模式,即企业行政部门权力架构由行政决策层及总部职能层组成。行政决策层主要是行政副总裁,总部职能层包括财务部、人事部、工会、公关部和法务部。(见表 4-1)企业行政部门组织结构中要素间的关系,比如角色定义、权责分布是风险内控的主要内容。

表 4-1 L 集团行政部门框架

行政决策层	行政副总裁				
总部职能层	财务部	人事部	工会	法务部	公关部

4.1.2 行政决策层的权责与风险识别

行政决策层主要是指行政副总裁,是企业行政部门的总负责人,企业行政部门的指挥者或协调者,掌握企业行政管理的重要权责。企业的行政管理者应把握两个原则:第一,权利的授予要体现权责相称,即应该以"权利与企业目标的冲突""管理者为企业创造的价值""替代他们的成本"这三点为出发点来配置权责。第二,根据企业发展的不同阶段,组织变革的权利分配,应有所区别,一般来说,在企业刚刚起步或者是面临巨大挑战之时,往往采取相对"集权"的方式较为有效,而在企业稳步发展或者已形成规模之时,民主分权的管理方式能更为有效地推动企业的发展。但从另一方面来看,在赋权的同时,行政决策层存在的法律风险同样会影响企业的效益和发展。

1. 行政副总裁存在违反忠实义务和善管义务的法律风险

由于行政决策层对公司款物的调动和使用具有一定的决定权,因此会带来相应的法律风险。这一风险通常包括行政副总裁利用职务之便侵占或挪用公司财产或财产利益,或者利用职务之便违反风险监管制度或劳动合同约定,接受他人财物而为他人谋取不正当的利益;违反法律法规、公司风险监管制度或岗位职责要求,严重失职或滥用职权,直接或间接损害公司的利益,自营或为他人经营与任职企业存在竞争关系的组织损害公司利益;利用公司的商业秘密以及其他重要的内部信息,损害公司利益,造成公司财产损失。以刑事和民事法律风险为例,行政副总裁可能涉及的风险行为如表4-2:

表4-2 行政副总裁可能涉及的风险

风险域	风险行为	法律规范
刑事法律风险	对非国家工作人员受贿	《刑法》第一百六十三条
	对非国家工作人员行贿	《刑法》第一百六十四条
	为亲友非法牟利罪	《刑法》第一百六十六条
	签订、履行合同失职被骗	《刑法》第一百六十七条
	侵犯商业秘密	《刑法》第二百一十九条
	串通投标	《刑法》第二百二十三条
	合同诈骗	《刑法》第二百二十四条
	非法经营	《刑法》第二百二十五条
	职务侵占	《刑法》第二百七十一条
	挪用资金	《刑法》第二百七十二条
民事法律风险	存在竞业限制行为	《劳动合同法》第二十三条、第九十条
	违法经营行为	《公司法》第二百零三条
	擅自披露公司秘密	《劳动合同法》第九十条,《反不正当竞争法》第二十条

2. 行政副总裁行使职权存在的战略运营风险

行政副总裁在处理企业战略和协调财务部门、人力资源部门等核心部门的常规性实务和非常规性,尤其是突发性、系统性事故时可能产生的风险主要包括：

（1）策略风险。这是指在竞争环境中，制定适当的职能战略，落实集团的战略意图，以及为企业运营的完整性和精确性提供的决策信息风险。通常涉及集团财务、人事等各个职能。

（2）信息风险。这是指信息系统的安控、运作、灾备不适当导致的企业风险，如电脑系统障碍、死机、资料消灭、安全防护或电脑病毒预防与处理问题等。

（3）会计风险。这是指会计处理与税务对企业盈亏可能产生的风险，如承做业务的妥适性。

（4）法律风险。这是指合同的完备有效与否对企业造成的风险，如承做业务的适法性、对外文契约及外国法律的认知等，以及医药知识产权保护的相关规则。

（5）流动性风险。这是指影响L集团资金调度能力的风险，如负债管理、资产变现性、紧急流动应变能力。

4.1.3　总部职能层的设置、权责与风险识别

集团总部组织架构设置需要遵循战略匹配、精简全面、稳定灵活、管理幅度和管理层次适宜等基本原则。内部组织架构的各种形态本身并无高低优劣之分，关键在于是否能够与集团战略相吻合，是否能够为集团管控模式与流程落地提供组织保证，同时处于不断动态变化的演进过程。以L集团为例，为更好地支持大健康医药战略的实现，公司总部职能层采取精简层级和部门的模式，主要设置了财务部、人事部、工会、公关部和法务部等职能部门。

1．财务部门的规范性及财务风险

（1）公司财务的规范性风险。

公司财务的规范性风险主要包括偿债财产风险、纳税风险、账外法律风险、财务失真风险、财产混同风险等。

首先，集团偿债财产风险、纳税风险是首要关注的两大风险类别。公司财务制度关乎公司存续的两个关键，即公司的偿债财产和公司的纳税义务。公司财产是公司偿债能力的直接体现，一旦出现资不抵债，即公司财产不足的情形，公司面对的最坏结果将是破产，即公司无法继续存续。纳税是与公司日常运行联系最紧密的法定义务，而税收本身是国家和公司之

间对公司收入的一种再分配，因此发生违规操作的风险远远高于其他部门。税务作为一种专业性相对比较高的业务领域，需要单独加以规范。

基于保障公司财产和纳税的考虑，我国会计法、税法等一系列法律法规对公司的财务制度做出了具体的规定。公司财务制度的设置必须遵循这些规定，否则将会产生不必要的财务合规风险。介于税务问题对公司利益的巨大影响，以及避税行为与偷逃税行为之间的转化可能性，涉税法律风险也是常见的公司财务规范性风险之一。

其次，账外法律风险主要是指违反国务院以及有关部门的相关规定，侵占、截留国家和单位收入的风险。这种风险实际发生的概率比较小，且往往伴随着财务人员的失信行为，故放在财务人员失职风险部分加以讨论。

再次，财务信息失真风险从内容上主要分为虚假记载、误导性陈述、重大遗漏三种。这一风险往往会影响公司挂牌上市等后续金融行为，对公司商誉产生重大影响，重者甚至会承担刑事责任。

最后，财产混同的风险，主要是指股东财产与公司财产混同的风险，但这一风险对大型公司而言，发生的可能性较小，此处不多做论述。

面对这种现状，如何规范公司的财务制度，保障公司的良性运行，并在合法前提下尽可能地利用财务制度进行合理避税，促进公司资金的高效利用，成为财务部的重要目标。

（2）公司财务人员失职的风险。

人员风险是公司各个层面、各个部门都可能会出现的情况。而财务作为公司的核心部门，人员风险的危害将急剧扩大，严重时甚至会危及公司的延续。财务部成员直接经手处理公司的财产事项，受到的诱惑非常直接，发生违法违规行为的可能性更高。所以，需要通过一系列的制度进行重点规范。

财务人员在履行职务的过程中存在利用职务便利从事违法活动，给公司造成各种直接、间接损失的可能，最直接的表现就是违规操作。违规操作是指财务人员违反《中华人民共和国会计法》（以下简称《会计法》）等相关法律法规，通过非正常的财务处理程序，对相关会计事项做出违规处理而导致可能需要承担相应的法律责任。常见违规操作的种类主要包括出纳兼任会计、财务代签名和白条处理、坐支现金以及出资不到位等。

同时，财务人员未尽相应注意义务的行为也会给公司经营带来同等的风险。因此，对财务人员的管理必须从多方面进行规范，不仅是禁止性规范制度，也应包括强行性规范，以保证财务人员工作的合规性与有效性。规范财务人员行为主要从健全财务人员任用、监督与审核机制的角度出发。

（3）公司资本的融通风险。

由于我国目前金融领域对于公司间借贷、公司资本投资的限制比较严格，市场上公司的融资、投资渠道十分有限。为了防范资金不足或积压的风险，需要对公司日常的财务状况及时进行评价，以确保公司资金链的畅通。

在保证公司资金链畅通的同时，对于公司的结余资金应当加以利用，尽可能实现结余资金的保值、增值。因此，保证公司资金安全与实现公司资本增值就成为L集团财务系统必须考虑的任务。同时，现代集团愈发重视金融工具在促进公司发展方面的作用，投融资机构的设立成为一种趋势，如何实现财务部门与投资委员会、投融资子公司的协调成为制度设计与风险防范的一项重要内容。

（4）产品责任引发的财务风险。

一方面，健康产业具有明显不同于其他行业的特殊性，尤其是其提供的产品或服务，不论是保健食品、药品或者健康相关的服务都直接作用于人体，存在发生人身损害的可能性。另一方面，人身损害赔偿较一般的财产损害而言，数额往往比较高。因此，从事健康产业的公司一旦出现产品责任事件，不仅对公司的声誉影响巨大，而且对公司资金面的破坏非常严重，需要建立相应的应急机制，以保证公司在面对突发事件时能够短时间内开始补救，并减少对公司正常运营产生的影响。

（5）公司财务信息化的保密性风险。

公司财务状况形成于公司的日常运营过程中，与公司经营的各个方面都有着密切的联系。公司经营根本上是一种资源分配，资源分配的高效进行离不开配套的财务制度。同时，公司财务状况也是公司决策、第三方交易以及税收缴纳的基本依据。因此，公司的财务信息涉及公司的各方面内容，对公司本身具有重要价值。公司财务信息一旦泄露，对公司而言无疑是巨大的损失，甚至会带来更多不确定的风险。

为提高效率，现代公司内部信息化办公水平的要求在不断提升，这使得财务与其他部门之间的有效沟通成为一项重要内容，如何借助自动化办公系统实现财务的职能,这是我们必须关心的。而公司财务系统与公司自动化办公系统、公司内外部网络紧密结合在一起,使得信息泄露的风险显著增加。现代公司的财务系统不仅要满足系统、及时、可靠的要求,实现全面自动化、信息化,还需要注意其保密性,避免不必要的泄露,防止发生财务风险。

(6)公司财务的决策风险。

公司决策作为一项具有高度统筹性的工作,需要决策者对公司的状况有比较全面的掌握。公司资产是公司决策实现的基础条件,合理的决策离不开对公司财务状况的全面把握。一般而言,公司财务负责人在公司架构中处于较高级别。现代公司越来越多地设立首席财务官,以公司高管的身份参与公司管理。

根据L集团的架构设计,财务部门被限缩为第二副总裁下属的公司行政部门,这会直接导致财务部门职能的缩小,减弱了财务参与决策的话语权,难以为公司决策提供有效的财务信息支持。

(7)公司财务控制与衔接的风险。

对于L集团,无论采用何种架构,依然无法完全避免因职权下沉带来的财务内部控制风险。这是多层管理本身固有的问题。就与L集团规模相当的公司而言,财务部门隶属总裁领导,而财务总监(CFO)的权力常常相当于副总裁,财务部门对于总公司的内部财务监控以及子公司的财务监控能力较强。采取下沉结构可能会带来的直接问题就是财务控制力下降。

作为一个大型集团公司,母公司与子公司之间财务系统的链接也是不能忽视的一方面,这直接关系到对于子公司的财务控制。单就L集团财务部门下沉这一点来看,这一职能的实现存在较大的风险。

作为现代集团架构,财务部门必然需要参与到公司治理的过程中,发挥应有的支持功能,于是,如何实现财务与决策、审计的衔接便成为一项重要目标。

(8)复杂结构中的财务控制风险。

如今公司财务工作日益复杂,单纯设立财务部可能难以满足公司多样化的财务处理任务,进而难以有效地控制公司运行中产生的财务风险。

2. 人事部门的劳资关系及权责风险

(1)劳动合同风险。

人事部所面临的法律风险之一无疑是劳动合同风险。L集团作为用工主体，必须根据所处的法律环境来加强员工人事管理和法律风险防范工作。

当前，在人事方面，L集团面临的法律环境发生了以下深刻变化，国家劳动人事立法日臻完善。国家先后颁布实施了《中华人民共和国劳动法》《中华人民共和国劳动合同法》《中华人民共和国劳动争议调解仲裁法》《中华人民共和国就业促进法》《中华人民共和国社会保险法》（以下分别简称《劳动法》《劳动合同法》《劳动争议调解仲裁法》《就业促进法》《社会保险法》）等法律法规，对劳动者权益的保护不断加强，而且劳动者的维权意识也逐渐增强。

因此，L集团在人事管理上应当严格依法处理各项事务，调整人事关系，依法与劳动者订立劳动合同，完善劳动合同管理制度。

（2）劳资纠纷风险。

随着社会保障体系逐步建立，国家先后实施了基本养老、医疗、失业、工伤和生育保险制度，对劳动者的社会保障更加充分。

再者，劳动者的法律意识和维权意识明显提高。随着劳动者文化素质的提高和全民普法的深入，劳动者的法律意识和维权意识显著提高，运用法律手段维护自身权益的能力也明显增强。

因此，L集团人事部门应该保护员工的合法权益，按照相关劳动法律法规为劳动者购买"五险一金"。完善薪酬制度，按照相关规定发放补贴、津贴，严格防范劳资纠纷法律风险，避免不必要的劳资诉讼，从而节约企业成本。

（3）人事部在劳动管理方面权责不清的风险。

公司作为集团公司的母公司，人事部享有的权限较大，但极容易和别的部门相重叠。尤其是劳动管理方面的权责不清，会造成效率低下、集团的人力资源战略得不到有效执行等问题。

目前，首要问题是划分好劳动管理权限。一般而言，人事部承担着人员录取、培训、离职等一系列事务。其中，在人员录取过程中的权责最容易被模糊。

一般而言，人事部享有的权力从高到低依次是：完全的录取权，即人事部享有最终决定是否录取的权利；否决权，即人事部单方面不享有录取权，但是单方面享有否决权；投票权，即享有投票的权力，而不能单方面否决；建议权，即不参与决策，只是有相关建议权；程序权，即只是享有程序方面的权力，不对人员录用造成实际影响。

一般而言，对于不同级别的员工，人事部享有的权力是不相同的。对于具体的权限可以调整，但是一定要划分好权限。

(4) 人事部在薪酬管理方面权责不清的风险。

薪酬管理是企业整体人力资源管理体系的重要组成部分。良好的薪酬制度可以帮助企业更有效地吸引、保留和激励员工，从而起到增强企业竞争优势的作用；同时，薪酬在组织中又是一个非常敏感的话题，它与组织员工的利益密切相关。也因此，薪酬管理权力是一个非常重要的权力。人事部在薪酬管理方面的权力时常会受到侵蚀与挑战，也因此常常会导致权责不清晰。对于薪酬管理，人事部可以分权也可以集权，这是根据公司的人力资源战略而定，但无论是分权还是集权，权限必须清楚、明晰，权责必须制度化，否则，将无法发挥薪酬管理的正向作用。

(5) 人事部工作的绩效考核不清晰的风险。

人事部作为绩效考核的主管单位，其本身的绩效考核也十分重要。只有人事部自身的绩效考核做好了，才能做好集团公司的绩效考核。目前主要体现在两个方面：首先，考核单位不清晰。人事部作为绩效考核的主管单位，显然不能由自己来考核自己，这样做有违公平公正原则。因此，确定考核的主管单位是当务之急。建议由董事会下设的人力资源战略委员会来直接进行考核。其次，考核指标不清晰。一般而言，人员的流动率（离职率）是主要指标之一。而其他指标的确立均要服从企业的人力资源管理战略。建议由董事会下设的人力资源战略委员会来制定相关标准。

3. 工会组织的职能设置及违规风险

(1) 工会干涉公司正常运行的风险。

我国公司，尤其是民营公司的经营者普遍存在一种担忧，即工会的活动会影响公司的正常经营秩序，对公司的长远发展带来不必要的麻烦。这种担忧在公司治理层面上表现为对工会的不信任，希望尽可能减弱工会在公司内的影响，机构设置上经常会出现高位虚职的现象。

这种担忧本身确有合理之处。我国《公司法》要求无论国营、民营企业，都应当为工会活动提供必要的便利。同时，《中华人民共和国工会法》（以下简称《工会法》）又在理论上赋予了工会组织集体谈判、参与公司决策的职能。这就可能导致工会不当干预公司正常运营的状况发生。而防范这类风险，主要是通过对工会的职能做比较清晰的界定，并严格贯彻，在保障工会正常履行职能的同时，禁止工会不当干预公司正常运行的行为。

(2) 工会违规设立的风险。

现实中存在着不少民营公司为了防止建立工会给公司正常运营带来不利影响，对工会的设立、职能和工作方式都做出了特别规定。这种做法事实上存在着违法操作的嫌疑，只会加大公司运行的风险。

我国法律对于工会的设立给予了比较明确的规定。我国对工会的有关规定主要体现在《工会法》中，其中第二条就明确规定："工会是职工自愿结合的工人阶级的群众组织。中华全国总工会及其各工会组织代表职工的利益，依法维护职工的合法权益。"

除此之外，在公司层面最直接的就是《公司法》第十八条的规定："公司职工依照《中华人民共和国工会法》组织工会，开展工会活动，维护职工合法权益。公司应当为本公司工会提供必要的活动条件。公司工会代表职工就职工的劳动报酬、工作时间、福利、保险和劳动安全卫生等事项依法与公司签订集体合同。公司依照宪法和有关法律的规定，通过职工代表大会或者其他形式，实行民主管理。公司研究决定改制以及经营方面的重大问题、制定重要的规章制度时，应当听取公司工会的意见，并通过职工代表大会或者其他形式听取职工的意见和建议。"

这些规定共同构成了我国工会设立、运行的基本制度原则，是处理公司与工会关系的基本法律依据，对公司具有较高的约束力。违反上述规定，干预工会的正常设立、运行，都会给公司带来潜在的法律风险。因此，这些法律规定是 L 集团工会设置的底线。

(3) 工会职能改革的风险。

这个问题本身与工会违规设立的风险有一定的相似之处，两者都强调工会必须依法设立和开展工作。但具体而言，工会改革与工会设立依然存在着区别。一个公司工会的设立必须依法进行，工会基本职能由法律做出规定。这意味着工会的职能不能少于法律的要求，但法无禁止即允许，我国法律并不禁止公司赋予工会更多的职能。这就为公司创造性地赋予工会更加多样的职能提供了操作空间。

但在改革中仍然要遵循法律的基本规定，不能借工会改革之名限制、干预工会履行法定职能，进而产生不必要的法律风险。这也是工会改革的底线。同时也要注意工会职能的边界，防止工会职能过度扩大影响了公司程序方面的权力,不对人员录用造成实际影响。

一般而言,对于不同级别的员工,人事部享有的权力是不相同的。对于具体的权限可以调整,但是一定要划分好权限。

(4) 人事部在薪酬管理方面权责不清的风险。

薪酬管理是企业整体人力资源管理体系的重要组成部分。良好的薪酬制度可以帮助企业更有效地吸引、保留和激励员工,从而起到增强企业竞争优势的作用;同时,薪酬在组织中又是一个非常敏感的话题,它与组织员工的利益密切相关。也因此,薪酬管理权力是一个非常重要的权力。人事部在薪酬管理方面的权力时常会受到侵蚀与挑战,也因此常常会导致权责不清晰。对于薪酬管理,人事部可以分权也可以集权,这是根据公司的人力资源战略而定,但无论是分权还是集权,权限必须清楚、明晰,权责必须制度化,否则,将无法发挥薪酬管理的正向作用。

(5) 人事部工作的绩效考核不清晰的风险。

人事部作为绩效考核的主管单位,其本身的绩效考核也十分重要。只有人事部自身的绩效考核做好了,才能做好集团公司的绩效考核。目前主要体现在两个方面:首先,考核单位不清晰。人事部作为绩效考核的主管单位,显然不能由自己来考核自己,这样做有违公平公正原则。因此,确定考核的主管单位是当务之急。建议由董事会下设的人力资源战略委员会来直接进行考核。其次,考核指标不清晰。一般而言,人员的流动率(离职率)是主要指标之一。而其他指标的确立均要服从企业的人力资源管理战略。建议由董事会下设的人力资源战略委员会来制定相关标准。

3. 工会组织的职能设置及违规风险

(1) 工会干涉公司正常运行的风险。

我国公司,尤其是民营公司的经营者普遍存在一种担忧,即工会的活动会影响公司的正常经营秩序,对公司的长远发展带来不必要的麻烦。这种担忧在公司治理层面上表现为对工会的不信任,希望尽可能减弱工会在公司内的影响,机构设置上经常会出现高位虚职的现象。

这种担忧本身确有合理之处。我国《公司法》要求无论国营、民营企业,都应当为工会活动提供必要的便利。同时,《中华人民共和国工会法》(以下简称《工会法》) 又在理论上赋予了工会组织集体谈判、参与公司决策的职能。这就可能导致工会不当干预公司正常运营的状况发生。而防范这类风险,主要是通过对工会的职能做比较清晰的界定,并严格贯彻,在保障工会正常履行职能的同时，禁止工会不当干预公司正常运行的行为。

(2) 工会违规设立的风险。

现实中存在着不少民营公司为了防止建立工会给公司正常运营带来不利影响，对工会的设立、职能和工作方式都做出了特别规定。这种做法事实上存在着违法操作的嫌疑，只会加大公司运行的风险。

我国法律对于工会的设立给予了比较明确的规定。我国对工会的有关规定主要体现在《工会法》中，其中第二条就明确规定："工会是职工自愿结合的工人阶级的群众组织。中华全国总工会及其各工会组织代表职工的利益，依法维护职工的合法权益。"

除此之外，在公司层面最直接的就是《公司法》第十八条的规定："公司职工依照《中华人民共和国工会法》组织工会，开展工会活动，维护职工合法权益。公司应当为本公司工会提供必要的活动条件。公司工会代表职工就职工的劳动报酬、工作时间、福利、保险和劳动安全卫生等事项依法与公司签订集体合同。公司依照宪法和有关法律的规定，通过职工代表大会或者其他形式，实行民主管理。公司研究决定改制以及经营方面的重大问题、制定重要的规章制度时，应当听取公司工会的意见，并通过职工代表大会或者其他形式听取职工的意见和建议。"

这些规定共同构成了我国工会设立、运行的基本制度原则，是处理公司与工会关系的基本法律依据，对公司具有较高的约束力。违反上述规定，干预工会的正常设立、运行，都会给公司带来潜在的法律风险。因此，这些法律规定是L集团工会设置的底线。

(3) 工会职能改革的风险。

这个问题本身与工会违规设立的风险有一定的相似之处，两者都强调工会必须依法设立和开展工作。但具体而言，工会改革与工会设立依然存在着区别。一个公司工会的设立必须依法进行，工会基本职能由法律做出规定。这意味着工会的职能不能少于法律的要求，但法无禁止即允许，我国法律并不禁止公司赋予工会更多的职能。这就为公司创造性地赋予工会更加多样的职能提供了操作空间。

但在改革中仍然要遵循法律的基本规定，不能借工会改革之名限制、干预工会履行法定职能，进而产生不必要的法律风险。这也是工会改革的底线。同时也要注意工会职能的边界，防止工会职能过度扩大影响了公司的运行，这是工会改革的上限。

(4) 工会职能虚化的风险。

工会目前面临的一个较大的问题是定位不清、机构冗余，这就极有可能造成工会职能丧失、增加公司不必要成本的状况发生。公司经营者对工会抱有一定的担忧与戒备，不希望看到工会过于活跃，因而对工会进行冷处理。另外，我国民营公司的现状往往是雇主较之雇员处于优势地位，而工会本身力量有限，难以改变这一状况。这使得工会沦为仪式性机构，缺少实际职能，造成了公司资源的浪费，还可能进一步引起公司治理的合规性风险。

4. 法务部门的风险防控及职责划分问题

(1) 法务部权限萎缩，内部法律风险防控削弱的风险。

就与L集团规模相当的公司而言，法务部门隶属总裁领导，而总法律顾问（CLO）的权力常常相当于副总裁。而且，法务部门在公司决策法律风险防控、处理内部法律业务、外部法律事务等方面的综合防控能力较强。而L集团法务部的权限萎缩，可能会造成公司法律风险防范功能的削弱。

法务部门权限萎缩，对于公司合同审查等内部法律事务的审查权限也会相应限缩，由此可能造成法务部门对内部法律风险防控能力削弱。

因此，必须健全合同审核流程及法务部内部管理制度，从制度层面解决因法务部权限萎缩造成的风险控制不足的问题。详情见制度设计部分。

(2) 外部法律业务控制力不足的风险。

L集团法务部主要处理内部法律业务，对于外部法律业务的控制力不足，其外部法律业务等需要外包于律师事务所等。然而因为外部法律业务可能涉及公司的商业秘密等信息，若全部交由外聘律师处理则不利于商业秘密等信息的保护。

(3) 法务部关于业务风险控制职能的权责不清晰的风险。

集团公司的母公司的法律部肩负着对集团全局业务风险控制的职能。若要很好地履行该职能，首要任务是要明晰权责。鉴于集团公司的子公司都设有相应的法务部门，因此，明晰权责就体现在如何与子公司的法务部门划清权限上。

主要包括：以业务涉及的资金数额为标准进行划分，即定额法，超过此额度，则由集团法务部直接进行风险控制；以业务的性质进行划分，即定性法，将某种业务全部交给子公司法务部控制或母公司法务部门控制。在实践中，都是定额法、定性法交互使用的。

(4) 法务部关于内部管理职能的权责不清晰的风险。

集团公司的母公司的法律部肩负着参与公司内部管理的职能。主要体现在：对公司的重大决策，例如修改章程、引入股权激励计划等事项，进行法律方面的评估，评估其合法性并给出风险提示；对公司引入的投资人或合作方或重要的管理成员，进行尽职调查；对公司制度的运行状况、子公司的运营状况进行监控，并定期做出相关法律风险报告。如有异常，随时向公司汇报。目前公司主要的问题是，并未将法务部门的相关权责制度化，导致法务部在履行相关职能的时候发生了障碍。

(5) 业务部负责的法律业务与外部负责的法律业务划分不清晰。

集团公司的母公司的法律部也肩负着直接处理法律业务的职能。然而，因为专业与规模的原因，公司有必要将一部分业务，尤其是诉讼业务交给外部部门（例如：律师事务所）负责。而划分清楚内外部门的权责是十分必要的，以避免出现相互推诿的现象，从而提高相关工作的效率，同时便于法务部对外部法律业务的监督与控制。目前公司的相关问题是未能将两者的业务划分清楚，而且将法务部监督与控制外部法律业务的职能制度化。

5. 公关部门的关系维系及危机管理风险

公共关系是企业运营和发展的非常重要的部分。当前社会环境下，健康行业是快销产品，对消费者的信任度有非常强的依赖性，对危机的敏感度很强。由于公众对产品质量、安全、营养、健康等问题的日益关注，员工对性别歧视、工作时间、工作场所、薪酬结构等法律和规定的关注以及媒体的严格审视，对医药健康企业的要求更高，医药健康企业在经营中的责任更大。企业公关部门处理公共关系问题时，除了形成适当的组织架构，坚持公平、公正的解决原则以外，还应具备正确的法律意识，并使该法律意识贯穿公共关系处理的整个过程，形成并维护一个和谐、有利的公共关系环境。

(1) 虚假广告宣传的风险。

广告促销的最大法律风险是虚假广告。《中华人民共和国广告法》（以下简称《广告法》）对广告主体资格、广告用语、发布内容等都有详

尽的规定及严格的审批手续。健康行业在进行药物的疗效等广告宣传时必须注意相关风险。(见表4-3)

表4-3 虚假广告的相关法律风险

风险行为	风险域	相关法律风险
虚假广告	民事法律风险	双倍赔偿法律风险
		损害赔偿责任
		过度承诺的履行法律风险
	行政法律风险	罚款
	刑事法律风险	虚假广告罪

(2) 名人代理广告的风险。

健康产业往往会聘请名人作为企业的代言人,面对名人代言及其广告带来的无限商机,必须清醒认识其中的风险。(见表4-4)

表4-4 名人代言广告的相关风险

风险行为	风险域	风险表现
名人代言广告	商业风险	稀释品牌个性
		名人效应难以实现
		名人与广告角色错位
		难以说服受众
		名人不稳定因素使代言品牌受到牵连
		模糊品牌形象
	法律风险	民事责任
		行政责任

尤其应注意《广告法》对名人代言广告的法律责任。在民事责任方面,像涉及人身健康的医疗、药品或医疗器械、保健食品等广告,法律禁止有人代言,代言者无论是否为名人,若广告虚假而需要担责,都要承担连带责任。在行政责任方面,名人只要在医疗、药品、医疗器械、保健食品广告中做了推荐、证明;为其未使用过的商品或未接受过的服务做了推

荐、证明；明知或应知广告虚假仍在广告中对商品、服务做推荐、证明，均应没收违法所得，并处违法所得1倍以上2倍以下的罚款。

特别值得提出的是，《广告法》对因在虚假广告中做推荐、证明而受到行政处罚未满3年的自然人、法人或其他组织，规定了不得以其作为广告代言人的法律后果。广告主违反该规定，轻者处广告费用1倍以上3倍以下的罚款；重者可处3倍以上5倍以下的罚款，并可以吊销营业执照。

(3) 集团企业战略管理和文化建设风险。

公关部门需要站在全局的高度考虑集团战略和文化建设问题，主要包括公关部组织参与企业战略管理、决策咨询，企业文化建设、宣传企业文化，进行企业廉政建设风险、职业道德建设风险的问题。对L集团而言，其内部公共关系与外部公共关系的处理都有很强的敏感度，公司公关部门应将战略管理、企业文化与风险管理相结合，建立科学的风险管理系统。如果公关部门的职能过于狭窄或部门地位降低，将会导致企业在变动的环境中难以保持应有的主动性和应变力。

(4) 企业公共关系及商业信誉风险。

大健康企业在发展经营的过程中，要想在市场上脱颖而出、处于有利的地位，需要具有一定的信誉，如通过确保健康产品与药品的安全来提高企业自身的信誉度。一旦企业生产或销售的药品或产品出现安全问题，或者材料出现质量上的问题，或者未能处理好医患关系，企业就可能出现信誉危机，尤其在互联网时代，如果不对信誉危机进行及时有效的处理，对企业的经营活动就会产生非常严重的影响。

4.2 L集团行政部门的治理与风险管控方案

4.2.1 行政部门在风险管控中的定位

在L集团的内部风险控制体系中，行政部门的控制政策、制度与程序是管理者经营理念、管理风格及经营战略目标的具体体现。对"互联网+"时代的医药健康行业民营非上市企业而言，集团公司行政管理采用的传统"层级结构"的管理模式难以适应市场日新月异、竞争多元化和产品不断创新的需求。因此，在行政副总裁及其职能部门的治理和管控设计上，将"扁平化"和"制度化"管理理念推进至上述部门组织架构和职能设计中是现代企业治理和内部风险控制的核心内容。

1. 行政决策层的定位

在行政部门的内部风险控制体系中，行政副总裁的重要职责之一是加强程序控制。程序控制包括制定集团行政管理部门的规章制度和制定操作规程两个方面。在扁平化管理的系统内部，每一个组织都可看作一个责任中心，各职能部门的责任要界定清楚，更为重要的是每一个责任中心之间的责任界定。为避免责任不清，并保证业务的有序进行，需要对各有关部门的职权范围和报告路线界定明确，既要避免权力重叠，也要防止出现权力真空。在风险内控制度设计中，要按照相应部门的业务要求，建立标准化、科学化的业务及事务流程，在流程中的风险点上设立必需的监控程序。根据医药业务特点，建立标准化的服务及业务流程，在分析流程中存在的风险点基础上，设立清晰、简单易操作的监控点，并提炼和固化各监控点的具体审核要素，使流程、监控点及审核要素成为良好内控制度的重要组成部分，以有效控制决策执行过程中的风险。

2. 总部职能层的定位

（1）财务部门。

集团财务部门是整个内控体系完整性、有效性的监督和保障，是公司治理的基石之一，是内部风险管控不可或缺的组成。尤其在集团实施扁平化管理后，必然要求建立与之相适应的财务核算体系和财务管理体系为其提供配套的服务。因此，集团实施扁平化管理也就推动了财务核算体系和财务管理体系的发展，以进行准确的成本核算，实现成本的动态控制，有效地防范风险，实现准确的预算管理，严格资金管理，使业务流程与财务数据同步，迅速报告财务状况，强化企业事务的执行能力。以往的财务核算和财务管理分工不明确，由于财务机构设置的功能性重叠反而导致管理主体虚化，财务人员既忙于会计核算工作又要兼顾财务管理工作，财务管理的职能得不到很好的发挥。

企业实施扁平化管理后，财务一级核算的实施，提高了财务信息化程度，简化了财务核算流程，避免了重复劳动，减轻了财务人员的工作负担，使一部分财务人员可以单独出来专门从事财务管理工作，促进了财务核算体系与财务管理体系的分离。财务管理工作由过去的账务处理转为现代公司所重视的税收筹划、筹资运作、投资管理、资本经营、资产分流、资产重组、企业兼并等项目的分析和决策作用，这些都是财务管理工作内涵的深化和延伸，实现了企业管理是以财务管理为中心的管理。企业财务管理工作由传统的利润目标管理上升到集团价值的管理，逐步实现由集团利润最大化目标向集团价值最大化目标的转变。企业通过实施扁平化管理，推动财务核算体系和财务管理体系的发展，初步建立起以组织为前提、财务一级核算和集中管理为基础、内部制度为保障、全面预算管理为手段、信息化管理为平台的具有现代企业特征的财务核算和财务管理基本框架。这一框架下的财务部门的架构及智能设计能够更好地保证经营信息的完整性和可靠性，为企业集团的内部风险管控和战略目标的实现以及经营效率的提高提供了良好的基础环境。

（2）人事部门。

人事部门对集团人力资源的管理是内部风险控制体系的重要内容。企业通过内部控制体系的设计和执行可以定期对人力资源执行情况进行评估，查找人力资源管理中存在的主要缺陷和不足，在意识到人力资源的相关风险后，采取有效措施，及时加以改进，以确保企业整体充满生机和活力。

首先是人事制度改革。要实现扁平化管理，就要精简机构、压缩人员、理顺关系、简政放权、调整机构，确保集团内部管理体系的改革按照既定的目标推进。其次是薪酬制度的改革。薪酬制度应建立员工收入能增能减的动态机制，在集团内部推行多种形式相结合的薪酬分配制度。传统薪酬有一定的弊端，其结构普遍等级多、级差小，这会使职工将注意力集中在调整级别工资，而非注重自身技能的提高上，并且频繁的薪酬级别调整，也会带来大量的行政工作。优秀员工的薪酬与普通员工的薪酬拉不开差距，会使优秀员工的积极性受挫。另外，传统薪酬通常都是调高容易调低难，在缺乏弹性和竞争力的工资结构下，集团对行业竞争、市场状况、人才流动等方面的变化都显得较为被动。奖金可试行按劳分配、效率优先、兼顾公平的分配制度。最后是劳动用工制度的改革。要建立职工能进能出、能上能下的机制，择优录用综合素质高的人员，对除正式职工之外的人员采用能进能出的模式，正式职工采用能上能下的模式，逐步淘汰业务素质低、综合表现差的人员。

（3）工会组织。

虽然我国《公司法》强调公司内部设立工会的重要性，工会作为公司的非核心职能部门，主要承担辅助人事职能，其作用更多地体现在员工的角度，但不可否认的是，工会对公司的运营同样有着重大影响。工会的辅助地位决定了风险防范设计的重点在于规范化、厘清职能边界，同时适当改革创新。一方面，工会作为我国法律规定的工人代表组织，有权就员工待遇问题与企业展开集体谈判，直接影响着公司的人事、财务安排；另一方面，伴随着现代公司管理制度的兴起，传统意义上的工会组织已无法满足公司的需要，公司不再愿意看到一个虚设的工会继续占用公司资源。因此，工会的职能也不再局限于代表员工同公司开展集体谈判等传统领域，工会被赋予了公司人力资源、文化建设的新职能。为了实现上述职能，同时防范由此产生的一系列法律合规性风险，有必要适度地对传统的工会定位、架构进行变革，在变革中控制公司治理风险。以团队为基础重构工会职能是创新型企业通常可以考虑的选择方向。与传统的部门或其他永久性的组织形式相比，团队更加灵活，对于变化的情况也能更快地做出反应，团队具有快速集合、快速开展工作、快速调整重点和快速解散的能力。从个人的角度来说，以团队形式工作可以帮助一个人学习怎样与他人相处（人际关系技巧）、怎样与他人交流（沟通技巧）、如何与他人建立良好关系（公关能力），以及向别人学习（学习别人的新观点、新想法、新的思维方式等）。有很多方法可以鼓励团队合作：第一是增强大家对团队的认同感。第二是让每个团队成员认识到他们之间的协作以及贡献，对于团队获得成功是至关重要的。第三是让每个团队成员的贡献都是可以衡量的，每个人都可以清楚地看到谁做了什么，而且每位成员都对自己的行为负责。第四是提高成员之间面对面沟通的机会。第五是在团队之间建立一种比赛的气氛，以促进团队内部成员之间的合作，或者制造一种来自团队外部的挑战，让团队成员必须互相合作才能战胜它。团队也有助于工会风险的控制，小规模团队不容易挤占公司资源以及影响公司的正常运行，更加实用高效。

（4）法务部门。

在现代企业中，法务部门对企业的经营发展发挥着愈发重要的作用，而法务部的组织模式的选择，对正确发挥法务部的作用尤为重要。作为集团公司的母公司，其法务部门肩负着对集团全局业务进行风险控制的职能，若要很好地履行该职能，则亟待明晰权责。法务部门权限萎缩，对于公司合同审查等内部法律事务的审查权限也相应限缩，由此可能造成法务部门对内部法律风险防控能力减弱。因此应健全合同审核流程及法务部内部管理制度，从制度层面解决因法务部门权限萎缩造成的风险控制能力不足的问题。

(5) 公关部门。

格鲁尼格教授曾指出："凡卓越的公关部门，它必须在组织里发挥着战略管理的作用，它与组织的长远目标联系在一起，参与着组织的重要决策。"也就是说"战略管理"与"参与决策"是企业公关部门职能的核心定位所在，其在企业中的地位和作用最终取决于这一核心职能的实现。

互联网时代对L集团的公关部门的运作还提出了扁平化的要求。传统的公关需要通过媒体中介把核心信息传递出去；而互联网时代，人人都可以通过互联网直接得到信息，对于企业来说也可以绕过媒体中介，直接把想要传递的信息传递给想要传递的人群，这称为扁平化。扁平化使企业自媒体变得非常重要，以前需要通过媒体去进行传播，现在由企业的自媒体就可以完成，因此L集团公关部门中需要官方微博、微信的运营人员。另外，移动互联网把从大众化变成小众化。移动互联网最典型的特点是人们接触信息的手段从电脑变成了手机，手机是个性化的，每个人看的东西都是不一样的。这时候就变成一个小众圈层的时代，整个人群被分割成很多小的人群、小的圈层。这些圈层可能是客户群、供应商群或是代理商群等。公关部门可以有针对性地进行对外宣传和危机处理。

4.2.2 行政决策层的治理与风险管控

1. 现状

L集团总部设立行政副总裁，由董事会聘任，下辖集团总部职能部门，包括财务部、人事部、法务部、工会和公关部，承担人力资源管理、行政后勤管理、财务管控等职能，是公司治理和管控体系的必要组成部分。

2. 行政决策层的设置目标

在L集团成立初期，由于行政副总裁人数较少，下辖公关部、人事部、财务部、法务部和工会五个部门，权力范围较大。为防范公司治理的风险，其职权界限在集团财务管控、人力资源以及法律事务方面要通过董事会加强制衡与监督。其职能设计应该达到以下目标：

第一，加强各部门的联系，实现部门间高效对接。副总裁领导的下属部门要注重沟通联系，如行政部门之间的联系，行政部门与其他部门的联系，各部门与子公司对应部门的联系等，以实现各个部门与各层人员的高效对接，最大限度地发挥其作为行政部门的作用。

第二，优化资源配置，实现行政管理精简化。行政副总裁要注意实现整个公司行政的资源优化，促进部门设置的精简化，将更多的资源投入营利部门，服务于集团的整体利益。

第三，推进行政管理的信息化管理，实现高效管理。在全球的网络化与信息化的大趋势之下，依托网络信息技术实现创新管理已经成为取得成功的重要因素。行政管理将依托信息技术，实现资源信息共享，致力于企业内部的高效管理运作。

3. 行政决策层的选聘及其激励约束机制

第一，行政副总裁的任职条件。行政副总裁属于公司高级管理人员，其任职条件基本等同于公司董事，此处不再赘述。但是，也有部分公司为防止交叉任职或基于竞业禁止的需要，也规定了行政副总裁的其他消极条件。例如，康美药业和江中药业的公司章程规定，在公司控股股东、实际控制人单位担任除董事以外其他职务的人员，不得担任公司的高级管理人员。

第二，行政副总裁的薪酬。行政副总裁属于公司高级管理人员，其薪酬应当参考公司董事，此处不再赘述。

第三，行政副总裁的解聘。《公司法》规定，行政副总裁由董事会决定聘任和解聘。具体解聘的条件参见前文。

第四，激励约束机制。对行政副总裁的激励约束机制与总裁等一致。内部的激励与约束主要有公司章程（公司章程对企业中的各种利益主体包括对职业经理人的责权及其行为做出了规范性的规定）、业绩与能力考核（建立职业经理人的业绩与能力评价体系进行约束）、治理等制度约束（财务总监轮换、集团述职、董事会季度质询、内控制度建设）等；外部的约束与激励则主要有法律约束、市场约束、道德约束、媒体约束等。

4.2.3 总部职能层的治理与风险控制

1. 财务部门的职责、人员与风险控制

（1）现状。

L集团现拟在行政副总裁下设财务部，主要职责是处理公司的财务事项、管理公司相关资产并负责对公司的战略决策提供公司财务信息支持，对行政副总裁负责。

财务部隶属于公司行政副总裁,但其本身应当具有特殊的独立地位,不能完全依附于行政副总裁,以防止不必要的经营风险。成员通过独立的人事聘用程序进入公司,应均具备专业的财务、会计、金融等领域的知识,人事关系全部由集团总部控制。可以设立独立的外部财务人员(审计委员会或财务相关独立董事),不直接隶属于公司财务序列,对公司财务状况进行适当的外部监督,直接对公司高管层负责。此外,可以在财务部层级并行设立结算管理中心,负责实际控制公司资产变动,审核公司财务决定,配合融通机构管理资金池,帮助分担公司财务风险,促进公司资产保值、升值。同时,集团公司行政副总裁作为财务部的直接领导者,对公司财务事务负有一定的监督管理职责,主要负责沟通财务部门与公司高管及其他部门,审核、监督财务部门的重大决定事项。

(2)职能设计。

财务职能权限的设计是为了实现以下几个目标:

首先,财务部门应当能够为决策委员会提供完整的财务分析报告,帮助规避公司决策中的财务风险。其次,财务部门应当满足现代企业财务的基本要求,同时尽可能精简机构,减轻运营成本。最后,财务部门作为内部控制的关键点之一,应当与子公司财务相衔接;财务部门应当尽可能地实现信息化办公。

在传统公司财务理论的基础上,结合L集团的现状,L集团财务部的职权设置中的关注重点在于以下几个方面:

第一,不承担对公司融资决策进行研究和决策的职能。为了保证投资和融资决策的独立,财务部门及配属的结算管理中心不承担公司融资决策的职能,也不承担对公司重大资本运作、资本运营项目进行决策的职能。

第二,由行政副总裁直接管辖,董事长负责监督。L集团的财务部不仅是公司的资产管理部门,而且是公司经营和发展的辅助机构。我们把其定位为一个由行政副总裁直接管辖,董事长负责监督的半独立的职能部门,所以除了公司行政副总裁可授权财务部外,董事长、总裁也可以授权财务部。

第三,财务部承担审核公司的年度报告、财务结算报告等职能,但不具有单独审核通过的职能,审核相关报告初步通过后还需要提交董事会、决策委员会等二次审核才可以通过。L集团的财务部审核制度如此设计的原因，主要是为了限制财务部的审核职能，把重大决议最终审核的职能让渡给公司的董事会和决策委员会。

第四，财务部的决策的专业性。在 L 集团，如果企业相关部门没有根据财务部的要求递交相关材料，将会影响到对该部门领导的年终考核。未经财务部通过，公司各部门不得自行通过任何财务决算事项。

（3）职责内容设计。

L 集团的财务部长由专职人员担任。财务部并行设立结算管理中心，主要负责做好出纳、审核以及资产运营等配套的财务与资产工作，并提供与公司有关的财务资料。

与传统上市公司的财务部门相比，L 集团的财务部在职权设置上将突出以下几点：

1）列席决策委员会会议。

为了最大限度规避决策时的财务风险，我们建议在财务部门中建立成本、收入、税务等专门管理组，及时统计公司内部财务运营的状况，并出具财务运营报告，以供管理层决策时参考。必要时可以列席决策委员会会议，提供有关的财务意见，从而在公司治理的起始阶段对财务风险加以规避。

2）并立式多头管理结构。

为了应对日益复杂的财务管理需要，我们建议建立结算管理中心和融资管理中心，并实行并行制的多头管理模式，即财务主管和结算主管均有权管理结算中心与融资中心的出纳与投资业务，财务部受行政副总裁、总裁及董事长的多重管理和领导。在双机构集中运作的前提下，多头管理带来的效率低下、管理失灵等负面影响可以有效相抵，而且，多头管理可以有效制约财务系统，防止财务风险。

结算中心的主要职能：集中管理各部门和分公司的收入，所有各成员企业或分公司收到现金收入时，都必须转存入结算中心在银行开立的账户，不得挪用；统一拨付各成员或分公司因业务需要所需的货币资金，监控货币资金的使用方向；办理各分公司之间的往来结算，计算各分公司在结算中心的现金流入净额和相关的利息成本或利息收入。

融资中心的主要职能：负责控制和管理公司负债率、公司债券的设计；对公司的结余资金进行有限的低风险投资，实现公司结余资本的保值、增值。

通过结算中心和融资中心统一管理各部门和分公司的流动资金，对于集中管理集团的现金流量、提高资金使用效率、完善财务管理有着积极的意义；降低了公司平时保持的总现金资产，从而扩大了可用于投资的资金，增强了公司的盈利能力；集团财务部门通过集中管理现金，统揽经营全局，能够发现许多单个子公司所想象不到的困难和机会；一切决策都以追求集团公司总体利润最大化为目标，有利于公司整体战略的设计和实施；可以促进公司内部现金管理专业化，提高管理效率。

结算中心和融资中心内设立了各个职能小组，如现金出纳组、银行出纳组、事后审核组、融资管理组、投资管理组等，分类履行各自的职责。

财务部中的资金管理、税务筹划、财务计划与监控、决策支持等职能分别由相应的统筹、税务、预算等岗位平台落实实施，成立收入组、成本组，完成在集团内部开展全面成本核算的工作。

3）与子公司财务部之间的协调。

根据平衡程度的不同，有三种基本的财务管控模式：集权财务管控、分权财务管控、混合财务管控。其中，混合财务管控的平衡性介于集权与分权之间。

基于L集团下属子公司交由第一副总裁主管的要求，再加上强化内部监督的考虑，我们建议采取混合财务管控模式。在保持总部财务部对子公司财务部门的必要监控的同时，尽可能激发子公司财务部对子公司运营的财务促进效应，控制财务风险的传导与扩大。具体建议如下。

第一，规范管控。总部财务部门应该负责财务管理体系的运行，相关的业务管理以及人员管理等工作，以保证集团财务管控的规范和高效，职务分工应当合理有效。

第二，融资管控。为了保持合理的资本结构，控制因融资不当而带来的融资风险，集团公司总部在相融型财务管控模式下也应牢牢把握融资管控权。L集团总部应承担的管理职责具体如下：提出发行债券、发行股票、吸收外部投资等重大融资事项的方案，严密监控集团资产负债率和借款风险；制定集团对外担保管理办法；对子公司自行决策的融资事项进行必要的检查和监督，审核子公司授权范围内的对外融资申请，审核子公司融资活动的现金流量预算并汇总编制全集团融资活动的现金流量预算，实施负债总量控制和资本结构调整优化。

第三，投资管控。L集团投资和下属公司投资应纳入集团财务战略计划，集团总部应牢牢控制对集团发展结构与控制结构产生直接或潜在影响的投资管理权以及例外投资项目的处置权。并通过财务预算管理对各类投资活动的现金流量进行控制。L集团总部对子公司投资管理的主要职责有：建立健全母子公司投资立项、审批、控制、检查和监督制度；汇编全集团投资活动的现金流量预算，参与重大固定资产投资项目方案的制订；审核子公司自行决策的投资项目及子公司固定资产、无形资产等长期性资产的变动情况；会同规划发展部门制订集团公司及其子公司的对外投资决策方案。

第四，资产管控。通常下属企业拥有资产的日常管理权，而集团公司对重要资产的处置拥有监控权。通过限制直接接触、定期盘点、记录保护、财产保险、财产监控等方式，确保公司财产的有效维持。

第五，资本运营管控。集团领导层行使集团资本变动及资本经营活动的决策权，资本运营管理部门具体负责管理和监控集团资本运行过程及资本经营活动。其主要工作如下：拟订母公司增加或减少注册资本的方案，拟订子公司资产重组方案，审批子公司重要资产的处置方案，制订母公司的税后利润分配方案，落实集团内各单位的集团资本保值增值的责任，依法审定子公司税后利润分配方案，对资本运营过程实施跟踪监控。

第六，资金管控。在相融型的财务管控模式下，L集团总部可以实行集团内部资金集中统一管理，把分散的资金集中起来，降低资金持有水平，保证集团重点项目的资金需要。可设立资金结算中心集中统一管理整个集团的资金，具体工作主要有：统一管理子公司的银行账户，调剂集团内的资金余缺，核定子公司对外付款的定额；审核预算外付款申请，审核子公司内部贷款申请；主持集团内部往来结算管理，组织集团流动资金管理；控制全集团流动资金存量和应收账款总量。

第七，费用管控。一是通过预算考核对各子公司和下属单位的成本费用进行间接管理，二是统一对外缴纳和管理下属单位所计提的各项税金、基金及附加费、保险费等。

第八，收益管控。收益管控的基本原则是下属公司的可分配利润除了一定比例的利润留成之外应该由集团公司统一支配调度。

第九，财务预算管控。母公司财务部门提前制定子公司财务预算，对各个子公司财务收支进行指导，通过财务预算制度达到对子公司财务进行监控的目的。

4）建立公司自身财务系统。

目前企业安装信息系统通常有三种方式：购买通用系统、自行研制开发、租用系统平台。其中，购买通用系统最为常见，自行研制成本巨大，而租用系统并不适用于大型公司。基于L集团本身的庞大规模所带来的财务事务的复杂性以及本身架构中存在数据中心部门，出于财务保密性的考虑，我们建议购买相对基础的财务系统，并着手进行二次开发，以基本建立财务共享系统。与之相比，当下流行的云计算模式，虽然可以以较低成本实现更多功能，同时摆脱硬件维护的成本，但是数据存储于远端服务器带来的巨大数据风险是不可避免的，对于一个大型集团来说，对数据安全风险的控制远比数据维护成本重要。

就进行财务系统的二次开发而言，需要解决不仅包括信息技术层面的问题，还包括知识产权等法律问题的协调。

5）强化财务系统投资、审核的职能。

现有的财务部运行中遇到的一个问题就是，缺乏为公司提供资产运作途径的专业部门，公司资产大量闲置；另外，公司财务审核拘泥于形式，缺乏对财务风险的实质性审核，难以为公司战略决策提供足够的财务信息支持。

我们建议L集团财务部设置统筹规划子部门，负责对公司的财务决策进行风险预审核，同时负责编制公司的财务状况表，作为税收筹划、战略决策的财务依据。

（4）人员职责、配套设施设计。

1）负责人为5～8名。

由于税收筹划、风险控制、财务决策审核等职能将由L集团财务部承担，所以，L集团财务部的规模不能过小，为了实现有效分工、提高决策效率，我们建议财务部在设置一名部长的基础上，再并行设置一名结算管理中心主管，分管不同事项。另外，设置3～5名副部长或副主管，分管具体工作。

对于负责人的岗位职权，我们认为，在分管各自基本工作的基础上，对于一些重大事项，实行集体决定制度，具体的方案是：

第一，财务负责人1/2以上可以根据当前公司战略和投资决策的专业需要决定公司一般性的财务事务，由行政副总裁、董事长进行事后监督。

第二，重大决策的通过，需要2/3以上的负责人审核通过，之后提交行政副总裁审批。行政副总裁视重要程度，自行批准、提交总裁批准或提交董事长批准。

第三，负责人的候选人由总裁提起，需要获得董事长同意，并事后通知行政副总裁。负责人可以列席公司高层会议，但是没有投票权，只能提供财务状况说明以供参考。

第四，对公司曾聘用、已聘用和待聘用的所有财务人员的相关资料建立档案，并保留记录，由公司人事部门进行整理和备案保存，便于外部监督的实施。

2）人员选任与岗位责任分配。

财务部门人员架构的建立主要包括人员选任和岗位职权两个部分，其中包括了进一步实现财务部门新职能的必要准备。根据工作性质，我们将财务部工作人员主要分为三大类，即会计岗位人员、出纳岗位人员及金融岗位人员。其中，会计岗位人员主要负责批准财务预算、编制账目等事项，出纳岗位人员主要负责资产流动控制、审核等事项，金融岗位人员主要负责投融资、税收筹划等事项。

针对L集团，我们的建议具体如表4-5所示：

表4-5　L集团财务部人员岗位具体方案

	要点	内容
财务部人员选择	人员构成	岗位设置有财务经理、总账主管、资金主管、税务主管、投融资主管、会计、出纳和税务专员，根据各种会计业务量可一人多岗或一岗多人
	年龄结构合理	年龄结构搭配合理，主要岗位选择中年专业人员，基础岗位注重对年轻人的考察，培养未来人才
	基本要求	财务部人员应熟悉国家财经法律、法规、章程和方针、政策；虚心好学，积极进取，有较强的工作责任感和事业心；认真细心、为人正直、具备良好的道德品质应作为首要筛选条件
	专业要求	应从以下三个方面对财务部人员的专业提出要求。①工作经验。财务人员应具有3年以上大中型企业会计各岗位相关工作经验。②专业背景要求。曾从事会计工作2年以上，根据各个岗位需求，选择注册会计师、具有中级以上会计职称、会计从业资格的人员。③学历要求。本科以上，会计或相关专业

续表 4-5

要点		内　　容
财务部经理及主管岗位职责		对各项财务会计工作定期研究、布置、检查和总结。严格遵守财经纪律和公司各项规章制度，不断改进和提高财务会计工作水平。负责协调财务和各部门的工作，多与其他部门联系和协调，把财务工作纳入正轨
		督促本企业加强定额管理、原始记录和计量检验等基础工作。组织本企业财务人员学习政策法规和业务技术，负责对财会人员的考核
		充分运用会计资料，分析经济效果，提供可靠信息，为企业领导决策提供依据。认真审核会计凭证和会计报表，做到数字真实、计算准确、说明清楚和报送及时
		制定的各项财务管理制度应该便于各部门管理和核算，并有利于提高经济效益。组织编制本公司的成本计划和费用预算，将各项计划指标分解、下达、落实，并检查执行情况
财务部岗位职责		编制总账科目余额表，并与有关明细账核对，保证账账相符。编制和保管会计凭证及报表。负责控制财务收支不突破资金计划、费用支出不突破规定的范围
		编制会计报表。各种会计报表做到数字真实、计算准确、内容完整、及时报送
	会计岗位职责	会同有关部门拟定固定资产管理、材料管理、资金管理与核算实施办法
		各类账户设置应做到齐全、明晰，同时设置和登记固定资产明细表。拟定本公司的成本核算办法，编制成本、费用计划，核算成本和费用
		根据财务管理制度和会计制度，登记总账和明细账，账户应按币种分别设置
		会同其他部门定期进行财产清查，及时清理往来账。编制成本、费用报表，编制利润计划，办理销售款项的结算业务。计算销售收入、成本费用、税金和利润以及其他各项收支
		根据本公司财务管理制度，负责设计、下发、清查明细表，定期组织对固定资产、低值易耗品、库存商品和物资、应收账款、银行存款和现金进行盘点清查

续表 4-5

要点		内　　容
财务部岗位职责	出纳岗位职责	办理现金收付和银行结算业务
		库存现金不得超过银行核定的限额，超过部分要及时存入银行
		严格控制签发空白支票
		编制和保管会计记账凭证
		登记现金和银行存款日记账
		保管库存现金和各种有价证券
	金融风险岗位职责	保管有关地税、国税的计算机代码证照、空白收据和支票
		负责公司投融资项目
		负责公司税收筹划
		负责公司与银行的汇率结算的谈判
		负责评估公司财务风险
		负责编制公司财务状况报告

相应地，在 L 集团，财务部由负责人和三大类岗位工作人员组成，受行政副总裁、总裁、董事长的多重领导。为了确保财务部门的稳定性，同时防止财务内部的腐化行为，我们建议对财务部门负责人采用 5 年轮岗制度，对于三大类基础岗位实行定岗制，确保公司财务事务的延续性。

3）硬件及配套软件设置。

财务部门除人员之外，还需要配备相应的办公场所、办公硬件设备以及财务系统软件。L 集团财务部门重点强调财务管理信息化，通过集团内部网络中心，将财务系统整合并入公司网络，实现财务部门管理信息化以及公司内部管理的整体信息化。

针对 L 集团财务部的软硬件配置，我们的建议具体如表 4-6 所示：

表4-6 L集团财务部软硬件的配置方案

财务部办公软硬件的配置	财务部门需要独立的办公空间	财务基本的安全与独立保障
	财务软件	一般包含如下子模块或子系统：总账管理系统、采购管理系统、生产管理系统、成本管理系统、销售管理系统、工资管理系统、客户及应收应付管理系统、报表管理系统和决策支持系统等
	建立自动化办公系统	自动化办公系统是一个动态的概念，随着计算机技术、通信技术和网络技术的突飞猛进，财务部工作与自动化办公系统相结合，提高工作效率，完成远程财务管理
	建立独立的结算中心	结算中心是企业货币资金的结算管理单位，负责集团公司资金预算执行和资金结算管理。结算中心严格执行集团公司规定的结算顺序，按照先上缴后自用、先对内后对外、先当月后陈欠等结算原则，加大支付控制力度，保证集团公司统一对外支付和上缴款项的扣划，子公司或利润部门将每日资金上缴集团公司的统一账户
	建立与结算中心相衔接的资金管理中心	融资中心是企业财产保值增值的准投资部门，通过对企业结余资本的再投资，提高公司资本的利用效率。融资中心的日常活动要严格依照法律法规进行，所调用财产必须是结余资本

L集团的财务部应当具备独立的办公空间以及严格的安保系统。整个财务部运作应建立在完整独立的财务系统的基础上，并通过统一的端口与整个公司内网络系统连接。除了财务部人员外，由于行政副总裁、总裁、董事长对财务部的管理负有职责，财务系统的权限必然需要延伸至此3人。建立独立的结算管理中心是现代公司提高财务效率的一种方式，通过独立的结算业务以及与资金结算相关联的闲置资本运作中心，大幅提高资金利用率。

4）文化建设、人员培训。

目前在世界范围内，财务专业性不断加强，新的财务准则不断出台，对集团公司财务部门的工作提出了更为严格的要求。为了适应财务准则的新变化，财务人员不仅需要入职学习，还需要具备持续学习的能力，以不断提升自身的专业性。为此，整个财务部需要营造一种持续学习的良好文化氛围，构建学习型组织。

具体而言，针对L集团财务部文化建设、人员培训机制，我们建议如表4-7所示：

表4-7　L集团财务部文化建设、人员培训机制要点

文化建设	培养学习型的财务组织	财务文化建设的宗旨是牢固树立诚信为本的财务工作，大力推行财务建设，以此充实和丰富财务文化的内涵。这是企业在处理任何财务关系时都应坚守的基本原则，也是企业与利益相关方成功开展沟通、建立互信和最终实现合作共赢的根本保证
人员培训	入职前的培训	通过讲解企业历史、规章制度、企业文化，与本企业有关的会计知识、新技能和新观念等基础教育，使新员工了解企业的发展和对本岗位的基础知识及技能的要求。熟悉会计工作流程、讲解企业现状和企业发展目标、学习工作手册等。以此培训员工对企业的归属感，帮助员工适应新的环境，融入企业文化
	定期进行会计业务培训	培训分为财务综合培训和专项财务培训。定期对财务部所有财务人员进行财务知识培训，财务知识的更新非常快，必须与时俱进，贯彻科学发展观；对财务各岗位要进行专项培训；每年要组织财务人员进行会计从业资格的继续教育培训，在新形势下做到切实增强财经法规意识、增强服务意识、履行监督职能

通过营造部门文化、健全人员培训机制，提升财务人员的专业性及认同感，将财务部塑造为学习型部门。

（5）部门运作程序设计。

由于我们调整了公司财务部、行政副总裁、总裁和董事长的职能，公司财务部的业务层主要负责日常财务事务，并向公司决策层提出财务状况报告、项目可行性报告和风险预警报告，行政副总裁、总裁负责对自己职权范围内的财务事项进行审核批准，超出自己职权的事项则移送董事长审核批准。因此，在财务部事务决策的程序上还是需要具备一定的类型化差异的。同时，财务部的统筹部门必须充分利用自身的财务系统和公司数据中心建立的现代化信息平台提供的数据和资料，以此作为公司高层决策的财务依据。

原则性的决策程序要求如下：①公司重大投资、资本运作、资产经营项目必须提交董事长审核批准；②公司一般性资产、资本项目由行政副总裁、总裁负责审核、批准；③公司日常的财务事项的处理交由财务部主管、副主管负责审核、批准。

针对具体财务部日常事务的相关决策程序，鉴于传统理论的研究相对翔实，我们不再一一重复，仅做提示性列举（见表4-8）：

表4-8 L集团财务部决策流程要点

财务部制度及流程的制定	财务部的制度建设	企业财务部需要建立如下制度：预算管理制度、资金管理制度、费用报销制度、应收账款管理制度、资产管理制度、税务管理制度、发票管理制度、商品购销存财务管理制度、投资财务管理制度和财务基础制度
	财务部的表格设计	企业财务部需要设计如下表格：预算管理表、货币资金汇总表、货币资金变动表、现金盘点报告表、备用金记账表、出纳业务明细表、出纳现金日报表、支票使用登记表、支票票期分析表、借款单、费用报销单、差旅费报销单、固定资产请购单、付款记录单、付款申请单和内部转账申请单
	财务部的流程设计	企业财务部需要建立如下流程：预算管理流程、资金管理流程、费用报销流程、成本费用管理会计流程、出纳流程、费用会计流程、固定资金管理会计流程、会计稽核工作流程、流动资产管理会计流程、收入会计流程和应收款会计流程

对于具体的决策流程与步骤，我们建议由财务部门的工作人员与公司高管合作制定，以期符合公司财务部的实际需要、具备更强的可操作性。

（6）激励制度设计。

财务部门属于敏感部门，更加需要控制人员的职业风险，对人员的要求也较之其他行政人员严格，因此可以通过相应地提高财务部人员的待遇来降低因个人待遇问题而引发的财务风险。根据上市公司对财务部工作人员的薪酬考核制度，我们制定了L集团财务人员的激励制度：

第一，人力资源部负责制定不同层级财务人员的薪资与待遇方案。财务人员的年度薪酬由基本年薪和绩效年薪、年终奖金构成，薪酬范围允许达到基本年薪的2～4倍。

第二，基本年薪是年度的基本薪酬，按月平均发放，具体金额由董事会依据公司经营规模、经营难度、行业特点、市场薪酬水平以及财务人员所承担的具体职能职责来决定。绩效年薪由董事会根据公司财务报告审核结果决定具体金额。

第三，考核实施季度和年度考核。季度考核在每季度次月中旬进行，年度考核在本年度结束后考核。考核指标分为定量指标、定性指标、扣分指标三大类。根据实际得分计算绩效年薪，绩效年薪等于绩效年薪基数乘以综合评价得分率。

（7）风险防范制度建构。

除了上述制度设计中包含的间接风险控制方式，为防范财务部可能存在的法律风险，L集团需要建立并完善以下专门的风控机制。

第一，完善财务部工作机制。建立授权审批制度，明确投资财务部及其工作人员的职责权限，建立并完善财务部的部门规则和工作程序，同时规定财务部相关人员的违法决策、违反程序决策或越权决策的法律责任。

第二，完善公司保密制度和委员会保密条款。建立并完善公司保密制度，要求财务人员遵守保密义务，同时规定财务成员擅自披露公司财务情况的法律责任。

第三，做好权限管控。L集团必须对财务部内部事务和公司财务事务做好权限管控，防止财务部内部与公司内部可能出现的权限不清。要充分考虑到所面临的各种情况，通过财务内部和公司内部的权限划分以及财务决策的程序保障，确保公司财务的正常、高效运转，保护公司的财务秘密。

第四，建立完善的决策后评估和调整制度。公司财务部必须通过考察财务事项的执行过程和结果，对财务决策的科学性和风险性进行再评估，检查对财务项目的执行效果，确保及时发现问题、总结经验，及时对公司财务决策进行调整。

第五，建立完整、及时、有效的信息沟通体系。信息沟通和反馈贯穿着财务决策的整个过程，对公司治理信息化是否成功起到至关重要的作用。公司财务部必须配合网络中心建立有效的财务信息收集和反馈机制，以确保财务信息通道的畅通性、财务信息存储的安全性以及财务信息利用的有效性。畅通性和安全性主要依靠网络中心来实现，集中体现在公司软硬件方面，而有效性则需要财务部门和公司管理层共同实现，定期汇总、汇报信息，决策前必须将公司财务状况纳入决策考量因素中。

(8) 财务部的架构。

本着缩小后勤规模进而提升效益，同时尽可能满足 L 集团财务需求、控制 L 集团财务相关风险的目的，我们认为 L 集团财务部可以采取一种双头管理并行、多头共管的平衡架构，建立内部人员相互合作、相互监督的机制，从而减少风险发生的可能性。

在简化并统一基本会计收支管理职能的同时，增设预算组实现与子公司的衔接，增设统筹主管作为决策依据提供者，增设税务组统一管理公司纳税报税事务，增设结算中心实现代替出纳职能，增设融资中心作为公司债券发行、投资管理的负责机构，并由结算主管与出纳主管并行管理。具体如图 4-1 所示：

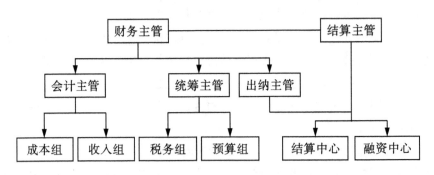

图 4-1　L 集团财务部架构

2. 人事部门的职能、权限与风险控制

（1）现状。

人事部所面临的法律风险首先是劳动合同风险。L集团作为用工主体，必须根据所处的法律环境来加强员工人事管理和法律风险防范工作。其次，作为集团公司的母公司，人事部享有的权限较大，但极容易和别的部门相重叠。尤其是劳动管理方面的权责不清，会造成效率低下、集团人力资源战略得不到有效执行等问题。最后，人事部作为绩效考核的主管单位，其本身的绩效考核也十分重要。只有人事部自身的绩效考核做好了，才能做好集团公司的绩效考核。

（2）职能与权限。

为了实现人事部门的管理职能，我们认为L集团人事部门可以在原有的人事部门基本架构（即人事管理、考勤管理、薪酬管理）的基础上，增设发展培训和招聘管理两个子部门。发展培训组主要面向员工发展，为员工事业发展提供基本平台，同时对员工进行企业文化的推广，以及企业忠诚意识的培养；招聘管理组主要负责人才引入和人才预培训。具体如图4-2所示：

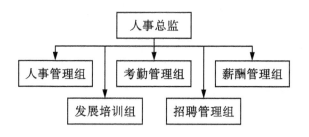

图4-2 L集团人事部架构

此外，应根据需要为人事部门内部员工明确各自的工作职责，并制定相关的业务流程。表4-9梳理了人事部门应当实现的业务功能，并给出了人事部门内部职能划分的示例。

表4-9 L集团人事部门职责及业务流程划分示例

组别	业务功能	业务流程	备注
人事管理组	人事行政管理的业务主要涉及员工人事行政信息的维护和日常人事事务的处理。信息维护：个人数据、奖惩（行政或党内）信息、家庭成员及社会关系、学历信息、证件信息、特殊日期记录、政治面貌信息等。人事事务的处理：员工入职管理、调入、调出、岗位变动、外派/外借、离岗（包括外派离岗的特殊情况处理）、结束外派/外借、减册、重新录用、合同管理、人事档案管理等	员工入职管理、劳动合同签订管理、员工试用、见习管理、员工入职管理、劳动合同签订管理等	—
考勤管理组	对员工工作班次的管理，按排班规律自动生成员工的班次，也可以按班组和部门做个别调整，记录员工的各种休假和考勤信息。对休假进行定额管理，精确管理员工可休假的天数。包括年休假定额、疗养假定额、有薪事假定额、倒休定额。对员工加班的管理，记录加班时间和补偿类型，如支付加班工资或给予补休	考勤管理、轮班管理、休假管理、加班管理等	考勤管理模式大致有三种，结合L集团人事部权限缩减的实际，我们建议选择精细化管理模式，对有限职权内的人员进行精细化管理
薪酬管理组	薪酬变动、工资发放、社保以及公积金等	—	—
发展培训组	职业资格管理、员工职称、学历管理以及培训计划等	—	—
招聘管理组	主要负责对人才引进进行控制，确保人才引入的可靠性，兼顾集团形象宣传职能，配合公关部扩大集团影响力，为引进优秀人才创造条件	—	—

3. 工会组织权责、激励与风险控制

（1）现状。

L集团现拟让行政副总裁负责联络工会工作，工会主席与行政副总裁相互配合，完成工会的相关活动。工会的主要职责是代表员工协调与公司的人事关系。

由于我国《公司法》《工会法》等法律明确规定了工会的基本原则与职能，所以我们建议，L集团在改变工会职能以更好地为集团服务的同时，应当保留传统工会的基本职能，以满足合规范性的要求，防范合规风险。同时，我国法律对工会的角色定位有着比较明确的规定，工会具有相对独立的组织地位，而非简单地隶属于公司行政副总裁或其他公司管理者。公司部门与工会之间存在着一定的界限，不能简单地将工会作为公司职能部门来对待。另外，工会对公司运行存在着一定的影响力，同时工会的运转依赖公司的各项支持。工会与公司之间关系密切，安排不当会影响公司运行、占用公司资源，反之则会有助于公司运行、降低对公司资源的占用。

工会成员通过独立的推选程序产生，不要求具备特定的专业知识，但是为了更好地实现职能，可以考虑加入一部分拥有人力资源、心理学方面知识的人才。工会的人事关系相对独立，由董事会、监事会监督，在工会主要成员违反相关规定、不履行自身义务的情况下，经监事提起、董事会批准，董事长可以撤销工会主要成员。行政副总裁负责与工会的联络工作，对于工会的重大事项，如集体谈判、员工待遇等，则及时通知董事长及有关人员共同商讨，以此实现工会的独立运行，减少不必要的风险。

考虑到人才激励制度、企业文化的重要性，在保留其法定职能、厘清职能边界的前提下，我们试图从人才激励和构建企业文化两方面来探讨新型民企工会的变革。在传统工会架构之下设置社会工作组，承担一部分公司职能，协助公司人事部处理员工关系、开展公司文化建设。

（2）职能设计。

首先应当明确工会的定位。按照L集团提供的框架，工会是由副总裁负责协调，并与其他公司内部行政部门同处一个序列，因此，工会本身职能应当与之匹配。再考虑到民营企业工会的特殊性，我们认为工会本身在维护职工权利的同时，也应当为公司的发展承担一部分职责。由于民营企业中工会的作用有限，因而其对于工会的风险控制反而处于次要地位。

具体而言，考虑到工会本身的性质以及其与员工之间联系紧密的特征，我们认为工会在组织员工、建设企业文化与人才激励方面具有巨大的潜力，工会的架构设计应当充分利用这种潜在优势，将其转化为企业实际优势，切实帮助公司降低人才流失的风险。由此，我们进一步认为，L集团的工会设计可以从维护员工利益、构建企业文化和人才激励管理三个方面着手，实现维护员工利益、留住人才的双重目标。

工会职能权限的设计应当遵循以下几个原则：

首先，应当尊重工会的相对独立性，由行政副总裁负责联络、协调工会主席。根据《工会法》等相关法律法规，L集团不宜在行政副总裁与工会主席之间设置明确的上下级隶属关系。如果有必要，我们认为可以由行政副总裁兼任工会主席。

其次，工会在机构设置符合法律规定且具备法定职能的前提下，应当尽可能地精简不必要的机构，以减少对公司资源的不必要占用。

再次，工会作为员工代表和集体谈判机构，对于公司正常运营具有重大的影响。为了保障公司的运营效率，应当尽可能地减少工会对公司日常运营的干预。

最后，工会应当尽可能实现职能化、现代化，以满足现代公司对工会人事功能的基本要求。

工会的职能主要有如下几点：

第一，员工集体待遇协商（负责与公司协商员工的集体基本待遇问题）。

第二，员工问题反映与解决（及时了解员工的问题，及时解决或向公司反映）。

第三，员工活动组织（负责宣传、组织各项职工活动，丰富员工文化生活）。

第四，员工关怀（工会通过企业社会工作计划、员工辅助计划以及员工心理帮助计划，全方位关心员工、帮助员工解决在工作、生活中遇到的困难，以弥补人力资源部门行政管理的不足，提高员工的忠诚感，以更好地为公司服务）。

第五，文化培训（将工会传统的员工文化活动职能与公司公关部的文化宣传职能相结合，共同建设公司对内、对外的企业文化；同时配合人力资源进行适当的员工综合素质的基础培训，分担人力资源的部分职责，提高人事培训的专业性)。

L集团工会的职权设置中需要注意的风险是：

第一，不能受到公司的过度干预，也不能过度干预公司运营。

为了保持工会地位的独立，行政副总裁仅负责与工会的工作协调事宜，不具备管理职能，与工会相关的重大事宜可以报告董事长处理。同理，工会也不属于公司职能部门，不得干预公司日常运营。必要时，工会主席可以由公司高级管理人员兼任，但两者身份最好加以明确区分。

第二，属于补充性职能，不能替代常规公司的职能部门。

工会不承担独立的公司部门职能，在独立开展工会内部工作的同时，主要配合人事、公关等公司对相关人力资源管理、公司文化建设承担辅助工作。

(3) 职责内容设计。

由于我国《公司法》《工会法》等法律明确规定了工会的基本原则与职能，所以我们建议，L集团在改变工会职能以更好地为集团服务的同时，应当保留传统工会的基本职能，以满足合规范性的要求。

考虑到人才激励制度、企业文化的重要性，在保留其法定职能的前提下，我们试图从人才激励和构建企业文化两方面来探讨新型民企工会的变革。

为了明确公司与工会的定位与职能，我们对L集团改革工会制度的建议是：

第一，保留工会的传统职能。工会的传统职能主要包括代表权、维护权、参与权、协商谈判权、监督权五项权利，均在相关的法律、法规中有具体而明确的规定。作为法定职权，工会应当然具备。为了规避工会的合规性风险，对于工会的法定职权，不宜多做干涉。但要严格界定职能边界，厘清工会的功能与定位。

第二，引入社会工作机制。发挥工会在人才激励方面的作用，联系人事激励中"远景引人，事业聚人，工作育人，情感暖人，待遇留人，招聘选人"的远景规划，在工会工作中引入社工机制，对于关怀员工，以实现情感留人具有重要作用，可以降低人才流失的运营风险。

工会工作即将扮演的角色是准社会工作，为企业社会工作的介入提供了组织保障。企业工会与社会工作相关的内容主要有：提供职工福利，关注企业职工成长，困难职工或家庭建档、帮扶，疏导职工心理压力，协调职工之间的矛盾和冲突，为企业职工争取合法权益。

社会工作在工会工作中的应用可以从以下几个方面入手，具体如表4-10所示：

表4-10 工会工作中的社会工作内容

介入角度	具体内容
员工职业健康	员工的职业健康是职工一切权益的基础。维护职工的合法权益最重要的部分是维护职工的生命健康权。鉴于L集团即将投身于大健康产业，在职工福利中加入健康检查等项目将产生良好的示范效应和福利效应，因此，可以预见比较好的实践效果
员工职业生涯规划	员工职业生涯服务包括员工生命历程所涉及的工作及其个人整个生活的所有事件，服务旨在提供个体工作信息和生涯决策的协助，增进组织效率和配合员工需求，其结果使员工获得工作满足、工作尊严和个人成长，组织则从员工的发展获得有效率的劳动生产力。职工职业生涯服务领域应该包括：职场适应、职场发展、职业调动、离退休辅导
员工协助计划（EAP）	员工协助计划是通过对企业的诊断，为企业管理者、员工以及员工家属提供咨询、教育、培训，帮助企业员工摆脱困境，缓解劳资关系，构建和谐劳动关系。职工协助计划（employee assistance program，EAP）来源于美国企业社会发展的第三阶段——全面拓展期，职工协助计划的外延从戒酒方案扩展到婚姻、家庭、心理、财务、法律等方面，之后在欧美国家得到广泛应用。企业对职工人文关怀的一大体现就是EAP项目的实施和发展。EAP项目事实上是对前述两项的扩展和延伸

第三，构建职工文化和企业文化。为了配合L集团情感留人、事业留人的理念，工会在工作中可以进一步强化文化宣传职能。为了与人事、公关部门的企业文化相区别，工会将着力于企业职工文化，着眼于公司人员流动风险。

工会参与公司文化建设的宗旨是要协调公司与员工之间的人事关系，大力推行公司人文文化的品牌建设，以此充实和丰富公司文化的内涵。

职工文化活动主要有三方面的功能：教育功能是指职工文化必须使职

工个体获得生存素质、发展素质和享用素质。社会功能是指职工文化通过提高职工的满足度来促进社会的和谐。这里需要强调的是职工文化的"娱乐功能"。过去我们在强调职工文化的教育和社会功能时，常常忽略了它的娱乐功能，因而，在提倡寓教于乐时，也出现了反对单纯娱乐的倾向。其实，现代生活使我们越来越多地感受到，不少业余活动常常因为能给人以轻松愉悦、自我发泄的效果而为职工们所欢迎。

第四，细化工会活动规则。工会活动规则主要包括工会主席的选任、工会的活动范围、工会活动的物质保障和工会的职能等方面的内容。在《工会法》规定的基础上，对工会活动规则加以细化，既是对工会活动正常开展的保障，也是对工会过分干涉公司正常经营的限制。制定明确的工会活动规则有助于协调工会与公司之间的关系，对保障各方利益有着重要意义。

（4）人员选任及岗位职能设计。

1）工会主席的选任及职责。

由于工会定位的特殊性，公司与工会之间既需要保持一定的联系，又需要防止工会与公司关系过于紧密。工会主席作为工会的最高负责人，对工会的运作影响巨大，而保持工会与公司之间的良性互动，首先要从工会主席的人员选任着手。对于工会主席的选任，我们提出两种方案：

第一，工会主席单独选任，由工会及行政副总裁协商并提出候选名单，可以与行政副总裁协商，由董事长提交董事会批准。

第二，考虑到公司体系的协调一致，工会主席可以由公司高级管理人员兼任；但是又考虑到职能分离，我们建议可以由前公司高管担任行政副总裁兼任工会主席，同时由总裁、董事长对行政副总裁进行必要的监督。

2）岗位职能设计。

工会架构需要精简，以防止机构人员冗余。岗位的设计主要包括人数规模的控制和岗位职责内容两个部分，其中包括了实现工会新职能的必要准备。根据主要工作任务，我们将工会分为三个组别，即财务职能组、企业社会工作组及组织宣传组。其中，财务职能组主要负责工会财务事务、行政后勤等事项，企业社会工作组主要负责企业内部的员工关怀项目，主要以团队形式开展工作，组织宣传组主要负责实现传统工会职能、企业文化建设等事项。

针对L集团工会人员的岗位职责安排，我们的建议具体如表4-11：

表 4-11　L 集团工会岗位具体方案

要点		内　　容
工会人员岗位职责	财务职能组岗位职责	负责工会财务会计工作。严格遵守财经纪律和公司各项规章制度，不断改进和提高财务会计工作水平。负责协调工会财务和公司财务之间的工作，保证工会财务状况良好
		组织编制本公司的成本计划和费用预算。促进工会加强定额管理、原始记录和计量检验等基础工作。认真审核会计凭证和会计报表，做到数字真实、计算准确、说明清楚和报送及时
		负责处理工会行政事务，协助工会主席进行工会活动的日常管理，协调工会与公司之间的关系
	企业社会工作组岗位职责	负责员工福利的实现，包括员工定期体检、联谊交流等
		负责员工职业规划的辅助工作，帮助员工更好地规划自身的职业发展
		负责对员工进行帮扶计划，解决员工在工作、生活中遇到的各种问题，辅以必要的心理辅导
		负责配合公司人事部门开展员工教育、辅导等帮扶活动
	组织宣传组岗位职责	负责员工集体待遇问题的协商事宜
		处理员工内部纠纷、矛盾
		协调员工与公司之间的人事纠纷处理事宜
		组织员工开展业余活动、丰富员工生活
		协助进行企业文化教育
		开展企业文化宣传活动、公益活动

相应的，在 L 集团，工会由工会主席和三组工作人员组成，不受公司行政副总裁的直接管理干预，但与公司经营相关的活动开展需要事先与行政副总裁进行协商、沟通，合作进行。工会主席的人选由董事长、职工或高管提名，职工会议通过，董事会通过核准。为了确保工会的独立性，同时防止工会干预公司的正常运营行为，我们建议对工会主要负责人采用长期任期、定期考核的人事制度。对于工会工作人员实行定岗制，以确保工会工作的稳定性、延续性。

(5) 工会运作程序设计。

由于我们调整了公司工会、人事部门和行政副总裁的职能，工会的职能组主要负责工会自身运转、与公司职能部门沟通协调、成为员工集体利益代表、制订员工辅助与关怀计划，并向公司人事部门提出人力状况报告，工会主席、行政副总裁负责对自己职权范围内的相关事项进行审核批准，以厘清职能关系，减少不当干预的可能。

原则性的决策程序要求如下：

第一，员工集体待遇的变动事宜由工会会同人事部门、行政副总裁协商处理，涉及重大变动的事项必须提交董事长批准。

第二，工会一般性活动，如员工帮扶、业余活动等，由工会主席独立负责。

第三，工会日常的职能性活动交由各组成员自行负责。

对于L集团的工会章程，我们建议由工会的工作人员与公司高管协商制定，由员工会议批准，并报董事会秘书备案，以期符合公司与工会双方的实际需要，具备更强的可操作性。

(6) 激励制度设计。

工会属于外部部门，对人员的要求相对比较宽松，因此工会人员的待遇可以相对独立于公司人员。根据一般性公司对工会工作人员的薪酬考核制度，我们制定了L集团工会成员的激励制度：

第一，工会主席的薪资待遇由董事会单独制定，工会财务组负责制定不同层级工会成员的薪资与待遇方案。工会成员的年度薪酬由基本年薪和年终奖金构成，薪酬范围不超过基本年薪的2倍。

第二，基本年薪是年度的基本薪酬，按月平均发放，具体金额由董事会和工会财务组依据市场薪酬水平以及工会成员所承担的具体职能决定。

第三，实施年度考核，在本年度结束后考核。考核指标分为定量指标、定性指标、扣分指标三大类，根据实际得分计算年终奖金。

(7) 风险防范制度建构。

为防范工会改革可能存在的法律风险，L集团需要建立并完善以下制度规则。

1) 保障工会的正常运作。

公司对于工会的日常运作不得加以干预，并为工会的正常运作提供必要的保障。保持工会的正常运作，这是《公司法》和《工会法》对公司与工会提出的基本要求。

2）明确工会职能界限。

建立明确而清晰的工会职权清单，确定工会的职能界限，防止工会过度干预公司的正常运转。同时规定工会成员违规行为造成公司损失的具体责任。

3）建立完善的工会与公司的协调机制。

L集团必须对工会内部事务和公司相关事务做好分工，防止工会内部与公司内部可能出现的权限不清的状况。要充分考虑到所面临的各种情况，通过工会内部和公司内部的分工协作，确保公司与工会的正常、高效运转。

4）建立完整、及时、有效的信息沟通体系。

信息沟通和反馈贯穿着公司运作的整个过程，对公司治理信息化是否成功起到至关重要的作用。工会需要配合公司网络中心建立有效的员工信息收集和反馈机制，确保人力资源信息通道的畅通性和人力资源的稳定性。畅通性和稳定性主要依靠网络中心协同工会和人事部门来实现，防范公司潜在的人力资源风险，防范公司潜在的人力资源风险，包括劳动风险、人员流动风险。

（8）工会的架构。

本着缩小规模，减少对公司正常运营的不必要干预，同时尽可能发挥工会优势，弥补集团人事部门的不足，防止人员与机构的冗余，我们建议在传统的工会框架上进行如下改变：增设社会工作组，维护和保障员工利益，关心员工的实际生活，以实现情感留人，弥补单纯依靠公司人事部门产生的机械、僵化的人事关系，控制人员流动风险；将传统的宣传机构、组织机构合并，简化工会机构，强化与员工联系的职能，配合公关部共同构建企业文化；在机构精简的基础上，取消秘书处，将其职能并入财务组，简化工会内部的机构设置。上述部门各自推选一名负责人，由工会主席统一领导。

针对L集团，我们建议采取集约化的架构设计，最大限度精简不必要的部门，突出职能部门的地位。具体架构如图4-3所示：

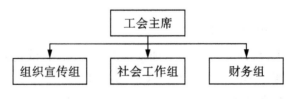

图4-3 L集团工会框架

这种结构能够适应公司赋予工会的工作职能，尽量减少部门的增设，保证工会结构的精简性与职能的合规性，强化工会在企业发展和员工利益保障两方面的作用，减少工会过度干预公司正常运行的可能性。同时，由L集团行政副总裁负责与工会主席的联络事宜。

4. 法务部门的职能、权限与风险控制

（1）现状。

因L集团法务部门隶属于L集团的后勤部门，主要负责企业内部法律风险防控，然而因法务部门权限限缩，而且今后发展需要实现人员的精简化，故优化完善合同审核管理制度、规范法务非诉讼工作是法务部职能优化的重点。

（2）职能和权限设计。

1）规范合同审核流程。

建立健全公司各级机构的合同签订、管理制度，监督、指导各下属机构的合同管理工作，协助档案室做好合同备案工作，进行合同的复核工作，进行其他合同管理工作。一个健全的合同审核管理工作流程如图4-4所示。

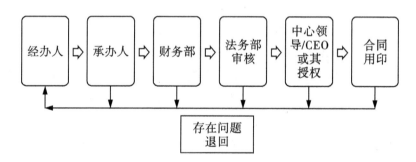

图4-4 合同审核流程

2）明确合同审核职责。

法务部门合同审核职责主要体现在，合同申请公司用印流程中法务部审核把关。法务部对经过上述准备阶段后提交用印流程的合同内容的合法性和严密性进行全面审核，主要包括：

第一，合同内容的合法性审核，合同约定的双方权利义务等内容要符合相关法律、法规的规定，并不得损害国家利益和社会公共利益；审核合同内容的严密性，使合同的结构完整，各项法律要素齐全，语言表述清晰，语句通顺，不易产生歧义。

第二，审核合同承办形式，审查合同主体资格的合法性；合同相对方是否具有经年检合法有效的营业执照。

第三，合同涉及的标的应符合当事人的经营范围；由代理人代签合同的，审核其出具的法定代表人身份证明书、授权委托书、代理人身份证明等证明文件。

第四，法务部认为需要审核的其他内容。对格式不完备的合同或空白合同，审核法务有权拒绝审核。如合同经办人员未提供合同相对方的资质材料，合同审核法务可以拒绝审核。明确规定应提交总公司申请盖章的合同文件必须经公司法务审核同意，法务须在合同用印审批单上签字。公司应尊重合同审核法务的专业意见，按照合同审核法务的法律意见与合同相对方协商修改合同。未经合同审核法务审核同意的合同不得上报总公司申请盖章。

3）完善合同审核的具体要求。

合同审核法务出具的合同审核法律意见书应该明确的事项主要包括：合同相对方是否具备合同签约资格，如采购类合同需明确是否已经审核对方的营业执照，营业执照上是否有最新年检记录；房屋租赁合同需明确是否已经审核出租方的房屋产权证明材料，该房产是否存在共有情况，其他共有人是否已经出具同意出租的承诺函等；合同基本要素是否齐全；合同双方权利义务约定是否明确；反商业贿赂条款、函件和反洗钱补充协议是否齐全；是否同意签署合同；对不同意签署的合同，应明确提出具备可行性的修改意见及问题解决方案。

规范法律意见书、格式法律意见书应当一事一议，要求格式规范、依据充分、分析透彻、逻辑严密、表述准确。法律意见书一般包括标题、主送、正文、附件、落款五个部分。法律意见书正文一般包括：问题缘由，包括论证事项来源；法律依据，包括适用的法律法规、规章及有关文件；法律论证，包括对合同是否签署的重点问题的法律分析及相关论证；是否同意签署的结论性意见；相关事项的说明；落款部分需有法务签字。

4）健全外部诉讼业务管理。

在设有企业法务部开展工作的同时，公司并不排斥聘用外部律师。公司对于一些专业领域特殊以及由内部法务部处理不经济或法律程序不允许的情况下，聘用外部律师来处理这类法律事务，这在世界各国都是共同的。鉴于L集团法务部仅处理集团内部法律业务，故对于外部法律业务仍然需要由外聘律师处理。

然而，因为外部法律业务可能涉及公司的商业秘密等信息，若全部交由外聘律师处理则不利于对商业秘密等信息的保护。

故L集团的案件管理，采取外聘律师与L集团法务人员内外分工配合协作的方式。重大法律纠纷案件由资深律师事务所出具意见并实际承办，L集团法务人员跟踪管控；标的或影响相对较小的案件由L集团法务人员直接处理，保证在第一时间控制风险。

5. 公关部门的职能、权限与风险控制

（1）公关部组织架构。

公关部在组织中的地位，表现为它是组织的信息搜集中心、信息发布中心、环境监测中心、发展预测中心、公众接待中心、内外协调中心，在各种不同的组织中，公关部是有的是最高领导者或部门直接领导的，也有的是组织及其部门负责人所组成的专门委员会领导的。

就L集团而言，公关部是位于副总裁领导下的后勤部门之一，综合处理L集团的公关事务。然而公关部权力位阶下降所带来的影响较小，同时传统公关部门的组织管理等已经较为成熟，只需要在原框架下继续发挥公关部的职能，致力于实现企业良好的经济效益与社会效益。一般公关部的组织架构如图4-5所示，而企业可以根据自身经营的特点加以调整。

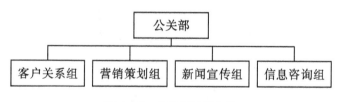

图4-5 公关部组织架构

（2）公关部职能范围。

公关部作为组织内部专门执行公共关系职能的机构，其职能范围主要包括以下方面：

第一，舆情监测的职能。

舆情监测系统可以帮助公关人员了解企业话题、追踪敏感信息，第一时间掌握负面信息，从而拥有更充足的时间，采取有效措施，处理危机。舆情监控同时也是公共关系原则中事实在先的体现，只有调查了解掌握了事实,才能有的放矢地进行公共关系活动。

第二,企业形象整体建设职能。

担任或支持企业新闻发言人的职能,制订企业整体传播计划,如设立专业团队为公司品牌设置认证微博,构建良好的企业形象。

第三,设置网络和电话投诉中心。

通过设置网络和电话投诉中心拓宽与外界的沟通渠道,方便与客户沟通,保持与客户的紧密联系。

第四,危机公关与危机管理的职能。

公关部作为预警系统的一部分也担负着重大任务和复杂的工作,良好的危机公关处理机制,有利于构建良好的企业形象。

第五,公关部危机管理优化模式。

危机公关具体是指机构或企业为避免或减轻危机所带来的严重损害和威胁,从而有组织、有计划地学习、制定和实施一系列管理措施和应对策略,包括危机的规避、控制、解决以及危机解决后的复兴等不断学习和适应的动态过程。危机管理模式的优化,对于 L 集团的长远发展有重要意义。

(3) 危机公关处理。

按时间性可把公关危机管理分为两个阶段:一是危机发生前的预防准备阶段,二是危机发生后的处理阶段。

1) 危机发生前的预防准备阶段。

具体而言,决策层充当着舵手的角色,掌握着整体方向。公关部作为预警系统的一部分也担负着重大任务和复杂的工作。(见图 4-6)

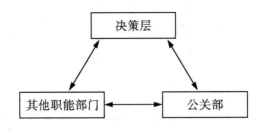

图 4-6 公关部与集团其他部门的分工

首先,根据不同情况和企业不同发展阶段的需要,确定不同的工作侧重点和开展不同形式的公关活动。同时,建立公众信息中心,进行适当的广告宣传,在增加企业美誉度的前提下,提高企业知名度。

其次，加强对企业各层级人员的培训，提高其公关危机意识。一方面对企业高层人员要培养他们临"危"不惧、把握时机、化险为夷、变危机为契机的能力。另一方面定期请国内外知名的公关人士对全体员工进行培训，以增强其责任感、集体荣誉感和危机意识，实现企业全员公关。

最后，建立强大的资料数据库。由于危机事件具有突发性和快速蔓延性等特征，这就要求在处理上必须准确而迅速。为了保证处理的时效性，必须在危机发生前做好资料准备，以备不时之需。

2）危机发生后的应对模式与操作流程。

现代社会无疑是风险社会，而突发状况的应对，则关系着企业的外在形象、品牌声誉等，故优化危机应对措施显得尤为重要。如今危机公关的应对模式已经日臻成熟，有事实导向策略和价值导向策略应对模式可供参考，鉴于L集团今后精简行政部门的需求，以及L集团作为控股公司，危机公关的风险较小，故建议在危机公关的处理上采取价值导向策略，具体操作流程如图4-7所示：

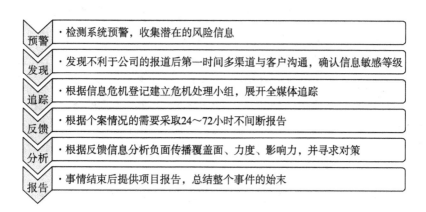

图4-7 危机公关基本流程

4.3 背景材料与案例

4.3.1 公司内控体系与治理模式

20世纪90年代，美国管理学家哈默（M. Hammer）与钱皮（J. Champy）提出了企业再造理论，并在此基础上发展了扁平化理论。扁平化理论出自组织结构的概念，就是指在组织的决策层和操作层之间的管理层级越少越好，以便组织尽最大可能将决策权延至最远的底层，从而提高企业的效率。中间管理层级的减少，使得管理者更容易捕捉市场动态，底层员工也更容易了解管理者的决策意图，提高了企业的办事效率，实现了部门的职能转换，节省了管理成本，更重要的是提高了管理效能，加速了横向和纵向的信息沟通，减少了管理指令传递的层次和中间环节，缩短了管理半径，加大了集约化管理的力度。

传统管理理论大多是围绕层级结构的组织特点提出的，如"经营管理理论之父"法约尔提出的"管理十四条原则"。按照法约尔的理论，上级不能越级指挥，下级不能越级请示汇报。这在传统理论中被奉为经典。但层级结构的组织形式和与之相适应的经典管理理论，遇到了强大的挑战。如按照法约尔的理论，IBM最高决策者的指令，要通过18个管理层才能传达到最基层的执行者，不但时间极其缓慢，而且传递过程中的信息失真、扭曲程度可想而知。

层级结构的组织形式，在相对稳定的市场环境中，是效率较高的一种组织形式。但其遇到了两方面的强大挑战，一是企业组织规模越来越庞大，产生了一大批被称为"恐龙"的超级跨国公司，企业管理层次已经多得难以有效运作；二是外部环境快速变化，美国英特尔公司董事长葛洛夫有一句经典的话来概括这种变化："现代社会，唯一不变的就是变化。"葛洛夫为此提出了"十倍速变化理论"。外部环境的快速变化要求企业快速应变、具备极强的适应性。而管理层次众多的层级结构所缺少的恰恰是一种对变化的快速感应能力和适应性。

当借助现代信息技术使扁平化管理更具效率时，即是虚拟扁平化。虚拟扁平化是在传统金字塔组织结构的基础上，应用现代信息处理手段达到扁平化的基本目的，即在传统层级结构的基础上，通过计算机实现信息共享，不必通过管理层次逐级传递，从而增强组织对环境变化的感应能力和快速反应能力；通过计算机的快速和"集群式"的方式传递指令，能达到迅速、准确发布指令的目的，避免失真现象。

【案例4-1】虚拟扁平化最典型的案例是微软的"数字神经系统"

微软的日常工作都基于"数字神经系统"，数字可以告诉员工许多故事，帮助员工做出决策。微软的"数字神经系统"的一个最大的好处是，它能让坏消息传得快，当公司的"肌体"任何地方出了问题，就不必等一级一级汇报上来、等问题大到无法解决时才被决策者发现。

4.3.2　行政决策层的治理与风险防范

行政副总裁人数设置的模式不同，其行使职权的界限亦有所不同。行政副总裁职权源于总裁的授权，主要要点包括：①明确与总裁的关系；②明确与其他副总裁以及子公司之间的关系；③明确其管辖部门与董事会职权存在交叉之处的关系。

【案例4-2】人福医药（国有上市公司）

行政副总裁主要职权：

（1）副总裁作为总裁的助手，协助总裁工作，对总裁负责并在职责范围内签发有关的业务文件。

（2）总裁临时不能履行职责时，由总裁指定的副总裁代行职权。

【案例4-3】上海华源制药（国有上市公司）

副总经理职权：

公司设副总经理3～5名，副总经理协助总经理分管公司生产经营、项目投资及项目实施、行政事务、财务管理等方面的事务，副总经理应严格履行职责并依照总经理要求，及时提供分管事务的工作报告、工作方案等相关资料。副总经理有责任就公司经营发展与管理向总经理提出建议和改进措施。副总经理行使工作职权时，应严格遵守公司的《董事及高级管理人员行为准则》。

【案例4-4】安徽丰原药业（国有上市公司）

副总经理主要职权：

（1）副总经理就其所分管的业务和日常工作对总经理负责，并承担相应的责任。

（2）有权召开分管工作范围内的业务协调会议，会议结果向总经理报告。

（3）副总经理可受总经理的委托，代行总经理职权。

(4) 副总经理可以向总经理提议召开总经理办公会。

(5) 在总经理授权的范围内，决定所分管的事项及审批相关费用和支出。

(6) 总经理授予的其他职权。

4.3.3　总部职能层的治理与风控模式

1. 财务部门的架构、职能模式比较

(1) 财务部主要职能。

在功能和权限方面，与L集团的决策委员会最相近的是上市公司董事会设立的战略委员会。不同的是，上市公司战略委员会的组成成员是董事会的执行董事和独立董事，而不是外聘的专家。

作为一个公司内部的核心部门之一，财务的职能主要有如下几点：

1) 记账。

2) 控制。

3) 分析。

针对组织面临的市场、竞争及内部管理环境比较复杂、信息比较庞杂的状况，需要进行选择和分析以支持各种决策。

4) 财务效益。

这项职能指财务部门主要是通过税务优化、营运资本的管理，来避免不必要的多纳税、资金闲置及造成资金损失，从而直接为企业产生经济效益。

5) 资本运作。

这些职能即财务部门运用资本手段使企业进行较大规模的快速扩张，进入多元化扩张和发展的状态。

(2) 财务部门设置的目标。

通过财务部门的架构设计，实现以下几个目标：

首先，财务部门应当能够为决策委员会提供完整的财务分析报告，帮助规避公司决策中的财务风险。其次，财务部门应当满足现代企业财务的基本要求，同时尽可能精简机构。最后，财务部门作为内部控制的关键点之一，应当与子公司财务相衔接；财务部门应当尽可能地实现信息化办公。

（3）财务构架模式的比较分析。

目前企业财务部设计主要分为两种模式，一是传统的会计出纳中心模式（见图4-8、图4-9），二是当下主流的财务管理中心模式（见图4-10、图4-11），具体比较如表4-12所示：

表4-12 财务架构模式比较

	会计出纳中心模式（传统）	财务管理中心模式（主流）
简介	传统企业财务结构侧重于对公司内部的财务收支进行管理，设有专门的会计和出纳人员，同时为了防止舞弊，往往采用双重机构的模式，以便于互相制约	现代企业对于财务的要求大大超出了会计收支的范畴，为了适应自身复杂的财务工作需要，往往设立多个高度专业化的子部门，专业分工细化，职能更加多样
优势	规模小，人员相对精简，运营成本比较低	职能部门齐全，能够有效适应公司内部各种财务职能的需要，同时专业的分工让整个财务部门的运行效率明显提高
劣势	难以适应现代公司内部处理复杂财务事务的职能需要，同时双重架构的设计导致运行效率低下，人浮于事	过于复杂，机构规模比较庞大，运行成本比较高

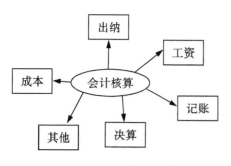

图4-8 会计出纳中心模式

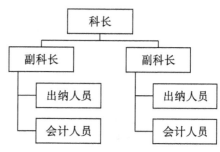

图4-9 传统企业财务部门组织结构

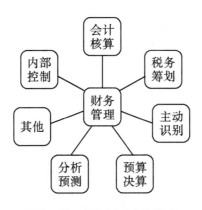

图4-10 财务管理中心模式

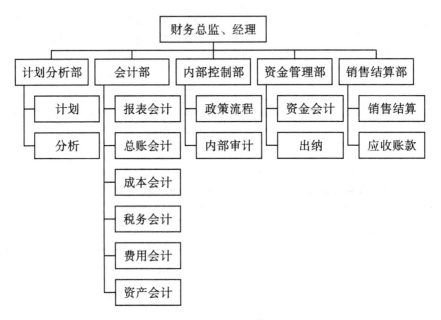

图4-11 主流集团财务部组织结构

(4) 财务信息系统模式的比较分析。

目前企业安装信息系统通常有三种方式：购买通用系统、自行研制开发、租用系统平台。其中，购买通用系统最为常见，自行研制成本巨大，而租用系统并不适用于大型公司。但是购买形式却各有差异，主要包括两种类型：一是买进完全成熟的财务系统；二是买进相对基础的财务系统，并进行自主二次开发。具体比较如表4-13所示：

表4-13 财务系统建立模式比较

	优点	缺点
购买成熟系统	功能全面 安全性高	价格昂贵 技术依赖 缺乏自身特色
进行二次开发	实用性高 性价比高	安全性有限 对员工素质要求较高

国际财务共享服务管理协会提出,"财务共享服务是依托信息技术,以财务业务流程处理为基础,以优化组织结构、规范流程、提升流程效率、降低运营成本或创造价值为目的,以市场视角为内外部客户提供专业化生产服务的分布式管理模式"。其基本架构见图4-12:

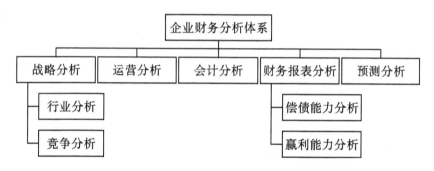

图4-12 财务共享系统

(5) 相关案例:诺基亚(中国)财务战略。

中国曾经作为诺基亚全球最大的单一市场,也是诺基亚全球子公司最多、投资最多的地区,诺基亚的战略财务管理体系也曾随着其全球运营体系一起延伸到中国。

资金管理是财务管理的重要内容之一。诺基亚的资金管理系统包括:

1) 外汇交易风险控制。

每个公司每周通过外汇风险揭示的工具,预测自己公司的未来外汇风险和已经采取的套期保值等风险屏蔽措施,财务中心将监督子公司的外汇风险规避工作,并且将仍然暴露在外的部分,以总部统一采取风险规避的措施来协助公司降低外汇风险。

2）融资与资金流动性管理。

诺基亚的每一个子公司都要以周为单位预测未来 1 个月至 12 个月的资金流情况，每周预测，滚动更新。诺基亚财务中心为子公司提供低成本的融资；同时，也为有富余资金的子公司委托贷款给其他公司，并担保风险。

3）结算管理。

诺基亚全球使用诺基亚银行清算系统和本地集中清账系统，在像中国内地这样存在外汇管制的地区，本地企业之间要先清算，以减少外汇收付的烦琐程序，然后参与全球银行清算。

4）银行关系。

结算中心负责与银行谈判，以最低的成本获得最好的结算服务和融资服务，甚至是为企业量身定做的服务。

5）客户信用管理。

制定信用政策和提供技术支持，确保子公司在经营中理解每一桩业务的客户和利益，在此基础上才能做交易以及按照政策和经验进行赊销；而且要避免违法行为，比如不自觉地参与洗钱活动等。

6）应收账款贴现。

负责协助子公司对应收账款进行转卖，在可以接受成本的情况下，将应收账款出售，诺基亚要以最低成本来规避风险。

上面这一系列的政策将被用来作为各个公司财务工作的指南，并遵守相关的流程和标准，定期汇报执行情况，这使得诺基亚的资金流转非常高效、风险低，完全体现了以股东价值为目标的思想。

诺基亚贯彻的资金管理政策是充分发挥其资金效率的关键，诺基亚总部没有在中国区实行资金集中管理的政策，而是用 2 年时间做协助各子公司管理资金的助手，利用诺基亚的专业知识和信用，与合作的大银行谈具有优惠条件的贷款，与各子公司谈互抵的结账方式并起草相关文件，同时提供结账信用担保，根据诺基亚国际市场资金情况和企业的采购周期与银行谈外汇风险的规避并协助起草相关文件，所有这些工作都非常专业和有价值。

这样，诺基亚子公司就直接适用了总部提供的资金管理方面的服务。最后，子公司完全依赖总部提供的资金的金融方面的技术支持与观念。每一个子公司发现自己实际上都遵守诺基亚统一的资金管理规则，这个规则给每一个子公司都带来了益处，更为诺基亚集团带来了最大效益，提高了整个集团的资金使用效率和竞争能力。

2. 人事部门人才管理及职权模式比较

（1）人才管理模式的国内外比较。

围绕L集团"远景引人，事业聚人，工作育人，情感暖人，待遇留人，招聘选人"这一目标，目前几个主要国家的企业管理模式各不相同，其参考价值也有大小。表4-14是对美国、德国、日本、中国企业的管理模式进行的简单比较：

表4-14 美国、德国、日本、中国企业管理模式比较

比较视角	美国	德国	日本	中国
公司治理	CEO担当重要角色，平衡不同利益群体之间的关系，并实现股东利益最大化，公司的董事会以外部董事为主，过分强调短期利益，易发生长期性决策失误	平衡大股东和小股东的利益	重视利益群体的利益，公司之间相互持股，董事会以内部董事为主	独立董事的形式，但是多受大股东的影响
人力资源管理	CEO决策至高无上，董事会作用相对减弱，强调专业化分工和绩效评估体系	受制于政府、工会和各种监督力量，重视人才，有完善的培养体系，重视学以致用，注重长期性战略	注重经理长期业绩表现，注重人才	发财致富的激情动力，赶超先进的学习精神，应付变化的灵活行为，遍布全球的商业网络
激励机制	以股权、期权作为激励手段，股权分散，有完善的外部市场机制，高额的市场回报，工作流动性强，对于金钱的追逐有很高的热情	股权激励较弱，法律基础健全，监管机制完善	经营者享有高额的物质回报和极高荣誉，采用"管理+自律"的双重约束，日本民族历来有一种克己精神，以及严格管理与奉献精神	激励和约束机制的扭曲，导致所有者缺位，或者行政干预过多，政企职能不分
亮点	激励+绩效	技术+严谨	团队+培训	热情+灵活

通过比较，我们认为各国国情的差异在人才激励管理上的差别比较明显，因此，我们主要依据中国的案例兼顾国外先进理论进行参考。

（2）国外人才激励理论比较。

目前，国外主流人才管理与激励理论主要包括两种，即内容型与过程型，这两种理论在本质上并不排斥，只是重点不同。具体如表4-15所示：

表4-15 国外主流人才激励理论比较

	简　介	代表观点
内容型激励理论	内容型激励理论解决的是用什么来激励员工的问题，也就是员工的需求层次如何发展、管理者应从哪里入手才能起到对员工激励作用的问题	马斯洛的需要层次理论
		奥德弗的ERG（existence, relatedness, growth）理论
		麦克利兰的成就需要理论
		赫茨伯格的双因素理论
过程型激励理论	过程型激励理论主要是分析在人事机制运行过程中产生的对员工的影响的理论	弗鲁姆的期望理论
		亚当斯的公平理论
		洛克的目标设置理论
		波特-劳勒的综合激励模型

（3）典型案例。

1）海尔集团（民营上市公司）的员工激励。

海尔认为，"人力资源是企业最宝贵的资源，如果每个人的潜能发挥出来，每个人都是一个太平洋，都是一座喜马拉雅山，要多大有多大，要多深有多深，要多高有多高。所以盘活企业，首先是盘活人。盘活人重要的是激励和约束，只有机制到位，才能充分发挥人的积极性和潜能"。

海尔的激励机制有如下几种：

第一，提出著名的"斜坡球理论"。"斜坡球理论"表现在"三工"并存，动态转换。三工即优秀工人、合格工人、试用员工。由此可见，海尔非常重视在企业内部为员工创造竞争的环境。"生于忧患，死于安乐"，这是海尔总裁张瑞敏经常告诫员工的一句话，也是海尔文化的核心内容之一。

第二，奖罚相结合的激励措施。在海尔的企业内部，将激励手段分为正激励（奖）和负激励（罚）两种。海尔对干部每月进行考评，考评档次分为表扬与批评。表扬得1分，批评减1分，年底二者相抵，达到负3分的就要淘汰。同时，通过制定制度使干部在多个岗位轮换，全面增长其才能，根据轮岗表现决定升迁。一正一负、一奖一罚的激励机制，树立了正反两方面的典型，从而产生了无形的压力，在组织内部形成了良好的风气，使群体和组织的行为更积极，更富有生气，这两种激励手段，性质不同，但效果是一样的。从管理的整体看，奖（正激励）惩（负激励）必须兼用，不可偏废。只奖不惩，就降低了奖励的价值，影响了奖励的效果；只惩不奖，动辄得咎，就会使人不知所措，人们仅知道不该做什么，却不知道应该做什么，甚至还可能由于人们的逆反心理而产生反作用。所以，必须坚持奖惩结合。

第三，富有特色的分配制度。薪酬是重要的调节杠杆，起着重要的导向作用。海尔的薪酬原则是，对内具有公平性，对外具有竞争性。高素质、高技能获得高报酬，人才的价值在分配中得到体现。强化培训，创造机会。海尔认为：没有培训过的员工，是负债；唯有培训过的员工，才是资产。为此，海尔为员工创造各种学习机会，进行以市场拓展为目标的各种形式的培训，以提高员工的能力和素质。通过培训，能够使员工在思想上和行为上与公司的战略发展高度统一，通过培训，让员工认同企业文化，处处以企业的核心价值观为导向。

2）陶氏公司（跨国上市公司）的薪酬激励。

陶氏公司是以实际工作表现来定薪金的。陶氏公司雇员的薪酬在全球雇主中名列前茅，原因有二。一方面，陶氏认为员工是公司最重要的资产，这份尊重表现在陶氏每一项政策和措施都以员工的利益为出发点。另一方面，扁平化的组织结构对员工所承担的责任、价值和贡献都提出了更高的要求，这既是对员工人力资本投资的结果，也是陶氏逐步追加投资的必然，但都需要对这些投资付出更高的报酬。陶氏在决定员工基本工资时会进行多方面的考虑，但其基本原则是"以工作表现定薪"。张蕾女士坦言，"如何贯彻这一薪酬理念并将其应用在日常管理中，一直是陶氏需要面对的重大课题"。从2005年起，陶氏公司着力推行与绩效管理紧密结合的薪酬政策，新政策在工资增长和绩效奖金发放时，着重考察员工为其所在部门或团队做出的贡献，力求高额奖励高绩效者。另外，陶氏还为那些在日常工作中表现突出、大胆创新或大幅节约成本的员工制定了现金奖励计划。通过薪酬和奖励，公司向员工明确地传递了一个信息：陶氏企业文化中非常重要的一点就是追求绩效。

在薪酬激励方面陶氏的特色做法主要有三点：

第一，弹性薪酬福利制度。在薪酬构成上，除了基本工资以外，陶氏还提供基于个人表现和公司总体盈利状况的激励性奖金以及全面奖励策略，即结合具体的计划为员工提供健康、意外、人寿以及退休福利。由员工根据自己的现实需求自主选择。例如，员工在婚后及有了孩子之后，对福利的要求可能就会有所变化，陶氏便可以依据员工的个性化需求为其调整福利包。这样便弹性地满足了员工的短期和长期需要。

第二，自下而上的奖励机制。无论是何种级别的员工，如果在与其他部门的协作中，发现某位员工在某项工作或某方面表现突出，都可以给总裁和人力管理部门发电子邮件，提名奖励该员工，而陶氏也非常鼓励这种员工间相互肯定与支持的文化。

第三，陶氏极具人性的员工股票购买计划。陶氏不像某些大公司那样只允许管理层购买股票，而是鼓励所有员工自愿持有公司的股票，只要员工愿意，陶氏就会提供便利和优惠。

第四，设置非物质奖励。陶氏的非物质激励措施也值得一提。陶氏专设"伯乐奖"，奖励那些在工作中积极帮助其他员工发展潜力的管理者。获奖员工将有机会选择一家慈善机构由陶氏代其进行捐赠。虽然没有看得见摸得着的奖金，但陶氏人都非常看重这个奖项所代表的意义，获奖者都会受到同事们的敬重和爱戴。

3．工会组织定位及职能模式比较

（1）中西方工会理论的比较。

第一，西方学者对于工会的代表观点。美国社会学家米尔斯在《劳工关系》一书中提到，工会既是经济组织，又是社会组织。从经济性方面说，它强调垄断和高压策略；从社会性方面说，强调为工人提供一个喉舌和参与的机制。在一些工业化市场经济国家，大多奉行工会多元化。

第二，中国学者对于工会的代表观点。常凯在《劳动关系·劳动者·劳权——当代中国的劳动问题》一书中谈到，在市场经济条件下，中国工会的历史性的转变，性质上要由计划经济下行政性的工会转变为市场经济下的群众性的工会，活动方式上要由计划经济下的行政化的、自上而下的工会转变为法律化的和自下而上的工会，内部组织关系上要由集权制转变为民主制。

(2) 中国法律对于公司工会的规定。

我国对于工会的有关规定主要体现在《工会法》中,如其中第二条明确规定:"工会是职工自愿结合的工人阶级的群众组织。中华全国总工会及其各工会组织代表职工的利益,依法维护职工的合法权益。"

除此之外,联系到公司组织,最直接的是《公司法》第十八条的规定:"公司职工依照《中华人民共和国工会法》组织工会,开展工会活动,维护职工合法权益。公司应当为本公司工会提供必要的活动条件。公司工会代表职工就职工的劳动报酬、工作时间、福利、保险和劳动安全卫生等事项依法与公司签订集体合同。公司依照宪法和有关法律的规定,通过职工代表大会或者其他形式,实行民主管理。公司研究决定改制以及经营方面的重大问题、制定重要的规章制度时,应当听取公司工会的意见,并通过职工代表大会或者其他形式听取职工的意见和建议。"

(3) 中国传统工会框架(见图4-13)的分析。

传统的工会由于职能有限,其框架也比较简单,主要包括组织、宣传以及后勤机构。这种设计主要是应对传统的职能诉求,而且存在着维护员工利益职能不突出、形式主义严重等较明显的问题,已经受到诸多的质疑。(见表4-16)

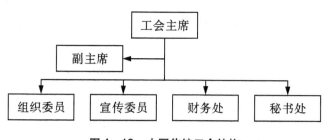

图4-13 中国传统工会结构

表4-16 中国传统工会的职能与定位

我国企业工会的法定权利	1) 指导权(集体合同,又叫集体协议,是用人单位与同该用人单位有劳动关系的劳动者集体之间签订的劳动合同)。 2) 协商权。 3) 监督权(括三项权能:即时解除、预告解除、经济性裁员)。 4) 参与权

续表 4-16

我国企业工会的属性	1）企业工会属于企业员工的群众组织。 2）企业工会具有独立的社会团体法人资格。 3）企业工会拥有独立的民事主体地位。 4）企业工会是保护劳动者权利的间接权利主体
我国企业工会维权的法定角色定位	1）企业工会与劳动者之间的关系。 企业工会是劳动者合法权利的保护者和代理人，帮助、指导劳动者与用人单位依法订立和履行劳动合同。 2）企业工会与用人单位之间的关系。 工会应积极地与用人单位建立集体协商机制，及时高效地化解用人单位与劳动者之间的矛盾纠纷，对用人单位进行制约

我国企业工会传统职能的新发展	1）创新劳动争议调解的手段。
	我国《劳动法》规定：工会代表和维护劳动者的合法权益，依法独立开展活动。在用人单位内，可以设立劳动争议调解委员会。劳动争议调解委员会由职工代表、用人单位代表和工会代表组成。劳动争议调解委员会主任由工会代表担任。《劳动争议调解仲裁法》第十条规定："企业劳动争议调解委员会由职工代表和企业代表组成。职工代表由工会成员担任或者由全体职工推举产生，企业代表由企业负责人指定。企业劳动争议调解委员会主任由工会成员或者双方推举的人员担任。"《劳动合同法》第六条也规定："工会应当帮助、指导劳动者与用人单位依法订立和履行劳动合同，并与用人单位建立集体协商机制，维护劳动者的合法权益。"《工会法》第二十条明确规定："因履行集体合同发生争议，经协商解决不成的，工会可以向劳动争议仲裁机构提请仲裁，仲裁机构不予受理或者对仲裁裁决不服的，可以向人民法院提起诉讼。"这些规定为工会参与调解劳动争议案件提供了法律依据。
	2）教育职能向多元化转变。
	  • 增强企业凝聚力
	  • 不断提高职工技能水平
	  • 不断提高职工的法律意识
	  • 提高下岗职工再就业的能力
	  • 进一步深化服务职能
	  • 工会社会化

续表 4-16

我国企业工会传统职能的新发展	工会社会化是指按照"社会化招聘、派遣式用工、契约化管理"的方式，面向社会，选贤任能，公开招聘工会主席候选人，将招聘上来的工会主席派遣到街道、乡镇及开发区的各基层工会，负责在各非公企业内组建各种形式的工会或者基层工会，招聘来的职业化工会干部经过法定程序选举后担任工会主席，主要职责为协助街道、乡镇、开发区开展中小型企业的工会和党建工作，遵循"以党建带动工建，以工建服务党建"的原则，搞活非公企业的党工共建工作，旨在使工会逐步摆脱企业主的控制，建立能够独立行使维权职能、真正代表工人利益的社会化工会组织

4. 法务部门组织模式及管理形式比较

（1）法务部门组织模式比较。

在现代企业中，法务部门对企业的经营发展发挥着愈发重要的作用，而法务部的组织模式的选择，对于正确发挥法务部的作用尤为重要。纵观国内外理论，法务部的组织模式主要如表 4-17 所示：

表 4-17 法务部门组织模式比较

	职能型	事业部型	矩阵型	混合型
概述	目前应用最普遍的组织形式，是层次化的职能型组织结构。这种结构最早出现于20世纪初，其特点是根据职能来组织部门分工，总体呈金字塔形，金字塔顶部是高层管理者，顺塔顶向下，依次分布着中层管理者和基层操作人员，单一管理部门设置相对集中的专业职能与业务，专业人员较为集中	事业部制最早由美国通用汽车公司于1924年提出，是一种高度（层）集权下的分权管理体制，适用于规模大、产品线长、技术复杂的大型企业集团。事业部制有按产品划分和按地域划分两种形式	矩阵型组织结构又称为规划-目标结构。是20世纪50年代开始出现的一种组织机构形式，有利于改进直线职能制缺乏弹性、横向联系差的缺点。它的特点是围绕某项专门任务成立跨职能部门的专业机构，把按职能划分的部门和按项目（产品、服务等）划分的部门结合起来组成一个矩阵	混合型组织结构的实质是将职能型和项目型组织结构相互结合而形成的企业组织形式

续表 4-17

	职能型	事业部型	矩阵型	混合型
优点	权力高度集中、利于知识、经验的交流，相同的专业人员归属于同一部门，以及各部门职责明确，便于专业化分工	事业部制以利润责任为核心，能调动人员的积极性，保证公司稳定获得利润；同一事业部内有关职能活动协调容易；企业最高层可以摆脱日常事务，同时适应企业的扩展和业务多元化要求	机动、灵活，可随项目的开发与结束进行组织或解散；任务清楚、目的明确，克服了直线职能结构中各部门互相脱节的现象，加强了不同部门之间的配合和信息交流	综合了职能型和项目型组织形式的优点，职能集中、权责清晰、效率高
缺点	各部门专注于本部门领域，可能忽略整个项目的目标；对外界的变化适应性差；没有具体部门对项目负全责	各分部都具有一定的独立权力，高层管理层的掌控难度有可能增加；总公司的职能部门与事业部职能机构重叠，会造成重复配置和资源浪费。事业部实行独立核算，影响事业部之间的协作，各事业部只考虑自身利益	项目负责人的责任大于权力，对组织成员管理困难；项目成员来自各职能部门，任务完成后仍要各回其位，因此容易产生临时观念，对工作有一定影响；组织上存在双重或多重领导、双重或多重职能和双重或多重汇报	只适合中小企业，部门间沟通、信息传递不佳，组织系统缺乏弹性等

（2）法务部管理形式比较。

在职能型组织模式下，L集团法务部既要实现对L集团内部的法律风险防范，又要实现对子公司法律风险的监控，从管理形式选用的角度有以下实现路径：

1）分权型法务部。

其主要特点在于除公司总部有总法务部外，公司的各分支机构还有分法务部。分法务部要向自己所在的分支机构和公司总法务部负责，例如，英荷壳牌石油公司。

分权型法务部权力分散，独立性较大。由于各分支机构的规模和业务范围不尽相同，各法务部的业务也与所在的分支机构的业务相联系。各法务部一般都熟悉与本分支机构业务相关的部门法，工作灵活性和主动性较大，解决问题迅速。

2）集权型法务部。

集权型法务部，又称专业型法务部。这种法务部，一般设在公司总部内或规模较大的分支机构中。集权型法务部，是按公司日常业务涉及的各个部门法，划分专业领域，成立相应的法务小组，常见的法务小组有：公司法小组、反托拉斯法小组、商标法小组（专利法小组一般划在公司专利部中）、税法小组、消费者保护法小组等。

集权型法务部，权力和业务集中，工作效率高。集权型法务部的灵活性不及分权型法务部，但它的管理体制和规章制度比分权型法务部严格。

（3）L集团法务部设置建议。

鉴于L集团今后发展目标在于将后勤部门精简化，而投入更多的资源于营利部门。就法务部组织形式而言，事业部型抑或矩阵型需要依托大量的人力、物力，而集团法务部的组织模式应尽可能精简高效，故职能型或混合型更能够集中有限的资源进行法律风险防控。鉴于集团目前的规模，考虑到集团未来的发展壮大，部门间沟通、信息传递不佳、组织系统缺乏弹性等缺点，而混合型又只适合中小企业，故相比而言，采取职能型更佳。

就法务部的管理形式而言，集权型法务部需要以庞大的法务部门及大量的法务人员作为支撑，鉴于L集团今后发展目标在于实现后勤部门人员的精简化，以及L集团现存的组织架构，采取分权型能够节省人力、物力，同时其工作的灵活性和主动性较大，可更加便捷地解决问题。故法务部门的管理形式采取分权型更为合适。

5. 企业危机处理原则和公关危机管理阶段

（1）企业危机处理原则。

在危机公关的处理过程中，不少相关的书籍和专家都会提到各种解决原则，总结起来，大约有四条。

1）承担责任原则。在危机发生后，公众关心的会是两个方面的问题，包括自身的利益和感情。面对危机，很多企业在发生危机时会撇清自己的责任，这会让大众对其失去信任感，对企业发展极其不利。企业首先要做的是勇于承担责任，并通过新闻媒介向公众致歉，从而赢得公众的理解和信任。

2）真诚沟通原则。处于危机漩涡中时，企业通常是公众和媒体的焦点，因此千万不能有能够蒙混过关的侥幸心理。真诚道歉才是正确的态度，企业应主动与新闻媒介联系，与公众沟通，说明事实真相，消除疑虑与不安。

3）速度第一原则。好事不出门，坏事行千里。有不少专家认为，在危机出现的最初 12～24 小时内，消息会像病毒一样高速传播。而这时候企业的一举一动将是外界评判其如何处理这次危机的主要根据，比如第一份声明。因此公司必须快速行动，与媒体和公众进行沟通，从而控制事态。

4）系统运行原则。企业进行危机管理时必须系统运作，绝不可顾此失彼，力争解决问题，化害为利。其中包括组建班子、专项负责、果断决策、迅速实施。系统运行原则有利于企业及时发现、收集信息，并对信息进行整理评估，运用各种手段、各种渠道全方位地有效传播和控制信息，使损失降低至最低限度。

（2）公关危机管理阶段。

按时间性可把公关危机管理分为两个阶段：一是危机发生前的预防准备阶段，二是危机发生后的处理阶段。

1）危机发生前的预防准备阶段。

具体而言，决策层充当着舵手的角色，掌握着整体方向。公关部作为预警系统的一部分也担负着重大任务和复杂的工作。

2）危机发生后的应对模式。

一般来说，有以下几种应对模式可供参考。

第一，事实导向策略。事实导向的危机管理策略，要求组织正确认识、了解和评估危机事实，并在此基础上采取有效的沟通方式，向利益相关者澄清事实、告知真相，积极控制和改变事态的发展。围绕这一核心，事实导向策略主要包括如下三个方面：①告知。告知的具体方式有对外公告、投放新闻稿件、新闻发布会、座谈会、开通网站和热线电话等。企业在告知真相时需要把握要时机问题和取舍问题，要兼顾企业自身和利益相关者的两方需求。②疏导。事实导向的疏导策略，主要是指针对利益相关者有关危机事实层面的质疑和误解，通过有效沟通来答疑解惑。③改变。改变策略解决的是"怎么办"的问题，是指组织经由一系列努力，改变危机事态的发展走向。倘若任其发展，危机事态必然会愈演愈烈，因而采取有力措施改变事态的发展走向十分重要。改变策略是事实导向策略的最高层次，也是其中最艰难、最复杂的策略体系。

第二，价值导向策略。价值导向的危机沟通管理策略，要求组织了解危机中的价值异化机制，协调与利益相关者的价值契约关系，实现组织自我价值体系的再造和利益相关者对组织价值认同观念的重塑。价值导向也主要包括三个范畴：①迎合。合作而非对抗，是企业与其利益相关者谋求共同利益的根本途径，危机之中更当如此。企业必须首先采取合作的姿态，并力求赢得利益相关者的理解、同情和支持，于合作中整合力量化解危机。例如，中美史克在康泰克"PPA（苯丙醇胺）危机"中，对中国政府、媒体和公众都采取了顺应、迎合策略，对竞争对手也放弃反击和对抗，以营造最有利的危机应对环境。②引导。有时候，企业在合理迎合利益相关者价值需求的基础上，必须对之施以有效引导。价值引导需要坚持这几个基本原则——多数人利益原则，要通过坦诚沟通对利益相关者动之以情、晓之以理，使之尊重、服从多数人的利益；长远利益原则，要明确设计和规划化解危机的长远利益目标，使利益相关者保持清醒、冷静，回归价值理性；适度利益原则，价值引导的目的是使利益相关者的价值需求朝着对企业有利的方向发展，但不能利用企业的集体强势和利益相关者的个体弱势而对其进行麻痹和欺骗，要在企业自身利益与利益相关者的利益之间寻求一个可资引导的平衡点。③重构。重构价值层面的利益协作机制成为危机沟通管理策略的一项重要内容。需要强调的是，较之其他价值导向策略，价值重构是一项长期、复杂的策略模式，也是一项系统工程。

参 考 文 献

[1] [美] W. 理查德·斯科特，杰拉尔德·F. 戴维斯. 组织理论——理性、自然与开放系统的视角 [M]. 高俊山，译. 北京：中国人民大学出版社，2011.

[2] [德] 埃尔文·格罗赫拉. 企业组织 [M]. 王元，译. 北京：经济管理出版社，1991.

[3] 高新华．如何进行企业组织设计［M］．北京：北京大学出版社，2004．

[4] 徐炜．企业组织结构［M］．北京：经济管理出版社，2008．

[5] 肖旭．现代企业组织管理创新［M］．广州：中山大学出版社，2007．

[6] 钟运协．公司组织与管理［M］．厦门：厦门大学出版社，2014．

[7] 马成功．重新定义组织：用户如何与企业联盟［M］．北京：机械工业出版社，2016．

[8] 黄俊发．行政部管理制度范本大全［M］．厦门：鹭江出版社，2011．

[9] 张秋垄．企业行政管理［M］．北京：北京大学出版社，2013．

[10] 赵纯均．亚洲企业实践：中国 MBA 案例建设集萃：第四辑［M］．北京：机械工业出版社，2015．

[11] 赵向阳，李海，孙舒平．北师大 MBA 管理案例精选［M］．北京：北京师范大学出版社，2015．

[12] 魏振民．基于组织系统性的企业财务管理制度研究［D］．天津：天津大学，2009．

[13] 林跃锋．我国私营企业制度创新研究［D］．厦门：厦门大学，2007．

[14] 宋天顺．云南××药业公司薪酬设计方案的研究［D］．昆明：昆明理工大学，2007．

[15] 邢爱琴．吉林敖东延边药业有限公司可持续发展问题研究［D］．长春：吉林大学，2011．

[16] 李大春．四川 YT 药业公司薪酬体系研究与设计［D］．成都：四川大学，2004．

[17] 张睿．新医改条件下 H 药业公司竞争战略研究［D］．淄博：山东理工大学，2013．

[18] 叶澜杰．A 生物医药有限公司竞争战略研究［D］．大连：大连理工大学，2014．

[19] 文星．Z 药品有限公司固定资产内部控制改进研究［D］．重庆：重庆理工大学，2014．

[20] 卢发明．山谷医药销售组织管理研究［D］．福建：厦门大学，2013．

[21] 冯转．天津 M 医药有限公司员工激励研究［D］．天津：天津大学，2007．

[22] 袁天龙．信息化环境下 HZ 医药生物工程有限公司内部控制体系优化研究［D］．青岛：中国海洋大学，2013．

第 5 章
L集团经营副总裁风险管控方案设计

经营副总裁负责集团子公司的治理，对拥有全资或控股子公司的L集团来说，对子公司的治理是拓展整个集团业务、促进集团发展、推动集团上市不可或缺的环节。随着公司资本经营的不断扩展深化，L集团公司的子公司数量越来越多，经营地域越来越广，也可能面临控制不力、子公司各自为政、连带风险等问题。

母子公司管控涉及的问题纷繁复杂，本章将从管理体制控制、关键资源控制和活动控制三方面分析L企业集团的母子公司管控可能遇到的风险与问题，然后从公司治理的角度提出制度设计建议。

5.1 L集团经营副总裁的问题与分析

子公司是与母公司相对应的法律概念。与分公司不同，子公司具有独立的法人资格，可以独立承担民事责任。母公司若要对子公司获取控制权，需要直接或间接拥有其50%以上的股权，或者是通过订立某些契约使子公司在母公司的实际支配之下。

5.1.1 管理体制控制

1. 子公司中小股东的权益保护问题

保护投资者的权益是公司治理的首要功能。公司治理的本质是协调以投资者利益为核心，以经营者利益、职工利益和债权人利益为支柱，以其他相关者的利益为支持的利益体系。在这个体系中，投资者的利益居于核心地位，为了维护股东的利益，各国在《公司法》中都做出了公司组织机构设置的强制性规定，由股东组成股东大会行使公司的重大决策权和选择公司董事、监事的权利，并享有收益权。然而，股东行使各项权利均以投票表决的方式为基础，而且《公司法》一般规定同股同利，并以简单多数原则通过决议。这决定了在股东内部大、小股东之间的博弈结果，必然是大股东"一手遮天"，损害小股东利益和小股东"用脚投票""搭便车"。因此，如何保护中小股东的权益便是公司治理中亟待解决的问题。

在实践中，子公司少数股东的利益极易受到根据母公司或整个企业集团的经济利益所做出的决定的损害，如母子公司之间的不公平关联交易。母公司可能实行适用于整个集团利益而不是子公司利益的红利政策。在集团成员间分配商业机会时，母公司可能会不当地偏袒自己或其他成员公司的利益，这样，子公司少数股东所持有股份的价值便会因为事实上控制该公司的母公司所实施的行为而受到严重损害。因此，要在加强对子公司利益保护的基础上，加强对子公司少数股东利益的保护。

2. 高层人员交叉任职，人员混同风险的问题

母公司和子公司之间在人力资源方面最可能出现的是人员混同的风险，包括母子公司之间、各子公司间的股东完全或部分相同，法定代表人为同一人，公司高管存在大量交叉任职的情况等。

交叉管理导致经常出现"多头管理、多头对外"的局面，造成管理上的极大浪费与内耗。因此，母公司应清晰划定各公司的责权利、人财物，合理有效地配置公司资源。对于经营主业的专业子公司应采用偏重集权的决策控制模式，对于经营非主业的专业子公司应采用偏重分权的财务控制模式。

考虑到未来可能的上市计划，集团公司董事长不应担任（拟）上市子公司的董事长，（拟）上市子公司的高管和财务总监由集团派出，董事长不兼任总经理。通过合理安排高管和财务总监实现对子公司的控制。

法律风险的控制应注意独立的人员设计：

（1）避免出现公司法人代表为同一人的情况。

（2）减少母子公司之间和各子公司间股东、董事、监事、高管交叉任职的情况。

（3）避免出现公司经营部门共用、员工大量一致的情况。

可以推行职务不兼容制度，杜绝高层管理人员交叉任职。交叉任职违背了内部控制的基本原则，带来权责含糊、办事程序由一个人操纵的现象。资金调拨、资产处置、对外投资等方面出现问题的重要原因之一在于交叉任职。董事长不兼任总经理，董事会才能真正起到决策和监督的作用。总经理和财务总监都处于董事会的监控之下，这是总经理和财务总监

能够相互制衡的前提条件。

3. 母公司作为子公司债权人劣后清偿的风险

母子公司之间除在经营业务上具有紧密的联系外，还有大量资金相互调用、流动或借贷的联系。这样，母公司既为子公司的股东，又为子公司的债权人。这些资金往来因发生在母子公司之间，遂衍生一系列问题。因为，母公司为子公司的债权人，其地位不同于子公司的其他债权人是显而易见的。母公司可以利用自己的控制权，甚至违反公平交易的原则。一旦子公司经营不景气，母公司还可为自己的贷款随时设立担保。因而，在子公司破产的情形下，就产生了应如何对待母公司的债权的问题。因此，对母公司作为子公司债权人的限制主要包括以下方面：

（1）深石原则。在母子公司的场合下，若子公司资本不足，而且同时存在为母公司的利益而不按常规经营者，在子公司破产或重整时，母公司对子公司债权的地位应居于子公司优先股东权益之后。根据该原则，母公司对于子公司的债权，在子公司不能支付或宣告破产时不能与其他债权人共同参与分配，或者分配顺序应次于其他债权人。

适用此原则的情形包括但不限于：母公司的安排使子公司本身缺乏盈利前景，母公司不当的利益分配政策剥夺了子公司的净收益，母公司使自己从无担保债权人转为有担保债权人从而优先受偿等。

（2）实质合并原则。将已破产的多数关联企业的资产与债务合并计算，并且去除关联企业间彼此的债权和担保关系，完成前述"合并"后，便将合并后的破产财团，依债权额比例分配给该集团的所有债权人，并不细加追究该债权是由哪一家从属公司所引起。

适用此原则的情形包括但不限于：母公司对子公司的过度控制及该控制对子公司的不利影响；母子公司之间关系暧昧或极度复杂；债权人合理地期待其是与整个公司集团进行交易，而非仅依据其中某一公司的资信度如何而为之；母子公司之间资金或账户混同等。

4. 企业文化统一的问题

集团文化是一种共性文化，对集团各个子公司具有一定的指导作用，而集团所属的不同行业子公司在发展过程中已经形成了自己的特色文化。在企业文化建设的过程中，母子公司面临着如何处理与协调二者文化之间的关系，如何把握好适合并有利于集团发展的母子公司文化管控力度等实践难题。集团应该在传统控制工具之外找到一种合适的文化管控方式，既能够指引子公司的行为，使其满足集团整体战略发展的要求，又能同时给予子公司适当的自由空间，使其根据自身的环境与经营管理特点建设有自己特色的亚文化。处理好母公司与子公司的关系，实现集团利益最大化，就必须把握好集团文化管控的程度，推进集团的协同发展。

5.1.2 关键资源控制

1. 各层级财务人员权责和分级授权的问题

财务制度流程的制定必须具有很强的操作性和实用性，做到凡事有章可循、凡事有据可查、凡事有人负责。应实行授权批准控制，建立分级授权、相互制衡的管理体制。授权批准是指企业在处理经济业务时，必须经过授权批准以便进行控制，母子公司之间应当建立统一的授权批准体系，其中包括：授权批准的范围、授权批准的层次、授权批准的责任、授权批准的程序等。授权批准控制制度可以形成高效、责权分明的财务控制体系，将子公司所有部门的各项业务，按照重要程度、影响范围和时间、涉及金额大小，对董事会、总经理、部门经理以及各子公司管理人员等分别逐级授予一定的权限。各自在其权限范围内行使职权，特别是根据财务管控的集中程度，对子公司经理层的权力范围进行界定。

2. 筹资及投资活动的风险

筹资是指企业为了满足生产经营发展的需要，通过银行借款或发行债券、股票等形式筹集资金的活动。在企业集团内，子公司的筹资方式分为外部筹资和内部筹资，外部筹资包括权益型筹资和债务型筹资；内部筹资一般是通过在企业集团内设立财务公司或结算中心进行各子公司间或母子公司间的相互借贷。①

子公司的筹资风险可分为外部筹资风险和内部筹资风险。外部筹资风险是指子公司引入外部资金时，由于企业内外各种不确定因素的影响，导致企业集团筹资效益存在不确定性。由于企业集团内子公司进行外部筹资时，往往寻求企业集团内部其他成员单位（一般是母公司）提供担保，当筹资子公司发生财务危机时，筹资风险会转移到企业集团内部，引起连锁反应。另外，筹资主体的确定，即当子公司需要资金时，是母公司进行统一筹资，还是各子公司单独筹资，对筹资效益也有一定的影响。内部筹资

---

① 参见白万纲《集团管控之财务管控》，中国发展出版社2008年版，第74～78页。

风险是指企业集团内各子公司间或母子公司间进行借贷时，由于企业集团内部管理、成员单位之间的差异等因素的影响，使资金的配置发生变化，导致企业集团筹资效益的不确定性。

投资是指企业以让渡一项资产换取另外一项资产的活动，通常分为对内投资和对外投资。对内投资是指企业把资金投向自身内部，形成流动资产、固定资产、无形资产或其他资产的一种经济行为。对外投资是指除企业自身经营的主要业务以外，其以现金、实物、无形资产方式，或者以购买股票、债券等有价证券方式向境内外其他企业进行投资，以期在未来获得投资收益的经济行为。

企业集团投资风险可分为对外投资风险和对内投资风险。对外投资风险是指企业集团各成员单位对外投资活动的收益与预期效果出现不利差异的可能性。对内投资风险又可分为企业集团各成员单位项目投资风险和各成员单位之间的相互投资风险，前者是企业集团将资金投放在企业集团内部项目上，但由于各种不确定性影响因素而导致投资收益达不到预期目标的可能性；后者是企业集团内部管理不当、投资关系不协调等原因，导致各子公司间或母子公司间相互投资难以实现企业集团战略意图，存在投入成本的实际使用效果达不到预期效果的可能性。

3. 提高子公司经营层忠诚度的激励管理制度问题

子公司经营层自然倾向于加强自己在总部的地位，因此会找出各种理由向集团申请更多的资源支持，并争取更大的权力。过于集权会打击子公司的创新能力、应变能力甚至业绩潜力；而过于放权会纵容子公司的随意行为，从而在不少方面损害集团整体目标的实现。适度的分权虽然不是有效激励的全部，但无疑占有最为重要的地位。

薪酬制度主要有以下几类。无风险薪酬是年薪的基础构成，而且在一定程度上拉开了经理人员与职工的收入差距，体现了经理人员的自身价值。利润分享制从税后分红中拿出一部分给经理人员作为奖励，但税前利润分享制并无明显激励作用，而以 EVA（economic value added，经济附加值）为核心的经营层激励机制创造使经营层更接近于股东的环境，与股东保持统一立场，其不仅有明显的激励作用，还很好地节约了激励成本。此外，声誉激励制作为终极激励手段，可以满足经理人对马斯洛需求层次中的尊重和自我实现的需要，激发其工作动力，形成良好的公司环境，在较小的成本下产生较好的激励效果，这需要结合其他经营层激励管理制共同实施。许多民营集团的薪酬配置尚不成系统，建议暂时不采用经理层持股制。

4. 医药产品供应链管控问题

L集团应该采用直线一体型供应链模式，以及采用由中介式朝领导式发展的供应链管控实施方式。

第一，采用直线一体型供应链模式。有实力的集团未来应尽可能多地从事各种价值活动，将原材料、研究开发、制造、市场营销、配送等服务一条龙内部化，使其对供应商的依赖程度降到较低水平。

第二，采用由中介式朝领导式发展的供应链管控实施方式，在实施第三方药品电子交易平台的背景下具有属于自己的物流业务。以广东为例，由于《广东省医疗机构药品采购与配送办法》中规定的配送要求对物流的覆盖面与物流速度均有较高的要求，这对L集团下属子公司的物流业务提出了挑战，在还无足够能力保证配送要求、需要借助第三方平台进行物流配送时，需要采用中介式供应链管控实施方式。同时，集团可以发展适合药品配送的特色物流服务，抢占医药配送的市场先机，联合大型药企，成为药品配送的牵头核心企业，同时提升自己管理水平。

5.1.3 活动控制

1. 独立运行的子公司和集团信息不对称、执行效率不佳问题

健康类民营企业的子公司可能涉及原料种植、医药产品生产、民营医院等多个行业，分布地域广，子公司在运营过程中与集团的沟通协调是影响整体效率的重要环节。在制度设计中，要通过OA（办公自动化）系统监督日常经营，并按季度、年度进行监控。通过集团工作年度会议、季度述职规定（子公司高层领导，财务和审计委派人员定期向副总裁述职）、定期或不定期的调研，实地了解一线工作情况，检查集团布置工作的落实情况。

2. 实施垄断行为的法律风险问题

随着集团规模的扩大和所属子公司的壮大，集团可能面临垄断行为的指控。我国反垄断法规定，经营者违反法律规定实施集中的，由国务院反垄断执法机构责令停止实施集中、限期处分股份或者资产、限期转让营业以及采取其他必要措施恢复到集中前的状态，可以处50万元以下的罚款。

一旦被认定实施了反垄断法禁止的垄断行为，经营者除了可能受到行

政处罚外，同时可能须对受害人承担民事赔偿责任。《中华人民共和国反垄断法》（以下简称《反垄断法》）第五十条规定："经营者实施垄断行为，给他人造成损失的，依法承担民事责任。"因此，实施垄断行为至少有上述两重法律风险。

3. 健康类集团营销管控制度的问题

第一，社会对医药保健产品的要求更高。在当下的大健康背景下，随着人们健康意识的提高与相关知识的普及，消费者对于医药保健产品的质量有了更高的要求，而不是盲目比价，这也是健康行业产品的一大特点之一。

第二，子公司业务涉及行业广。L集团的子公司业务分散涉及多个行业，不能简单将整个集团子公司看作一个整体的大型医药企业，需要采用集整营销管控模式以覆盖管控分散在各个行业的子公司。

4. 子公司产品或服务的法律风险问题

第一，产品或服务违规的风险。市场营销的目的在于销售产品或服务，因此，产品或服务本身是否合法合规，存在哪些法律风险是需要首先考虑的问题，这对于健康行业的医药类产品来说尤其重要。很多国家的法律法规都强制要求产品生产、销售企业承担严格的产品责任。一旦违反，法律后果将会十分严重，甚至可能导致企业破产。我国对产品质量同样实行严格的监管，目的是为了提高产品质量水平，明确产品质量责任，保护消费者的合法权益，维护社会经济秩序。全国人民代表大会常务委员会（以下简称"全国人大常委会"）于1993年2月22日颁布了《中华人民共和国产品质量法》（以下简称《产品质量法》）并于同年9月1日开始实施。在中华人民共和国境内从事产品生产、销售活动，必须遵守《产品质量法》。此外，还有《中华人民共和国食品安全法》《中华人民共和国消费者权益保护法》（以下分别简称《食品安全法》《消费者权益保护法》）等一系列法律法规对产品质量、相关主体的权利义务及其责任进行规范。

第二，产品或服务侵权的法律风险。产品或服务使用他人商标、专利以及他人拥有著作权的作品的，应当征得相关权利人的许可，否则可能涉嫌侵犯他人的商标权、专利权、著作权等知识产权或其他合法权益，一旦构成侵权，将会使企业面临诉讼和承担赔偿责任的法律风险。

5. 营销价格确定的法律风险问题

在营销方案确定中，定价是首要环节。根据《中华人民共和国价格法》（以下简称《价格法》）的规定，市场调节价是指由经营者自主制定，通过市场竞争形成的价格。政府指导价是指依照《价格法》规定，由政府价格主管部门或其他有关部门，按照定价权限和范围规定基准价及其浮动幅度，指导经营者制定的价格。政府定价是指依照《价格法》规定，由政府价格主管部门或其他有关部门，按照定价权限和范围制定的价格。

子公司如果未依据法律的相关规定、通过法定程序对产品或服务确定适当的价格，均会存在法律风险。无论是把产品的价格压得太低、抬得太高或无序的价格变动都可能引发此类风险，将可能面临行政处罚，在经济受损的同时，集团声誉也可能受损。

5.2 L集团经营副总裁的风险管控

5.2.1 现状

L集团是一家民营企业，是一个拥有进出口公司、制药公司、医院、物流集团、医疗集团等全资或控股子公司的大健康集团。子公司分布于全国多个城市，涉及多个行业，也已经出现了对子公司的控制松散、高层人员交叉任职、企业文化不统一、员工激励和忠诚度不足等问题。针对5.1节的分析中民营集团母子公司管控可能出现的问题，结合L集团的具体情况，本节将从公司治理的几个常见角度提出制度建议。

5.2.2 公司治理制度

1. 母子公司战略定位

母子公司管控的首要问题就是战略定位，对于计划上市的L集团，需要各子公司统一目标，积极配合集团上市计划，对于非（拟）上市子公司，虽无须设立决策委员会、战略管理部门等机构，但也需要根据集团发展定位制定业务战略。母子公司之间的战略职能和工作流程如表5-1、图5-1所示。

表5-1 母子公司战略职能定位

	母公司（集团）	子公司
战略管理	• 集团总体战略定位、战略实施过程监督、战略实施效果评估 • 子公司战略的核准 • 子公司战略实施过程监督和效果评估	• 子公司业务战略拟定，上报母公司核准 • 贯彻执行子公司业务战略，初步评估战略实施效果
业务计划管理	• 目标下达 • 计划核准与汇总 • 实施监控	• 根据目标制定计划 • 计划的细化与调整 • 计划的实施和偏差纠正

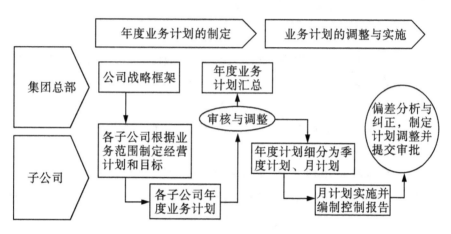

图5-1 母子公司战略职能流程

2. 子公司治理议事规则

集团董事会将集团子公司日常管理权力委托副总裁处理，副总裁通过以下议事规则对集团子公司的事务进行管理（见表5-2）：

表5-2 子公司治理基本议事规则

议事规则	内容
集团年度工作会议	各职能中心向董事汇报年度工作总结和下一年工作计划

续表 5-2

议事规则	内容
集团总裁办公会	每月召开，讨论集团内部日常事务，主要包括： ● 子公司总经理汇报工作，子公司之间协调 ● 财务、委派人员工作汇报及问题探讨 ● 集团下个月工作计划研讨及下达 ● 董事会下达工作的落实
季度述职	子公司董事长、总经理、财务委派人员、审计人员每季度向集团副总裁述职
书面报告	子公司每月根据集团规定，向总部上报各类报表及报告
子公司调研	除正常的管理稽核外，副总裁可定期或不定期组织工作小组前往子公司实地调研，了解经营状况

其中，对子公司的不定期管控包括事故、重大采购、人事重大变动、市场波动等，定期的管控可包括总经理述职、经营层绩效考评、人力资源水平评估、学习培训等事项，各类报表包括生产经营计划、订单统计、损益表、费用表、采购统计等内容。这些报表可统一到集团的电算系统中监控。

3. 子公司中小股东权益保护机制

股东权利的行使最终要通过对公司重大决议的表决来实现。目前，股东履行投票权利的一般程序是获取股东大会资料、参加股东大会、进行投票。但由于上市公司的股权高度分散（我国是一股独大与小股东的高度分散并存），多数股东的居住地也高度分散，对大多数中小股东而言，参加股东大会就必须承担额外的支出，如交通、食宿费用等。此外，还有不少股东受时间等因素限制而不能亲自参加股东大会。显然，对中小股东而言，行使投票权的主要障碍就在于必须亲自出席股东大会。[①] 也正是由于这些原因，绝大多数中小股东不得不放弃投票权，这也就意味着他们放弃了对公司控制权的配置，从而使得大股东和内部人更容易控制上市公司，凭借其在公司中的控制地位做出更有利于大股东和内部人的分配方案。因

---

① 参见邓郁松《关于在上市公司引入电子投票制度的政策建议》，载《调查研究报告》2002年第115号，第1～14页。

此,中小股东放弃投票权实际上也就失去了保护自身权益的基础。为扩大股东的参与范围,保护投资者的切身利益,有必要在股东投票制度上有所创新,以降低股东的投票成本。

(1) 表决权代理行使制度。

表决权代理行使制度,即股东可以委托代理人代为参加股东大会并投票,以降低股东投票成本。代理权投票的领域一般包括选举董事、股票期权计划、董事薪酬、资本增加授权、兼并和股东建议等。从实践效果看,表决权代理行使制度不仅扩大了股东参与公司治理的范围,而且为公司控制权市场的竞争提供了新的工具,增强了对公司管理层和大股东的约束力。但由于代理程序一般有比较明确的要求,手续相对烦琐,实际上只有机构投资者和持股规模相对较大的个人投资者才可能参与,征集小股东代理投票权的成本仍然相对较高,大多数小股东仍不愿意委托他人代为投票。

(2) 电子投票制度。

电子投票制度是指通过应用互联网等现代信息技术,开发可靠的电子通信手段,使上市公司的股东能够在不亲自出席股东大会的情况下通过电子网络进行投票。相对于现行的投票制度,该制度有利于实现公司的民主化,它为股东与股东、股东与公司董事会之间提供了一条低成本的交流通道,有利于提高决策的效率和效果,有利于增加股东参与公司治理的积极性并加强对公司董事会工作的监督。20世纪90年代以来,以互联网为代表的现代信息技术的迅速发展对证券市场产生了深远影响。目前不仅证券市场实现了证券交易的电子化与网络化,而且随着互联网的普及,选择网上交易方式的投资者人数也在迅速增长。比如,1999年美国网上证券委托的开户数就已达930万户,目前韩国约有70%的交易量通过互联网完成。[①] 不仅如此,随着互联网的快速发展,各种网站常常就各种问题进行网上投票,网民对此已非常熟悉。因而在上市公司引入电子投票制度的条件已经基本具备。

5.2.3 人事管控制度

基于目前民营企业普遍存在的交叉任职问题,对子公司的人事管控,

---

① 参见邓郁松《关于在上市公司引入电子投票制度的政策建议》,载《调查研究报告》2002年第115号,第1~14页。

有如下建议：

（1）集团公司董事长不担任（拟）上市子公司董事长，子公司董事长应由其他合适人选担任。

（2）子公司董事会的多数董事由母公司派出。

（3）子公司高级管理人员和财务总监由母公司派出，董事长不兼任总经理。

（4）母公司通过控制子公司高级管理层和关键财务人员来控制子公司。

（5）对子公司总经理的任命与管理见表5-3。

表5-3 子公司总经理的任命与管理[1]

		母子公司关系		
		财务型	混合型	
			上市子公司	非上市子公司
子公司总经理选举程序		按市场化（内部或外部市场化）程序优选		公司章程或公司组建协议
人事任免		总经理		
		市场化选聘或母公司委派等，但总经理提名后，须经董事会半数以上通过方可，任期时间根据企业具体情况而定		
行政管理		直接受子公司董事会领导		
人力资源管理		由薪酬与考核委员会代管		
绩效评估		由薪酬与考核委员会代管		
薪酬激励		由薪酬与考核委员会代管		
职能定位		全面负责子公司日常的经营管理活动		
述职报告	对象	董事会		
	内容	公司的经营业务		
	频次	一个季度一次（酌情考虑）		
监督机制	审查部门	接受母公司审计中心的全面审计		
	审查频次	半年或一年一次		

---

[1] 参见华彩咨询《集团母子公司管控体系》，2004年。

5.2.4 收益与激励制度

L企业经营层激励管理应该做如下安排：

（1）设计固定年薪制度。

企业视自身具体情况来设计固定年薪制度。工资系数是指实行岗位工资的企业，岗位工资根据岗位责任大小、技术含量、劳动强度和劳动条件等要素确定岗位级别，用系数而非工资的固定金额来体现不同岗位之间劳动差别的工资单元。工资系数根据企业规模的不同而不同。一般来说，大型企业的系数为 $3\sim 4$，中小型企业的系数为 $2\sim 2.5$。

（2）建立 EVA 奖金银行。

对于经营层的奖金，采用延期支付的方式，以激励经营层从公司的长期发展来规划企业的发展计划，避免即期支付引发的经营者行为短期化倾向。所以，建议企业在每个经营期间以 EVA 为基准计算的奖金应采取当期支付与延期支付相结合的办法。

设立专门的账号来处理奖金。对于每一个拥有分红权利的员工，企业将在银行开立专门的账户来处理。该账户有两种类型：一种是目标奖金用现金支付，但是超额奖金的1/3放入奖金银行账户，以后年份出现负的业绩则从该账户中扣减，但是逐年派发余额的1/3。另一种是完全奖金银行账户，全部奖金都放入奖金银行账户，每年提走1/3，负的业绩同样借记该账户。

（3）强化声誉激励制。

民营企业应更重视对子公司员工的声誉激励，以加强子公司及其员工对公司的认同感和归属感，便于推行统一的目标。对于经营层的激励不要只停留在利益激励的层面上，更重要的是对企业中的权利和地位进行激励。因为经理人更加注重的是自身的内在价值，包括自己的工作内容在企业中是否具有核心地位，职业规划的条理逻辑是否清晰，今后的发展有无上升空间，在经营中是否可以尽情施展自己的才华等。以激发经营层的工作热情以及他们的内在创造力。

声誉激励制的具体手段有以下几点要求：①满足经营层的自尊需要；②对经营层的贡献公开表示承认；③不要吝啬头衔和名号。

声誉激励制的具体措施有：开展优秀经理人的评比活动、给予经营层非业绩性竞争荣誉、颁发内部证书或聘书、借助荣誉墙和企业年鉴来激励经营层管理人员、以经理人的名字命名某项事物、进行奖励旅游、对后进经理人进行荣誉激励等。

(4) 企业扩大规模或上市后的经营层激励管理制度建议。

建议在上述经营层激励管理的政策基础上，强调持股制的激励方法。L企业拥有涉及多个行业的多个子公司，对子公司的业务信息掌控进而对子公司经营层进行把控的难度较大，因此需要采用持股制。股权激励制度一方面对于决策者来说有较高的收益预期，同时还具有较高的退出成本和犯错成本，具有激励和道德约束的双重作用，可以帮助企业更好地掌控子公司的情况。

可以建立基于EVA的杠杆股票期权制度。杠杆股票期权与传统股票期权的不同之处在于，传统股票期权的执行价格等于当前市场价格，对比之下，杠杆股票期权的执行价格每年以相当于公司资本成本的比例上升。如果在期权有效期内股票价格不能产生高于公司成本的收益率，则期权是没有价值的。因此，除非股东获得最低的投资收益率，经营层才能获得期权收益。

杠杆股票期权方案与公司的EVA奖金计划相联系，某一年份根据杠杆化的EVA购股期权计划与当年EVA奖金支出直接相关。一旦确定了奖金数量，经营层除了现金奖励外，还有公司股票期权。将股票期权奖励与EVA奖金结合起来使得股票期权本身成为一种可变的报酬，提高了整个激励制度的杠杆化程度。

5.2.5 财务管控制度

1. 母子公司财务关系

根据母子公司的产权关系和财务控制集权程度的不同设置财务制度。全资子公司一般要求完全参照母公司的财务制度，控股和参股子公司可能涉及更多行业或采用不同的治理架构，因此财务制度只要求在重大政策上和母公司保持一致（见表5-4）。

表5-4 母子公司财务制度关系

产权关系		财务制度
子公司财务制度	全资	子公司财务制度完全参照母公司财务制度执行
	控股	子公司制定与母公司财务制度相一致的内部财务制度
	参股	要求制定出在重大财务政策上与母公司财务制度相一致的内部财务制度

不过，不论母子公司是何种构成关系，对于还处于成长期并准备上市的健康类民营企业来说，为了实现资本利益最大化，控制投资风险，母公司在资产管理方面建议集权管理，将事关战略发展、重要投资决策、主导产品决策、影响母公司结构的战略重组等的权力掌握在母公司，子公司负责投资项目的实施。在项目实施过程中，子公司一方面要接受母公司决策委员会的考察和评估，另一方面也要接受子公司董事会的监控和评估。（见图5-2）

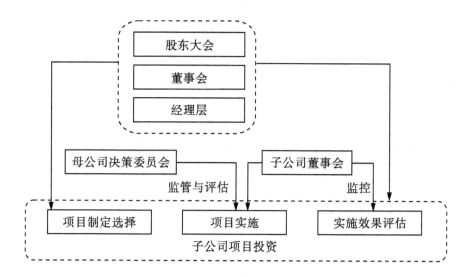

图5-2 母子公司资产管理关系

2. 授权审批制度

子公司每年应根据公司的经营计划和预算要求，编制年度经营计划与财务预算报母公司批准。年度经营计划和预算的编制程序如下：

（1）公司下达年度经营计划和预算编制通知。

（2）由子公司财务部作为年度预算的编制牵头部门，负责子公司年度预算的汇总、平衡及编制，经子公司总经理审核签名后报母公司财务部。

（3）母公司财务部进行预算汇总，并编制整体经营预算，连同子公司预算一并提交母公司总经理办公会讨论。

（4）公司整体年度预算提交董事会审议通过。

（5）母公司行文，下发年度预算通知至子公司，规定对各子公司的经营、筹资、投资、费用开支等实行年度预算管理，确定各层级审批权限，实行授权审批制。

（6）子公司管理层结合自身业务特征，分解、细化公司下达的经济指标，并拟定具体的实施方案，报公司总经理审批。

（7）子公司年度预算实施方案报母公司备案并执行。

具体财务管控战略规划业务流程与风险控制模式如图5-3、表5-5所示：

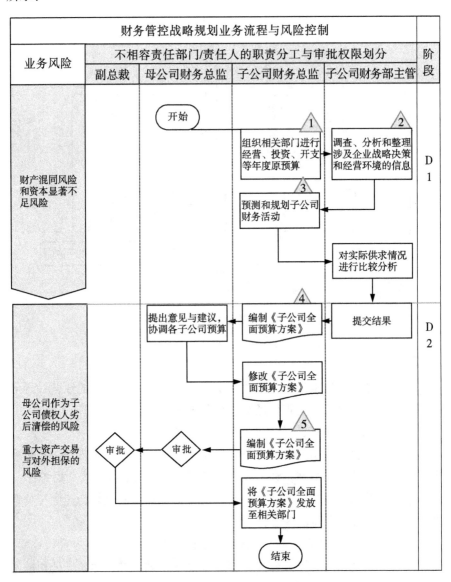

图5-3 财务管控战略规划业务流程与风险控制模式

表 5-5　财务管控战略规划业务流程与风险控制

战略规划业务流程控制		
控制事项		详细描述及说明
阶段控制	D1	1）子公司财务总监组织相关部门进行经营、投资、开支等年度原预算 2）调查、分析并整理涉及企业战略决策和经营环境的各种信息 3）在分析子公司财务活动影响因素的基础上，采用定性与定量相结合的预测方法对子公司未来的全面预算进行规划
	D2	4）子公司财务总监编制《子公司全面预算方案》 5）母公司财务总监修改《子公司全面预算方案》
相关规范	应建规范	• 财务管理制度 • 重大资产交易审批制度 • 对外担保审批制度
	参照规范	• 《子公司管理办法》 • 《合同管理办法》
文件资料		• 《子公司全面预算方案》
责任部门及责任人		• 财务部 • 副总裁、母公司财务总监、子公司财务总监、子公司财务部主管

3. 筹资及投资活动的风险控制制度

集团母公司对子公司财务活动过程进行控制，主要表现为事前控制、事中监督和事后评价。[①]

（1）事前控制。

为实现企业集团整体发展战略，合理配置优势资源，企业集团母公司会对子公司财务活动进行总体规划和安排，并提出活动目标和标准。但是子公司拥有独立的法人地位，其局部利益与企业集团整体利益存在发生冲突的可能性；另外，子公司领导层拥有子公司剩余控制权，而且其存在逆向选择和背德问题。因此，在子公司进行财务活动前，其实施方案不一定满足企业集团母公司的总体规划和安排，或者不是在既定活动目标和标准下的最优方案。为解决上述问题，企业集团母公司需要对子公司的各项财

---

① 参见白万纲《集团管控之财务管控》，中国发展出版社 2008 年版，第 16～20 页。

务活动进行授权审批和论证。一般情况下，企业集团母公司会分别建立授权审批制度和论证制度，对审批主体、审批权限和审批方式，论证主体、论证内容和论证程序等做出规定。

集团公司的筹资组织管理如图5-4所示：

投资计划编制原则	筹资计划编制原则
	• 符合宏观经济政策和产业结构发展要求
	• 遵循集团战略发展原则
	• 满足市场需求原则
	• 符合集团资源配置原则

投资计划编制审批	筹资计划编制审批	母子公司关系		
		财务型	混合型	
			上市子公司	非上市子公司
	子公司筹资管理	重大筹资项目由母公司集中管理，给予适度额度的筹资权		由母公司集中管理
控制方式	额度内	子公司财务部负责制定筹资方案，由董事会决议，上报母公司审批、备案，并监督执行		由母公司集中管理
	额度外	子公司负责制定项目筹资方案，上报母公司投资预算委员会审批，母公司财务管理中心负责实施执行		
	管理程序	子公司制定方案、母公司负责审批执行，决策委员会决议		母公司负责方案制定、实施；母公司投资预算委员会负责决议
	责任部门	子公司财务部、母公司财务管理中心		母公司财务管理中心

图5-4 筹资组织管理

集团公司的投资决策程序如表5-6所示：

表5-6 投资决策程序

项目	母子公司关系		
	财务型	混合型	
		上市子公司	非上市子公司
重大投资项目	由母公司战略投资中心负责编制投资计划。首先,对投资项目进行市场调查,通过对行业、宏观经济和法律政策、市场可行性、技术可行性、财务可行性等方面的研究,形成项目可行性研究报告。其次,母公司战略投资中心组织外部专家对项目可行性进行论证,提出项目可实施性分析。最后,上报母公司董事会战略投资委员会进行审议,审议通过后由母公司战略投资中心负责组织实施		
一般性的投资项目	由子公司负责项目的可行性研究,经子公司董事会审议通过后,上报母公司董事会备案。子公司负责实施	投资项目的可行性研究由母公司战略投资中心负责,子公司仅负责项目的实施	

(2) 事中监督。

在财务活动的实施过程中,内外部不确定性因素的影响,以及子公司是否按照既定活动方案进行财务活动,都将导致财务活动实施状况偏离预期活动目标和标准。因此,企业集团母公司必须对子公司财务活动实施过程进行监督。一般情况下,主要包括:①母公司对子公司财务活动调整事项进行审查和审批,防止子公司随意调整活动方案;②母公司相关职能部门对子公司财务活动的执行情况进行定期或不定期审查,确保子公司财务活动合理、合规。

(3) 事后评价。

企业集团母公司对子公司各项财务活动进行事后评价,主要为母公司针对子公司财务活动的执行结果与预期活动目标进行对比分析,并根据分析结果做出适当的评价。一方面,通过事后评价,总结经验教训,对以后的财务活动执行及管控具有借鉴和指导意义;另一方面,通过评价结果,可对子公司各责任人进行相应的奖惩,促使其优化管理。

5.2.6 文化管控制度

L集团在经营上的多元化、组织结构上的复杂性及地域环境上的差异性，带来了母子企业文化的差异性，文化差异产生的文化冲突使得企业集团的文化凝聚力和核心竞争力都大为下降，这势必影响着企业集团的经营效益。文化力是当代企业的核心竞争力之一，这对于大型企业集团而言更为重要。民营企业在抓好组织与技术等有形管理因素外，更要重视整合企业及其成员的价值观念、人际关系、文化传统、作风习惯等无形的文化因素。

L集团的文化管控从精神文化、制度文化、物质文化三个层面入手，其中精神文化是文化管控的核心，制度是文化战略实施的保障，物质文化是精神文化和制度文化的具体表现。

1. 精神文化

精神文化包括企业的价值观、经营哲学、企业精神等内容。对于有长远发展目标的健康类民营企业来说，不论是全资子公司还是参股的子公司，健康类民营企业的战略部署必然是企业愿景的体现，健康行业的道德情操和社会责任是企业持续发展的基石，集团发展愿景是企业向心力、凝聚力的核心支撑。将集团愿景传递给各子公司，传递给员工，可以激发员工的积极性，增强主人翁意识。

对于L集团直属的全资或控股子公司，还可以进行更多的企业文化教育。例如，设置文化职能部门或岗位，制定集团整体企业文化战略和相关制度，进行愿景领导；通过制作企业文化手册、活页、品牌Logo（标识）、网站设计等书面形式，向集团和各子公司直观地传递企业文化信息；通过培训、典型人物研讨活动、文体活动、征文比赛等活动形式传播企业文化，促进员工相互学习，增强认同感。

2. 制度文化

企业制度是企业文化的落地。企业制度的汇编设计是体现企业文化管理水平的主要因素。企业制度汇编主要包括企业战略制度汇编、企业文化汇编、生产管理制度汇编、财务管理制度汇编、人力资源管理制度汇编等，完备的制度设计和执行才能保证企业文化落到实处、发挥作用。在制度文化管控中，健康类民营企业母公司要发挥主要作用，从思想上培训员工的制度认知，将企业文化贯彻到企业制度建设的方方面面，让企业精神也成为员工个人的行为依据，并转化为自觉的行动。

以人力资源制度为例，对子公司派驻高层是传递企业文化的方式。通过派遣高级经理层和专业人员进入子公司董事会或经理层，有利于集团核心企业文化的扩散，进而影响到子公司其他人员的行为规范，为集团整体利益服务。

3. 物质文化

物质文化包括企业的工作环境、沟通渠道、资产管理等因素。L集团在物质文化上可以从以下几个方面入手：

第一，加强企业信息化建设。企业信息化建设有利于加强集团对子公司的文化控制。企业信息系统可以更便捷地传递企业文化制度实施情况，有利于公司内部、公司之间、员工之间的交流，也有利于母公司对子公司的全面监控。

第二，企业沟通渠道的建设。企业沟通方式，是层次严明还是打破上下级障碍，是层层审批还是自由灵活的选择，都取决于企业文化的精神。根据健康类民营企业的企业文化，建立合适的母子公司之间、子公司彼此之间的沟通渠道和工作流程，将企业文化具体化、实践化是维护企业文化的重要手段。

第三，制度的执行与监控。有了明确的企业文化和配套的制度文化，还需要有力的执行与监控机制。否则，子公司在接收母公司企业文化中的"噪音"导致经营活动偏颇，引致的财务风险、经营风险、文化风险会对集团造成不良的影响。为了保证各项制度落到实处，母公司要对子公司经理层进行考核，规范其工作流程，监督其工作绩效，并发挥党委、工会等组织的宣传作用，加强正向的企业文化控制。

5.3 背景材料与案例

5.3.1 子公司治理的主要内容[①]

一般来说，母子公司的治理应包括如下内容：

（1）明确集团的总体发展战略。

明确的发展战略是集团总部对下属单位能够实现有效管控的前提。管控模式并不是固定的，而是要根据企业的实际情况，进行有针对性的设计。在企业的实际应用过程中，并不是要严格按照模式所要求的来划分，

---

① 参见白万纲《母子公司管控109问》，机械工业出版社2007年版，第22～37页。

而是融合不同模式针对企业现状和发展要求的优势和长处，形成自身特定的管控模式。

(2) 明确总部定位。

总部定位就是总部未来重点管理的内容和职能的定位。一般来说，大型集团的总部最主要的管理财务权、人事权和战略发展权，也就是"管钱、管人、管方向"。在此基础上，在根据集团总部的需要，增加相应的管理内容，比如说投融资管理、研发管理等，从而最终形成总部的明确定位，为后续的权责划分奠定基础。

(3) 理顺管理纽带、构建清晰的治理结构。

对于具有独立法人的下属机构子公司管理最简单的方式，就是完善其治理结构。通过成立各司其职的董事会、监事会、专业委员会、经理层等，来进行规范化的管理。这样，集团总部就可以通过自身的股权所有关系，从董事会层面参与子公司的运作，从而决定重大的人事任免、战略计划制定等，从根本上避免了独立法人资格的子公司成为超脱于集团体系的独立王国的可能。

(4) 合理进行总部和子公司之间的权责划分。

可通过总部和子公司之间明确合理的权责划分，实现管理的有序、高效。一般来说，就是从战略规划、投资决策、重大项目实施、研发管理、市场开发、融资和资本运作、财务管理、资产管理、风险管理和防范、人力资源管理等管理维度，明确总部和下属单位所承担的责任和义务，明确不同的管理内容的决策权、审批权、建议权等的划分，从而实现总部和下属单位之间的有效协同，防止出现管理混乱现象的大规模发生。

(5) 完善制度管理体系。

通过明确的绩效考核机制，约束和指导下属单位的业务经营情况；通过建立完善的制度管理体系，逐步实现从人治向制度治理的转变，使日常的管理工作有章可循、有法可依，从体系层面上提高效率。

(6) 加强企业文化建设。

在企业内部构建优良的管控文化，也将有助于总部对于下属业务单位的有效管理。良好的企业文化可以将员工的行为从被动变为主动。具体来说，可以从战略引导、组织认同、行为规范等不同的层面和维度进行相应的构建与完善，以形成多层次、多维度的立体文化体系，让总部和下属单位的员工，在配合、协同、实施、运作方面，形成主动的行为，进而保证整体管控要求高效、有序地实施。

5.3.2 母子公司基本管控模式①

子公司管控模式基于集分权程度的不同，一般分为战略管控、操作管控和财务管控三种模式。三种管控模式的区别主要见表5-7。

表5-7 子公司管控模式比较

管控模式		财务型	战略型	操作型
管控目标		财务导向的收益最大化。 财产资产组合动态优化	战略导向资源配置。 界面、流程、制度规范和成熟	多角度立体管理。 标准化管理和目标执行。 复合经营指标提升
管理深度	战略计划	审查、备案子公司战略计划	审批子公司战略计划，必要时进行指导	为子公司制订战略计划
	投资计划	提供资金支持，关注投资回报率	审批子公司投资计划，控制资金使用	为子公司制订投资计划，控制资金使用
	经营计划	为子公司制定财务目标	为子公司制定财务目标和经营目标，并对其进行考核	制订详尽的财务目标和经营目标，参与经营并对子公司进行考核
	人力资源	只管理和考核子公司一把手	对子公司核心技术人员和高层管理人员进行考核	为子公司制定详尽的人力资源规划，并监督执行
典型代表		和记黄埔	壳牌石油	IBM
集分权程度		分权	分权集权结合	集权

财务型管控：分权程度最高的管控模式，一般适用于没有明显主导产业的无关多元化企业。以追求投资回报、资本增值为唯一目标，无明确产业选择，通过投资业务组合的结构优化追求公司价值的最大化。

战略型管控：一般适用于相关产业的业务板块。追求核心产业发展，

---

① 参见李连华《对子公司的控制：理论、实务、案例》，大连出版社2009年版，第54～80页。

有明确的产业选择，追求投资业务的战略组合优化和协调发展，培育战略协同效应。

操作型管控：集权程度最高的管控模式，一般适用于单一产业或企业在多元化的初期。追求战略实施和经营思路的严格执行，有明确的主导产业，强调二级公司经营行为的统一，集团整体协调成长。

母子公司管控模式的选择主要基于三点考虑：

（1）战略地位。

即现阶段子公司在公司战略中所处的地位。

扩张战略的目的是通过产量、市场和行业的扩大，提高市场占有率，降低生产成本，获得超额的利润率，实现新的利润增长点。此时集团公司应采用分权为基本特征的管控模式，鼓励子公司积极开拓市场，给予子公司更多自主决断的权力。稳定发展战略是充分利用现有资源，保持市场占有率的战略，这种情况下应适当收紧投资决策权。紧缩战略通过对公司股本或资产的重组缩减主营业务或减小公司规模。采取紧缩战略的公司都会采用集权型控制体制。对子公司而言，紧缩战略不一定是消极的发展战略，从不景气行业的撤退可以成为集团以退为进的棋子，整合资源向更有利润空间的行业发展。

（2）公司发展阶段。

发展阶段一般分为起步阶段、成长阶段、成熟阶段、衰退阶段等；在起步和成长阶段，整个企业的管理水平和经验都比较欠缺，集团和子公司之间缺乏默契，相互信任程度不高，此时集团一般采取集权控制，以迅速聚集资源提高整个企业的实力。在成熟阶段，企业的产业选择、产品品种、市场渠道和盈利能力都较为稳定，集团和子公司的配合比较默契，资金状况良好，这时一般采用分权的控制体制，刺激子公司的发展潜力。在衰退期，企业遭遇主导产品和行业的衰退，面临集团的发展转型，这时一般采用集权的控制体制，来整合整个集团的资源，集中力量扶持新行业的发展。

（3）资源相关度。

子公司与集团之间、子公司与子公司之间的资金、人才、设备、品牌、客户等资源的相关程度。财务型管控制度下各子公司只需要完成自己的财务目标即可，子公司之间的相关程度可以很小。战略管控中集团总部制订整体战略计划之外也要为子公司审批和修改企业计划，这要求子公司业务之间的相关性高，集团总部主要在综合平衡、提高集团综合效益上做工作。操作管控型制度要求各子公司业务的相关性很高，这样集团总部才可以有足够的资源、经验和技能进行严格的过程控制，并在面临各种问题时做出正确的决策。

5.3.3 国外母子公司管控模式

以下是对一些国外集团管控模式的比较（见表5-8）。

表5-8 国外集团管控模式比较[①]

类型		外部监控模式	内部监控模式	家庭监控模式
国家与地区		美国、英国	日本、德国	韩国、东南亚、港澳地区
资本结构		证券市场是资金主要来源	银行是筹资主要来源，负债率较高	负债率较高
决策方式		偏向个体决策	偏向集体决策	个体决策或家庭决策
不确定性规避		低	高	高
文化特征	权力距离	小	中等	大/中
	个人主义指数	中	低	低
	价值观念男性度	高	中等	低
监控方式		市场监控力度大，监控主要来源于外部各市场体系	市场监控力度较小，监控主要来源于企业各相关利益主体	市场监控力度较小，监控主要来源于以血缘为纽带的家族
公司治理结构	董事会的作用	小	相对较小	支配作用
	对利益相关者的关注	中	较高	支配作用
	对经营者的激励	主要问题	不是主要问题	基本不存在
	委员会设置	三大委员会	有的企业有	无

---

① 参见华彩咨询《集团母子公司管控体系》，2004年。

续表 5-8

	类型	外部监控模式	内部监控模式	家庭监控模式
市场机制	敌意接管的频率	经常	很少	很少
	银企关系	无控制关系	主银行	—
	证券市场作用	很大	不大	不大
	面对的主要挑战	对利益相关者的关注,敌意接管频繁等	经济自由化,金融市场的开放,政企和银企关系转型等	对资本(人力和非人力的)外部需求
	发展或变化趋势	强化内部监控	完善或强化外部监控	逐渐转向内部或外部监控
母子公司	关联度	高	中	低
	组织形式	垂直型持股	相互持股的环形结构	垂直型持股
	管理方式	相对集权	相对松散	相对集权

5.3.4 案例

1. 财务管理①

(1) 正大制药集团对控股企业的财务管理模式。

1) 董事会的经营管控。

公司在每年的年初和年末召开董事会。年末董事会讨论公司来年的经营思路、项目计划、财务预算及新产品研发等;年初董事会确定分红方案,讨论和修正公司的经营思路等。董事会对企业的控制主要有两个方面。

第一,授权管理制度。通过制定《核决权限表》,建立分级授权,相互制衡的管理体制。《核决权限表》将公司所有部门的各项业务,按照重要程度、影响范围和时间、涉及金额大小,对董事会、总经理、部门经理以及各子公司管理人员等分别逐级授予一定权限。每项业务的办理都经过经办人提请、审查人审核、批准人批准三项程序,各自在其权限范围内行

---

① 参见白万纲《集团管控之财务管控》,中国发展出版社 2008 年版,第 81~89 页。

使职权，特别是对子公司经理层的权利范围进行约束，超越自己权限的业务无权审批。《核决权限表》经由董事会批准后执行。

第二，预算管理制度。公司每年 10 月开始进行下年度的预算编制工作，董事会提出年度经营目标，财务部门根据经营目标编制总预算草案下达各相关部门，各部门编制部门预算报财务部，由财务部汇总、调整、审核，约 1 个月完成，经总经理提请董事会批准后执行。公司预算一经批准，公司所有人员都必须严格执行，公司预算范围内的业务事项，按《核决权限表》的规定执行。如果超预算在 20 万元以内的，可由总经理决定，20 万元以上的要报公司董事会，经董事会通过，或者经董事长和董事签署方可变更执行，年度累计不得超过 60 万元。对于预算外事项，在总经理权限范围内的由总经理决定，超出总经理权限的由董事会决定。

2）向控股企业委派财务总监。

财务总监由集团总部任免，薪酬由总部确定，在任职公司列支。财务总监定期向集团汇报工作，业务上接受集团财务主管的领导，行政上接受任职企业总经理的领导。财务总监直接向董事会报告工作，对董事会负责，参加董事会和企业的各类经营会议。其主要职责是：贯彻落实集团和公司董事会的财会政策；真实客观地反映公司的经营过程和结果；为公司各部门提供管理信息；全面参与并监控公司的各项经营管理活动；领导监督财务经理的工作，终极签批公司的各项资金和费用的支出。

集团对财务总监的考核实行结果考核与过程考核相结合。60% 的部分与所任职企业的经营业绩挂钩，董事会将企业业绩完成情况分为 A、B、C、D、E 五个等级，C 为及格点。40% 的部分考核财务总监的工作过程，主要有四项内容：①财务管理工作尽责情况占 50 分；②其他业务部门对财务的满意度占 10 分；③内部控制制度建立健全及执行情况占 20 分；④职业道德评价占 20 分。其年薪由基础薪酬加奖励两部分组成，奖励又分两种：一是享受企业副总经理按业绩领取的奖金，二是集团总部的年终红包。

3）执行董事的辅导制度。

执行董事一般由投资控股之前作为合作项目的项目负责人出任，因为其对公司的情况非常了解。执行董事每 1～2 个月来公司一次，对公司的经营管理进行辅导（监督），参加公司的重要会议，讨论公司的重大事项，听取财务总监的汇报，和各部门人员沟通，了解掌握公司运行的第一手情况和风险点。

4）内部审计制度。

集团审计部对集团各控股企业的审计分三个层面进行：一是核数审计。审计部每年初对企业经审计年报的财务数据进行核实，各公司的财务总监要将有关需要说明的财务事项如实向审计部汇报。审计结果作为董事会制订分红方案和对经营层进行考核的依据。对上市公司L集团的审计，由世界四大会计师事务所之一的安永执行，此时内审一般和安永公司的审计同时进场，联合进行，充分利用安永公司的审计结果。对非上市公司，当中介机构年度审计与内审数据出现差异时，董事会以内审数据为准。二是对各控股企业管理审计。这既是对公司所有部门内控制度执行情况的审计，不定期进行，同时也是检查经营层和财务总监行为的审计。对公司存在的问题以管理建议书的形式在征求执行董事意见的基础上，经公司副总经理以上人员会议讨论后，报集团董事长和总裁。公司对照确定后的建议书，逐条加以整改，财务总监负责监督落实。三是新投资项目的尽职调查。主要从法律和财务两个层面进行。

（2）九芝堂股份有限公司的财务管控。

九芝堂母公司对子公司财务管控的主要职能有：①建立母公司财务管理体系，建立健全母公司和有关子公司的财务、会计制度；②编制财务报告，审批和监督子公司的重大筹资、投资、抵押和担保等；③审核子公司的财务制度和财务预决算等。

（3）对L集团管理模式的启示。

1）规范的治理机构。公司董事会由股东各方代表组成，董事会不干预经理人员的日常工作，董事长不兼任总经理。董事会真正起到决策和监督的作用。总经理和财务总监都处于董事会的监控之下，这是总经理和财务总监能够相互制衡的前提条件。而目前L集团及其子公司存在交叉任职的情况，应当逐步改进治理结构。

2）按市场经济运行规律设计出真正分权、制衡、有效率的制度，实现科学治理。正大制药集团实行的"核决权限制度"体现了分权和制衡的特点，实现了"遇事有人管""责任有人担"和"对岗不对人"（即用制度管人）的管理精髓。董事会的主要精力放在政策制定和协调、检查、监督方面。核决权限制度就是前文提到的授权批准制度，有较为明显的优点，应当借鉴。

3）财务总监的双重领导和报告制度，为董事会直接全面和不受干扰地了解公司运作状况提供了有效的制度渠道。财务总监是仅次于总经理的公司管理人员，具有广泛的核决权限，直接向董事会和总部汇报。财务总监的双向负责制有效地避免了"内部人控制"现象的发生和信息不对称问题。特别是其终极签批权，基本上杜绝了各种违规支出现象的发生。总经理和财务总监成为公司主要管理人员，各有侧重、互为依存、共同服从，服务于公司的经营目标。

4）集团内部审计的监督不可或缺。内部审计的监督强化了董事会对公司的管控。内部审计直接对董事会负责，完全独立于公司。董事会研究分红方案，对公司经理和财务总监的奖惩都依赖于内部审计的审计和考核结果。通过每年的财务审计、不定期的管理审计及新投资项目的尽职调查，揭示公司存在的问题，检验经理和财务总监所反映情况的真实性及其道德水准，促使公司管理人员不断改进管理，如实反映情况，保证公司遵循董事会的决策，为股东利益最大化而努力。

2. 激励管理①

A公司是某集团下属的一级企业，是以生产手机电池、碱性电池为主的高新技术企业。集团对A公司的经营层实行KPI与中期述职制度相结合的考核模式，在年初的考核指标主要有五个财务指标：销售额、利润、应收账款、周转天数和净资产收益率。年初由集团总裁与A公司经营层签订业绩合同，年终根据业绩完成情况进行考核，考核成绩分为五个档次（优秀、良好、合格、不合格、差），每一考核等级对应不同的奖励系数，总经理的年终奖等于年薪基数乘以奖励系数。在对A公司2000年的考核中，A公司被评为集团优秀管理企业，但其在2001年度却亏损2000万元。

在对A公司的财务进行分析时，发现A公司的经济增加值在2000年后半年已开始出现负数，而且其在2000年盲目上马已处于市场饱和状态的液态电芯生产线，并进口大量设备，结果使经营成本急剧上升，导致于2001年年末亏损2000万元。

案例分析

A公司的业绩评价体系存在以下三方面的问题：

---

① 参见《EVA革命——建立以价值管理为核心的经营层激励计划》，见http://www.rs66.com/a/11/36/EVAgeming_jianliyijiazhiguanliweihexindejingyingcengjilijihua_42246.html。

第一，A公司采取以会计利润衡量标准为核心的业绩评价体系，而这些标准严重影响公司战略资源配置和决策的正确性。由于忽视了资金成本，企业的经营层往往过度投资，以期获得更大的销售收入和利润增长，结果留下一大堆闲置资产。会计利润在计量股东价值方面的另外一个致命缺陷是，公认会计原则对稳健性原则的坚持为经营层的盈余操纵大开绿灯，而且鼓励了经营层的短期行为。

第二，A公司的业绩评价体系以预期业绩目标作为业绩管理和薪酬分配的核心，在年初由董事会与经营层签订业绩合同，年终由董事会根据目标完成情况对应不同的级别来确定薪酬分配系数，然而这只会使企业的经营层调低企业的潜在发展水平以保证更为灵活的、有利于自己的业绩目标。这种奖金计划具有以下特点：在企业业绩较低的时候，经营层往往没有奖金，业绩水平一旦达到了一定程度，经营层便开始获得奖金，随着业绩的增加，奖金也不断增加。但超过某一点后，经营层将不能获得额外的奖金，这也就不能再有效地激发经营层努力工作。

第三，A公司的目标奖金一般根据目标业绩来确定，而目标业绩通常根据预算来制定，由于预算关系到经营层的年度奖金和股东的获利，双方的立场对立导致沟通协调困难加剧，使得管理成本大幅上升。同时经营层和股东的信息不对称也使预算准确性受到了严重制约，经营层利用信息上的优势制定了有利于自己的业绩目标。

以上三方面问题也是大多数企业所面临的经营层激励管理困境。L集团应该引以为戒，通过导入以EVA为核心的经营激励计划对本公司的传统经营层激励管理系统进行改进。

3. 营销管控[①]

港资品牌"佐丹奴"在20世纪90年代初开始进驻国内市场，短短几年里，其专卖店数量发展迅猛，而且其销售和利润率都跃居同行业榜首，成为成功实施品牌战略与营销组织管控的经典之作。

（1）准确的市场定位，塑造营销竞争力。

首先，从面料的考究和选择来看，当今世界科技日新月异，化纤面料层出不穷，但经过人们的长期使用和筛选，人们至今钟情的依然是棉制

---

① 参见章成《佐丹奴品牌营销战略分析》，载《市场营销导刊》2000年第3期，第63～64页。

品。棉布面料以其透气性好、吸水性强、手感舒适、耐用廉价等特点，表现出了其永恒的生命力。因此，该品牌服装从T恤、衬衫、夹克衫、长裤、内裤到袜子等，无一不是由全棉或高含棉面料制成。这样就满足了各种年龄阶段消费者的需求，为获得尽可能多的消费者群体奠定了基础。再根据价格和款式突出服务于18～45岁的中青年人，因为这一年龄层的人士，服装购买欲最旺盛、更新换代频率最高。

其次，从服装的价格定位来看，"佐丹奴"敏锐地察觉到我国服装市场上中高档价格男装花色品种的匮乏，尤其是款式表现为"大路货"的断档。针对这种情况，"佐丹奴"将产品价格定位为：全棉长短袖T恤50～150元，棉布衬衫100～200元，长裤100～300元，皮带100～200元，夹克与加厚棉料夹克200～400元，风衣500元左右，羊毛衣150～300元。这种价格定位非常适合我国现阶段大中城市居民的消费水平。

最后，从该品牌服装款式的确定来看，不难发现其经营者深谙国人的着装心理和习惯，对我国的服装文化亦下了一番功夫进行研究，把握得较准。我们是一个文化历史悠久、崇尚中庸的古老民族，穿着朴素，不寒酸也不过火是最高境界，较之于西方民族更含蓄、更传统。尽管现在我们的生活水平提高得很快，与西方文化也有所交融，但穿着打扮却有着渐进的发展进程，大多数人并不追求新奇。针对这种市场状况，"佐丹奴"服装款式设计力求简单、流畅，而不见粗陋，给人感觉透着古典、淳朴的平凡，但又毫无落伍、过时之感，体现出一贯秉承的"优雅中愈见洗练的沉稳风格"。

（2）统一的营销策划。

"佐丹奴"在进行了充分细致的市场调研后，确立了以中国大中城市为目标市场的策略，形成了以深圳为总部，以珠江三角洲为中心，并向全国大中城市辐射的商业网络。

在城市里，"佐丹奴"将专卖店设在人流量大、客流量多、影响广的商业旺市，即使该地段租金远高于其他地段，也在所不惜。因为它可以通过商品流通速度的加快和资金周转的加速，来提高资金的利用率，从而赢得较高的利润率。其根据各大城市不同的人口数量来确定设立不同规模和数量的专卖店。城市大，人口多，店铺规模就大，数量也就越多。

虽然"佐丹奴"在全国各地的专卖店规模大小不一，但其品牌风格却完全保持一致。所有该品牌的专卖店都以浅蓝底色、配以横写的白色粗体的中英文"佐丹奴"字样的注册商标直接作为商店名称，既简洁醒目、形象突出，又像一幅广告牌，令人赏心悦目。各地专卖店，从建筑物外观到装修，包括色彩、造型、用料和货架以及服装摆设，都实行统一的风格。

"佐丹奴"也根据自身特点注重利用传媒进行广告宣传，以达到促销的目的。但目标层次并非只局限于通过简单的服装宣传来扩大眼前的销量，而更多的是注重其品牌文化氛围的营造。其每年都适时推出富有创意的精美广告片段在电视上播放。在店内张贴表现其品牌主题，同时又充满活力、令人遐想和回味无穷的海报和年历。这无疑提高了该品牌的形象品位，丰富了其内涵，潜移默化中加深了品牌的穿透力、扩大了品牌的影响度。同时，身处城市商业中心旺市的巨大的"佐丹奴"店牌，本身也是一个广告，向过往行人展示其风采，因此其广告效果显著。

（3）对下属专卖店组织实施"四统一"营销管控。

"佐丹奴"在向全国进行规模扩张的同时，为维护其连锁店统一的品牌风格，连锁经营实行"四统一"：①统一商号。所属专卖店全部使用该品牌的统一名称，经营场所的企业商标、外部形象、内部装潢、商品陈列、货架与服装都统一制作。②统一供货。其实行"集中供应，分散经销"，对所属各分店经营的商品，都由配送中心直接从生产厂家进货，统一发送货物。③统一定价。对所属各分店经营商品的销售价格，执行总部所确定的统一定价，禁止擅自打折和扰乱市场价格、破坏其品牌形象行为的发生。④统一管理。所属各分店的经营计划、指标考核、经营规范、员工培训以及人事、财务、行政等各项管理都执行公司的统一规定。

"佐丹奴"以品牌为核心发展加盟工厂和加盟店，由"佐丹奴"为加盟商家提供销售分析、营销推广、市场分析、形象设计、财务分析、人事培训、仓货分析及电脑支援，组建了一支全国性的强大稳定的加盟大军，形成了一个覆盖全国的营销网。

案例分析

由上述案例可知：

首先，集团总部的政策管控包含诸多方面的内容，其核心是对营销年度计划和预算的管控。

其次，集团化企业多层次营销的职能管控可分为两大层面：第一，对集团母公司自身营销职能的管控；第二，对子公司营销行为的管控。

最后，营销预算是公司经营预算的重要组成部分，任何一个负责公司营销事务的最高级主管都必定会花相当多的时间和精力去审核、评估，最终确定提交给公司最高管理层的年度营销预算，在预算通过审查批准后，对该预算的内容承担直接责任。

4. 供应链管控①

三星手机虽发展于世界手机列强的夹缝之中，但仍凭其出色且富有创新性的供应链体系而在市场中站稳脚跟。韩国人的经验也许可以给中国同行一些启示。

(1)"三星模式"工业园。

三星对供应链管理的重视可以追溯到其手机部成立伊始，当时，由于一些部件紧缺，三星无法及时供货，令网络运营商和其他客户大为光火，而且还错过了圣诞节促销的大好机会，损失惨重。这件事刺痛了三星的掌权者，在此后相当长的一段时间里，三星都把供应链管理作为重中之重，确保供应链的顺畅和强健。现在，三星强大的供应链管理能力，正因为其独特的"三星模式"而广为人知。

"三星模式"的思路成型于2003年，当时，正是全球电信市场的黄金季节，国际及国内手机市场需求旺盛，同时也是全球各大手机制造厂商们奋力一搏的时候，虽然三星已鼓足了劲，但老牌劲旅诺基亚、摩托罗拉与当时的爱立信、西门子等显然都十分抢眼，大家都铆足了力气去扩大自己的生产份额。

一部手机，用到的零配件有几千个，模块则有数百个，对于三星这样实现了大规模批量生产的企业，一年要生产数千万部手机，所需零配件数量之大可见一斑。虽然当时的三星已经拥有众多全球优秀的原材料、零部件供应商，但在世界许多国家，却缺乏一家成规模的供应商，时常不得不从国外直接进口相关零部件。于是，三星产生了成立一个工业园，把遍布全球、相对分散的供应商聚集在这个园区周边的想法。

随后的一年中，三星模式的工业园分别在世界7个国家建立了起来，其中包括中国的北京。三星主动召集供应商和自己毗邻而居，把原来需要通过空运、海运等方式才能实现的原料和零部件的采购变得简易，节省了

---

① 参见张蔚《三星供应链革新旅途》，载《知识经济》2005年第2期，第65～66页。

以前耗费很多的高端运输成本，库存成本几乎降至为零，从而能最高效地保证生产，提高产能。

（2）与最优秀的企业合作。

继"三星模式"工业园大规模建立后，2004年7月，三星又在中国东莞建立了物流中心，并于3个月后正式投入运营，成为三星在中国一个极为重要的物流中心。

这个物流中心的运营管理，同样是由为"三星模式"工业园提供服务的跨国物流公司Rugel来实施。Rugel公司和三星已合作多年，而且一直是三星在全球的物流服务提供商，Rugel公司为三星提供全程服务，三星从物料采购，仓库管理到制成品分拨，全部由其一手操办，Rugel公司的核心能力在于库存控制、分销及供应链管理。

据悉，最初，园区内客户选择Rugel公司作为"三星模式"项目的物流服务提供商是希望与其交流工业园运作的理念，Rugel公司继而将其在全球的类似操作中得到的最佳模式引入，包括在巴西为大众（Volkswagen）运作的供应链管理模式。

"三星模式"园区的最大特色在于超强的供应链快速反应能力。三星在接到订单后，立即组织生产，24小时内就要由物流中心发出成品。目前，在"三星模式"工业园已有超过26家三星配套供应厂商，围绕三星提供其所需的零配件，以保证及时生产、供货。为配合生产企业的需要，三星物流中心也实行7天24小时的运作。

Rugel公司使用目前世界最先进的物流派送模式，由在园区内循环运转的电瓶拖车完成对所有园区企业的送货和收货手续，园区内货物的流转也将通过可循环使用的包装进行运送，这样不仅可以减少车辆闲置费用、包装费用。为了实现全园"零"库存的目标，园内各相关企业之间都设有网络连线，以保证物流和信息流的即时连接和直接沟通，有的配套厂商甚至准备专门建造直接通向三星组装厂厂房的超大型传送带。据悉，在中国东莞三星的这个项目，供应商便可以直接把零配件送到生产线上，这样就可以把库存压缩到最小。

（3）做到处处监控。

其实，"三星模式"工业园成功运作的关键在于有先进的信息系统作为支撑。中央物流管理系统CSMS（The Central Services Management System）既是工业园的物流监管系统，也是中央管理平台，是支配园区内最后，营销预算是公司经营预算的重要组成部分，任何一个负责公司营销事务的最高级主管都必定会花相当多的时间和精力去审核、评估，最终确定提交给公司最高管理层的年度营销预算，在预算通过审查批准后，对该预算的内容承担直接责任。

4. 供应链管控[①]

三星手机虽发展于世界手机列强的夹缝之中，但仍凭其出色且富有创新性的供应链体系而在市场中站稳脚跟。韩国人的经验也许可以给中国同行一些启示。

(1) "三星模式"工业园。

三星对供应链管理的重视可以追溯到其手机部成立伊始，当时，由于一些部件紧缺，三星无法及时供货，令网络运营商和其他客户大为光火，而且还错过了圣诞节促销的大好机会，损失惨重。这件事刺痛了三星的掌权者，在此后相当长的一段时间里，三星都把供应链管理作为重中之重，确保供应链的顺畅和强健。现在，三星强大的供应链管理能力，正因为其独特的"三星模式"而广为人知。

"三星模式"的思路成型于 2003 年，当时，正是全球电信市场的黄金季节，国际及国内手机市场需求旺盛，同时也是全球各大手机制造厂商们奋力一搏的时候，虽然三星已鼓足了劲，但老牌劲旅诺基亚、摩托罗拉与当时的爱立信、西门子等显然都十分抢眼，大家都铆足了力气去扩大自己的生产份额。

一部手机，用到的零配件有几千个，模块则有数百个，对于三星这样实现了大规模批量生产的企业，一年要生产数千万部手机，所需零配件数量之大可见一斑。虽然当时的三星已经拥有众多全球优秀的原材料、零部件供应商，但在世界许多国家，却缺乏一家成规模的供应商，时常不得不从国外直接进口相关零部件。于是，三星产生了成立一个工业园，把遍布全球、相对分散的供应商聚集在这个园区周边的想法。

随后的一年中，三星模式的工业园分别在世界 7 个国家建立了起来，其中包括中国的北京。三星主动召集供应商和自己毗邻而居，把原来需要通过空运、海运等方式才能实现的原料和零部件的采购变得简易，节省了

[①] 参见张蔚《三星供应链革新旅途》，载《知识经济》2005 年第 2 期，第 65～66 页。

以前耗费很多的高端运输成本,库存成本几乎降至为零,从而能最高效地保证生产,提高产能。

(2)与最优秀的企业合作。

继"三星模式"工业园大规模建立后,2004年7月,三星又在中国东莞建立了物流中心,并于3个月后正式投入运营,成为三星在中国一个极为重要的物流中心。

这个物流中心的运营管理,同样是由为"三星模式"工业园提供服务的跨国物流公司Rugel来实施。Rugel公司和三星已合作多年,而且一直是三星在全球的物流服务提供商,Rugel公司为三星提供全程服务,三星从物料采购、仓库管理到制成品分拨,全部由其一手操办,Rugel公司的核心能力在于库存控制、分销及供应链管理。

据悉,最初,园区内客户选择Rugel公司作为"三星模式"项目的物流服务提供商是希望与其交流工业园运作的理念,Rugel公司继而将其在全球的类似操作中得到的最佳模式引入,包括在巴西为大众(Volkswagen)运作的供应链管理模式。

"三星模式"园区的最大特色在于超强的供应链快速反应能力。三星在接到订单后,立即组织生产,24小时内就要由物流中心发出成品。目前,在"三星模式"工业园已有超过26家三星配套供应厂商,围绕三星提供其所需的零配件,以保证及时生产、供货。为配合生产企业的需要,三星物流中心也实行7天24小时的运作。

Rugel公司使用目前世界最先进的物流派送模式,由在园区内循环运转的电瓶拖车完成对所有园区企业的送货和收货手续,园区内货物的流转也将通过可循环使用的包装进行运送,这样不仅可以减少车辆闲置费用、包装费用。为了实现全园"零"库存的目标,园内各相关企业之间都设有网络连线,以保证物流和信息流的即时连接和直接沟通,有的配套厂商甚至准备专门建造直接通向三星组装厂厂房的超大型传送带。据悉,在中国东莞三星的这个项目,供应商便可以直接把零配件送到生产线上,这样就可以把库存压缩到最小。

(3)做到处处监控。

其实,"三星模式"工业园成功运作的关键在于有先进的信息系统作为支撑。中央物流管理系统CSMS(The Central Services Management System)既是工业园的物流监管系统,也是中央管理平台,是支配园区内各项活动的"神经中枢",对工业园中的生产企业、物流中心等成员,通过先进的计算机网络有机地结合在一起,从而大大简化了相关环节的交流程序,同时也带给了园区企业更强的竞争力。

简单来说,就是通过CSMS,使工业园变成了非保税区里的小保税区,整个工业园变成了一家"超级保税工厂",物流企业变成了企业的物流部,物流中心则成为保税仓库。当地政府、企业都从这一先进的管理模式中获益良多。

一方面,对当地政府部门而言,通过CSMS平台,其可以随时登入这个系统,对工业园进行实时监督管理。实现了政府对企业的网络化管理,减少了政府对企业行为的介入,提高了政府的办事效率。对园区内企业来说,借助CSMS,进出口业务从纸面报关变为网上报关,不需要申请进出口手册,而生产计划登记、报关、清关等工作都可以在网上完成,办事手续从原来的11个减少到6个,大大提高了办事效率,降低了成本,而且,园区内的企业实现了信息共享,整条供应链的可视性大大增强,总库存下降,供应链总体成本降低,竞争力提高。

另一方面,在信息系统的支持下,将所有的供应商经过供应链整合系统进行整合之后,把供应商全部都集成在一起,在统一品牌的领导下,采用自动补货系统,供应商可以直接地了解到其货品目前在生产企业的库存,可随时根据生产的情况进行补货,整个流程变得更加透明。

据了解,三星东莞物流中心将"三星模式"工业园的不足之处又进行了一些改进,比如除了流程更加顺畅了之外,还进行了成本的进一步优化,在物流中心里面,温度控制要求要在±22℃之间,一年仅电费就要1000多万元人民币,后来设计方把整个物流中心分为两个仓,将那些需要恒温的电子产品和不需要恒温的电子板、包装物等物料分开储存,做到了科学、合理的成本控制。

(4) 尝试直供模式。

因为有了先进供应链管理思想下的成本控制,三星近年才能在全球手机市场上逐渐站稳脚跟。现在,除了发挥其传统的多层次、多渠道分销体系的优势之外,三星更多地采用为零售终端直供产品来获取利润率。

与分销模式相比,厂家直接供货给连锁渠道的直供模式在销售渠道上更加扁平,中间环节更少,但对于厂商的推广能力和售后水平的要求更高。通过直供模式,厂商可以把自身对渠道的控制力直接延伸到销售终端,从而在一定程度上摆脱对代理商的依赖。

案例分析

由三星的例子可以看出,当企业发展到一定程度,在某一地区的直线一体型供应链模式就不再能满足市场的需求,这个时候可以参考"三星模式"园区,把原来需要通过空运、海运等方式才能实现的原料和零部件的采购变得简易,节省了以前耗费很多的高端运输成本,库存成本几乎降至为零,从而能最高效地保证生产,提高产能。如果需要第三方物流中介合作,则选择最优秀的合作者,借鉴三星与Rugel公司的合作案例,其在生产成本和原料成本都是最低的情况下,维持了较高的利润率,从而使企业不会因为同行的价格打压而受到挫折。

此外,当供应链规模不断扩大,其成功稳健的运作还需要借鉴"三星模式"工业园的先进信息系统,即中央物流管理系统CSMS,它既是工业园的物流监管系统,也是中央管理平台,是支配园区内各项活动的"神经中枢",对工业园中的生产企业、物流中心等成员,通过先进的计算机网络有机地结合在一起,从而大大地简化了相关环节的交流程序,同时也带给了园区企业更强的竞争力。当企业在全球市场上逐渐站稳了脚跟,则可以借鉴三星尝试直供模式的案例,挖掘除传统的多层次、多渠道分销体系之外,通过零售终端直供产品来获取利润率。

但就目前L集团的情况而言,还不存在某一地区的直线一体型供应链模式不能满足市场需求的情况,因此以上分析可用于L集团扩大规模或者上市后的供应链管控制度。

参考文献

[1] 李连华. 对子公司的控制:理论、实务、案例[M]. 大连:大连出版社,2009.

[2] 白万纲. 母子公司管控109问[M]. 北京:机械工业出版社,2007.

[3] 中国集团公司促进会. 母子公司关系研究[M]. 北京:中国财政经济出版社,2004.

[4] 汪晓春. 中国著名企业管理案例评析[M]. 广州:广东经济出版社,2002.

[5] 裴中阳. 集团公司运作机制 [M]. 北京：中国经济出版社, 1998.

[6] 魏杰. 中国 MBA 案例 [M]. 北京：中国发展出版社, 2004.

[7] 白万纲. 集团管控之品牌管理 [M]. 北京：中国发展出版社, 2008.

[8] 白万纲. 集团管控之营销管控 [M]. 北京：中国发展出版社, 2008.

[9] 白万纲. 集团管控之财务管控 [M]. 北京：中国发展出版社, 2008.

[10] 王吉鹏. 集团品牌建设 [M]. 北京：中信出版社, 2008.

[11] 孙宗虎. 中小企业绩效考核与薪酬体系设计全案 [M]. 北京：人民邮电出版社, 2014.

[12] 徐向艺. 公司治理制度安排与组织设计 [M], 北京：经济科学出版社, 2006.

[13] 希马皮. 整合公司风险管理 [M]. 北京：机械工业出版社, 2003.

[14] 章成. 佐丹奴品牌营销战略分析 [J]. 市场营销导刊, 2000 (3)：63-64.

[15] 张蔚. 三星供应链革新旅途 [J]. 知识经济, 2005 (2)：65-66.

第 6 章
L集团研发机构风险管控方案

在竞争激烈的药品制造业，提高企业技术水平、研发新产品是企业获取竞争优势的重要手段。研发机构作为L集团产品研发及制定实施专利战略的核心部门，其主要职能在于统筹调配用于研发的人力物力，并为集团各业务板块的发展提供技术保障。本章将结合现代工业的发展趋势以及研发过程存在的风险，对L集团研发机构面临的问题与挑战进行分析，并从研发机构管控模式、组织架构、总工程师权责界定与激励制度、研发风险管控制度、研发战略实施与研发成果保护等方面提出L集团研发机构风险管控的制度设计方案。

6.1 问题与分析

L集团研发机构是由L集团采取分期投入方式支持成立的独立研发机构，成立之后，作为集团研发决策的中枢部门起到了统筹集团及其下属子公司各个研究团队科研活动的作用，但作为一个新设机构，L集团研发机构需要明确机构定位、战略目标与管理制度以保障发挥出其推动集团业务整体提升的作用。

6.1.1 企业生产柔性化与互联工厂对企业研发设计及时性提出新的要求

商业模式对制造业来说至关重要。对布局"大健康"产业的L集团而言，适应新的商业模式带来的冲击对其保持竞争优势至关重要。在工业4.0时代，未来制造业的商业模式就是以解决顾客问题为主。未来制造企业将不仅仅进行硬件的销售，而是通过提供售后服务和其他后续服务，来获取更多的附加价值，即所谓的软性制造。而带有"信息"功能的系统成为硬件产品新的核心，意味着个性化需求、批量定制制造将成为潮流。制造业的企业家们要在制造过程中尽可能多地增加产品的附加价值，拓展更多、更丰富的服务，提出更好、更完善的解决方案，满足消费者的个性化需求。

当前，以信息技术为基础，整合软硬件的嵌入式生产系统的影响力正不断扩大。该系统的应用，一方面，使得企业与企业之间纵向一体化的程度加深；另一方面，在从预订到交货的横向一体化中，各个环节也被紧密地联系起来了。这种新的生产模式和商业模式的出现迫使企业不断提高研发设计的效率，以满足越来越个性化的市场需求。

6.1.2 人员选任、决策流程更加强调专业性强、反应迅速、决策果断

在当今药品、食品行业激烈竞争的环境下，研发与创新已成为企业突破重围的强力手段。企业要在同行业中占有一席之地，就必须不断地开发出新产品、研究出新技术，以满足多变的市场需求，实现企业的核心竞争力。总工程师作为L集团研发机构的第一把手，规划与领导了L集团的全部科研项目，他的作为关乎企业能否以产品、技术实现领先，所以集团研发机构的总工程师需要兼具专业技能与管理才能，基于此，笔者将总工程师定义为"技术型＋管理型"的综合性人才，在总工程师选任、研发机构决策的流程设计上如何提高各部门人员的专业性，并提高对外部环境变化的反应速度是提高研究机构效率亟须解决的问题。

6.1.3 防控不同研发方式带来的知识产权纠纷风险

企业在决定以自主研发或联合研发的方式进行研发活动都会面临来自合作对象或企业内部员工的知识产权纠纷风险。L集团在制定及推进研发战略的过程中需要重点解决两大问题：其一，依照其产品开发需求选择更有效率的研发模式，平衡好利用外部研发资源与降低总体成本两大目标；其二，完善保护集团知识产权的相关制度设计，处理好集团对研究机构研发团队的管控与激励，以及集团与联合研发合作机构的利益分配与知识产权的归属界定。

6.1.4 专利申请相关文件不准确、相关流程不完善导致专利纠纷

专利申请是保障企业科研成果归属的一个重要手段，但专利申请所需

的文件、申请流程都比较繁杂，稍不留意，就容易形成漏洞、引发专利纠纷。例如：说明书未能恰当概括专利权利要求、说明书和权利要求没有明确的对应关系、研究资料及文献资料等证据资料未在国家药品监督管理局的批件档案中存档等问题的存在，在以往都导致了专利案件的发生，轻则使得企业耗费人力成本与时间成本去解决问题，重则甚至使得企业申请的专利无效，对企业造成重创。

因此，企业进行专利申请通常交由企业外部的专业专利代理团队进行操作，从而有效避免了申请内容、流程上的疏漏，也使得研发机构的人员能够将更多精力放在研发上。虽然专利申请工作的"外包"已成为企业普遍的优先选项，但在企业内部的制度设计上仍需对研究机构与专利代理的有效沟通，以及研究机构为专利代理提供的文件的准确性进行保障，以提高专利申请的效率。

6.1.5 研发信息泄露问题

近几年来，各类信息泄密事件层出不穷，制造业也屡屡受到泄密的打击。富士康、苹果、三星、索尼这几个大型制造企业接二连三地发生泄密事件——三星未来10年的销售计划被窃取、苹果公司因PaulDevine泄露的信息亏损了240.9万美元，如果泄密事件没有被发现，苹果和三星都将在竞争中受制于人。可见，泄密事件常有发生且带来的损失十分惨重，因此，对于L集团来说，最为重要的信息——研发信息就必须得到妥善的保护。

企业的研发成果普遍以数字资产的形式存在，由于数字资产具有易复制和易传输的特性，所以很容易造成资产的流失，也有数据证明恶意软件攻击仍是最常见的泄密方式；而不少泄密案件也显示，人工通过U盘、电子光碟拷取信息或直接携带纸质信息也是泄露信息的常见方式。另外，多数泄密事件都是由企业前任员工或现任员工恶意或无意造成。因此，有必要加强对商业秘密资料以及相关人员的管理，强化对企业信息网络的保护。

6.1.6 研发人员激励制度向多层次发展的问题

知识型员工具有较高的个人成就动机，他们对薪酬的需求有其独有的特征，反映为多层次、全方位的薪酬需求。此外，知识型人才稀缺，流动较少受到机会成本的限制，因此，他们的流动率较高，单一的高薪并不能有效地激励他们。这方面极具参考价值的是目前发达国家普遍推行的薪酬支付方式——"全面薪酬战略"。"全面薪酬战略"源自 20 世纪 80 年代中期的美国。它是根据组织的经营战略和组织文化制定的全方位薪酬战略，着眼于可能影响企业绩效薪酬的方方面面，最大限度地发挥了薪酬对于组织战略的支持功效。全面薪酬将公司支付给员工的薪酬分为"外在"的和"内在"的两大类。作为防范研发人员风险的制度设计之一，要使 L 集团尽可能地吸引人才、留下人才，必须从外在薪酬与内在薪酬两个方面完善企业的薪酬激励机制。

6.2 公司研发机构的风险管控

6.2.1 L集团研发机构管控模式选择

在现实中，企业成立新的技术中心往往是因为已有的技术部门无法满足企业不断增长的研发需要，而技术中心较之过去的技术部门，涉及的范围更宽，对企业发展的影响更大。技术中心是企业设立的具有较高层次和水平的技术研究和开发机构，它的中心任务是为本企业的技术进步服务。技术中心应该是一个开放型的体系结构，能够吸纳、整合、调动企业内、外部的技术资源为企业发展服务，成为产学研联合和对外合作交流的中心。研究开发只是技术中心一项最基本的职能。技术中心的各项基本职能与活动构成了企业技术创新链的主体，技术中心本身则成为企业各项技术创新活动的管理者、组织者、实施者。除此之外，技术中心能为企业内其他技术开发机构的工作提供系统的指导、咨询、评价和服务，对科技成果进行技术经济评估，促进科技成果在企业内外的推广应用，是企业内部的技术服务和辐射的中心。

1. L集团研发机构的组织职能定位

L集团研发机构实际是在集团框架下新设立的技术中心，用以满足集团因拓展业务领域而不断增长的产品研发需求。当前企业设置的技术中心大致存在三种类型：一是将技术中心作为原 R&D（研究与开发）机构的下属单位，技术中心实行项目管理制，而原 R&D 机构实行专业研究室管理制。二是技术中心与原 R&D 机构并列存在，但在管理上将技术中心的项目纳入各专业研究所（室）进行统一管理。三是将企业原有独立的研究所作为技术中心的下属单位，各研究所保留原有运行模式和管理体制。同时，技术中心又设有管理（决策）委员会，负责技术中心的项目遴选及战略决策工作。

第一种类型存在两个弊端：一是技术中心与原有研究所（室）的相互协调与沟通存在体制上的障碍；二是技术中心与原有研究所（室）互相争夺科研资源，使有限的资源不能实现最优使用。第二种类型的产生，是企业科研管理部门认识到了第一种类型的不足，因而将技术中心科研纳入原研究所（室）进行管理。这种做法实际上是将技术中心的科研项目按专业划归相应的研究所（室）管理，技术中心的科研从立项、研发过程到评价等均受控于原科研机构，尽管从表面上看，技术中心仍是独立体制的中心单位，实际上它已被原机构"吞没"，无法实现技术中心本应具备的作用。第三种类型的形成，应该说是由于企业科研管理部门认识到技术中心作为从事（定向）基础研究、应用研究和开发（设计）研究的机构，在组织与管理上应保持协调统一，以便实现企业的科技战略并完成企业的各项R&D任务。显然，在上述三种类型中，第三种是最佳的。

L集团下一步准备全面布局大健康产业，其产品范围涵盖药品、食品、医疗服务等众多领域。首先，研发机构需要为集团提供充分的研发保障以满足市场多样化的产品需求；其次，当前我国医药行业的研发水平相对欧美国家来说普遍较低，随着L集团重组以及研发机构的成立，L集团应当抓住机遇，完善自身的研发体系，尽快增强在药品、医疗器械等领域研发的竞争力。

基于集团以上的发展诉求，L集团应该构建以研发机构为核心的轴心式研发模式。首先，通过研发机构的成立，集团能够统筹大健康产业各个领域的研发，最大限度地避免子公司研发团队因重复研究产生的资源浪费。其次，当前集团各子公司均拥有自己的研发团队，保留子公司研发团队而让研发机构担当统筹安排的角色，一方面可以发挥子公司研发团队贴近市场需求的优势，另一方面也通过一定程度保留子公司研发团队原有的运行模式而降低组织重组的成本。最后，目前集团研发项目有通过研发外包、共同研发等模式进行的，在集团全面布局大健康产业后，势必面临产品范围大幅拓展、研发需求大幅增加的情况。有必要通过研发机构加强对各个领域研发项目进行遴选、研发过程监控等战略、管理层面的工作。

2. 研发机构职责和主要任务

企业研发机构是隶属于企业集团的、具有较高层次和较高水平的技术开发机构,是企业新产品、新工艺、新装备、新材料的研发中心,科技人才的吸引、凝聚、培训中心,技术服务和辐射中心。

L集团研发机构除了具备技术中心的基本功能外,它还具备其他一些特定的功能。首先,它承担着集团重大关键技术的开发,这种技术往往是子公司和分公司在财力、人力和物力上难以承担的;其次,它整合了集团内企业的技术研发活动,承担共性技术的研究,避免子公司和分公司之间的重复研究;最后,研发机构站在较高的层次进行前瞻性技术研究,为企业长期发展战略服务,是企业进行技术储备、增强发展后劲和形成新的经济增长点的重要依托。

因此,研发机构(及下属医药研究所、食品研究所)的基本任务是:

(1)收集和调研国内外市场信息,开发和应用有市场需求的新产品、新技术、新材料,开发生产新技术。

(2)组织对潜在市场的预测和研究,开展有潜在市场前景的、中长期规划目标的高新技术、关键技术以及新一代产品的超前研究、开发与设计。

(3)开展重大技术合作研究,开展成果转化为商品的中间试验。

(4)参与企业引进技术的论证,开展引进技术的消化、吸收和创新。

(5)参与制定和执行本企业技术进步发展规划和计划。

(6)执行企业赋予的技术管理和服务的职能,组织并参加内外的技术交流与合作。

6.2.2 L集团研发机构组织架构设计

L集团全面布局健康产业,其研发机构的组织结构仍然应该符合生物医药研发过程的特点、符合生物医药研发特点的组织结构,应有以下特征:

第一,较高的工作专业化程度,即研发工作任务划分为若干步骤来完成,细化程度高。生物医药研发过程可以按照工作任务内容性质的不同而分成不同的步骤,每一步骤由一个人独立去做。其实质即每个人专门从事研发活动的一部分,而不是全部活动;同时,全部活动不是由一个人来完成,必须由不同的人协同才能完成。生物医药研发过程的每一步骤,要求具有不同专业技能和知识的人来完成,因此,实行工作专业化,有利于提高研发机构的运行效率。

第二，部门化特征明显。即通过工作专门化完成工作细分后，按照类别对它们进行分组以便使共同的工作可以进行协调。工作分类的基础是部门化，生物医药研发工作可以根据不同步骤的职能进行部门化。例如：任何一种生物药物研究开发阶段的初步药效学实验和毒理实验、小量试制阶段的非临床体外实验都需要进行细胞株实验，这就应该把所有的细胞株实验任务交给细胞培养室来完成。通过把相近的工作划分到同一部门，可以把同类专家集中在一起，能够提高工作效率；职能性部门通过把专业技术、研究方向接近的人分配到同一部门，可实现人力资源的集约利用。

第三，正规化程度低。正规化指组织中的工作实行标准化的程度。正规化程度低，意味着做这项工作的人对工作内容、工作时间、工作手段有较大的自主权。生物医药研发虽有共同的步骤，但每一具体药物的特性不同，要求每一步骤的具体实验设计和实验参数也不同，故对于生物医药研发的具体步骤来说，正规化程度低。相对来说，工作执行者和时间安排就不是那么僵化，员工对自己的处理权限比较宽。但应该注意，就整个生物医药研发来说，由于有共同的研发步骤，其正规化程度较高。

第四，要求较高的分权化程度。较高的分权化指基层人员参与决策的程度或他们能够自主做出决策的程度较高。在分权式组织中，采取行动、解决问题的速度较快，更多的人为决策提供建议，所以，员工与那些能够影响他们工作的决策者隔膜较少。在生物医药研发过程中，每一步骤均要求较高的专业技能和知识；另外，由于每一种药物的特性不同，用同一的要求来完成不同的药物研发几乎是不可能的。因此，生物医药研发要求不同的部门有较高的自主决策权，以便更好地完成工作任务，增加灵活性，提高组织运行效率。

第五，控制跨度不宜过宽。控制跨度指一个主管可以有效地指导下属的个数，它决定着组织要设置多少层次，配备多少管理人员。在其他条件相同时，控制跨度越宽，组织效率越高。但由于生物医药研发的每个部门均要求较高的专业技能水平，如果控制跨度增宽，则必须要求主管人员兼具不同部门的专业技能和知识，因此，主管人员专业技能和知识的多寡是控制跨度宽窄的决定性因素。

第六，命令统一性原则。命令链是一种不间断的权力路线，从组织最高层扩展至最基层，明确向谁报告工作。命令统一性原则有助于保持权威链条的连续性,意味着,一个人应该对一个主管,而且只对一个主管直接负责。生物医药研发过程需要命令统一性原则,如果命令链的统一性遭到破坏,一个下属可能就不得不应付多个不同主管相互矛盾的命令或优先次序选择的问题,这将不利于生物医药研发工作的连续开展。

为满足上诉要求与原则,可设计如图6-1所示的组织架构。该组织模式为矩阵结构。为完成某项医药、食品研发项目,由各职能部门抽调人员组成项目组,该项目组包含了完成项目所需的专业人员;当项目完成后,人员另派用场,项目组不复存在。

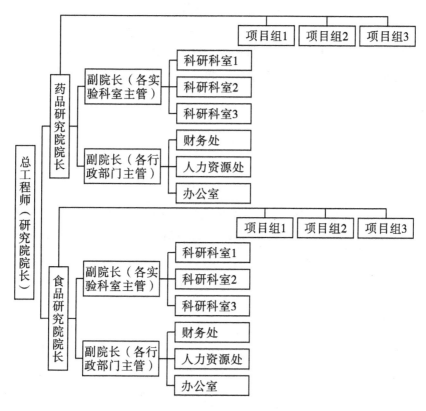

图6-1 L集团研发机构组织架构

考虑到L集团研发机构处于发展初期,由总工程师总领各项研发审批工作有利于提高研发机构的决策效率;随着集团研发需求的增加,可考虑在研发机构下设立研发专家委员会,负责为项目立项提供专业意见,提高总工程师决策的科学性和合理性。

6.2.3 L集团总工程师权责与激励设计

1. 总工程师的聘选标准

在当今药品、食品行业激烈竞争的环境下,研发与创新成为企业突破重围的强力手段。企业要在同行业中占有一席之地,就必须不断地开发出新产品,研究出新技术,以满足多变的市场需求,实现企业的核心竞争力。总工程师作为L集团研发机构的第一把手,规划与领导了L集团的全部科研项目,他的作为关乎企业能否以产品、技术实现领先,所以如何选拔出一位优秀而适合的总工程师显得尤为重要。

总工程师作为一个技术部门的领导者,需要兼备专业技能与管理才能,基于此,总工程师应同时具备技术型人才和管理型人才的能力,应运用管理型人才和技术型人才的胜任力模型(见表6-1、表6-2)来设定总工程师的选拔标准。

表6-1 管理人员胜任力模型

胜任力	行为描述
专业知识和技能	具备管理及与工作相关的专业知识和技能
冲击与影响力	使用不同的技巧来说服他人,提请他人注意资料、事实和数据,关注个人影响力,考虑自己的言语或行动会对他人产生何种影响
分析式思考	以系统的方式来分析情况,以决定原因或结果,以务实的态度预测障碍并规划解决方式;在开展工作以前会思考过程和具体步骤,并分析完成任务或达成目标的条件
培育他人	表达对他人的正面期待,相信他人的能力,为工作提供详细的指导或示范说明,基于培养的目的给予肯定或适当的反馈意见;在困难发生时给予他人信心与鼓励,并提出改进意见
果断性	坦率直接地与他人面对面讨论绩效问题,并给予客观而明确的评定,对不合理的要求坚决拒绝,严格运用管理制度约束行为
领导能力	以公平和平等的态度运用正式的职权和权力,运用管理策略提升团队绩效,将自己定位为领导者,并确保他人接受领导者的任务、目标、计划等以保证组织任务的完成
承担责任	对于自己职权范围内的工作失误能够敢于承担,并及时找出问题缘由,提出改进方案;关注每项工作的结果及其影响

链条的连续性，意味着，一个人应该对一个主管，而且只对一个主管直接负责。生物医药研发过程需要命令统一性原则，如果命令链的统一性遭到破坏，一个下属可能就不得不应付多个不同主管相互矛盾的命令或优先次序选择的问题，这将不利于生物医药研发工作的连续开展。

为满足上诉要求与原则，可设计如图 6-1 所示的组织架构。该组织模式为矩阵结构。为完成某项医药、食品研发项目，由各职能部门抽调人员组成项目组，该项目组包含了完成项目所需的专业人员；当项目完成后，人员另派用场，项目组不复存在。

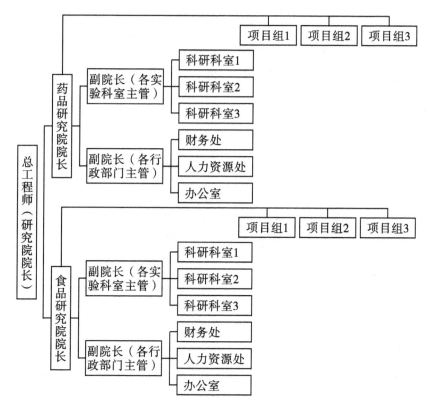

图 6-1 L 集团研发机构组织架构

考虑到 L 集团研发机构处于发展初期，由总工程师总领各项研发审批工作有利于提高研发机构的决策效率；随着集团研发需求的增加，可考虑在研发机构下设立研发专家委员会，负责为项目立项提供专业意见，提高总工程师决策的科学性和合理性。

6.2.3 L集团总工程师权责与激励设计

1. 总工程师的聘选标准

在当今药品、食品行业激烈竞争的环境下,研发与创新成为企业突破重围的强力手段。企业要在同行业中占有一席之地,就必须不断地开发出新产品,研究出新技术,以满足多变的市场需求,实现企业的核心竞争力。总工程师作为L集团研发机构的第一把手,规划与领导了L集团的全部科研项目,他的作为关乎企业能否以产品、技术实现领先,所以如何选拔出一位优秀而适合的总工程师显得尤为重要。

总工程师作为一个技术部门的领导者,需要兼备专业技能与管理才能,基于此,总工程师应同时具备技术型人才和管理型人才的能力,应运用管理型人才和技术型人才的胜任力模型(见表6-1、表6-2)来设定总工程师的选拔标准。

表6-1 管理人员胜任力模型

胜任力	行为描述
专业知识和技能	具备管理及与工作相关的专业知识和技能
冲击与影响力	使用不同的技巧来说服他人,提请他人注意资料、事实和数据,关注个人影响力,考虑自己的言语或行动会对他人产生何种影响
分析式思考	以系统的方式来分析情况,以决定原因或结果,以务实的态度预测障碍并规划解决方式;在开展工作以前会思考过程和具体步骤,并分析完成任务或达成目标的条件
培育他人	表达对他人的正面期待,相信他人的能力,为工作提供详细的指导或示范说明,基于培养的目的给予肯定或适当的反馈意见;在困难发生时给予他人信心与鼓励,并提出改进意见
果断性	坦率直接地与他人面对面讨论绩效问题,并给予客观而明确的评定,对不合理的要求坚决拒绝,严格运用管理制度约束行为
领导能力	以公平和平等的态度运用正式的职权和权力,运用管理策略提升团队绩效,将自己定位为领导者,并确保他人接受领导者的任务、目标、计划等以保证组织任务的完成
承担责任	对于自己职权范围内的工作失误能够敢于承担,并及时找出问题缘由,提出改进方案;关注每项工作的结果及其影响

表6-2 技术人员胜任力模型

胜任力	行为描述
专业知识和技能	具备食品、药品研发的相关知识
概念式思考	能对复杂的问题较快地认清本质,能够预计在工作工程中可能出现的困难,并提前思考应对措施
分析式思考	能够根据工作的重要程度进行妥善的安排,对遇到技术难题能够从多方面入手进行分析及解决,善于对工作中遇到的问题进行归纳和总结
条理性	面对复杂而繁重的工作,仍能有计划、按步骤地执行
耐心	遇到项目实现的技术难题时,能够平静地对待,反复尝试解决的方式
应变能力	在项目进行过程中出现突发事件或较严重的问题,能够处变不惊,及时恰当地解决问题
热忱	热爱食品与药品研发工作,关注业内动态和技术进步,对工作充满热情,能够从工作中得到成就感和满足感

L集团研发机构由总工程师统筹管理,下设食品研发机构与药品研发机构,而且两个研发机构分别设立了各自的研发机构院长与副院长。食品与药品的研发过程由两个研发机构各自的研发机构院长与副院长直接管理,总工程师主导指挥。其中,研发机构的院长与副院长更多地承担了技术指导与监督的职责,总工程师主要履行制定战略目标与规划、统筹协调两院工作制定与分配、领导组织研发工作等职责。

基于这样的L集团研发机构组织架构,在评定总工程师的胜任力时,应着重考量总工程师是否匹配管理人员的胜任力模型,而将技术人员胜任力模型作为辅助判断标准。

2. 总工程师的聘选流程

第一步,进行人力资源战略规划。

任何基于胜任力模型的招聘工作都应该与L集团的人力资源战略规划保持一致,这样才能使最终的决策是符合人力资源战略规划的,也是符合企业战略发展要求的。

第二步,进行基于胜任力模型的工作分析。

根据胜任力模型来制作或修正工作说明书,使得总工程师的胜任力要求反映在工作说明书中，同时也要制作好基于胜任力模型的岗位申请表，以获取应聘者的信息资料。

第三步，制订招聘方案。

为保证招聘工作有条不紊地进行，需要制作一张招聘时间计划表，包括招聘信息发布、筛选简历、面试、背景调查、人才录用等事件的计划。

第四步，发布招募信息。

在发布招聘信息时，要考虑是从外部招聘还是从内部招聘，这取决于L集团的自身情况。若L集团一贯以内部选拔来获取人才，那么就采用内部招聘，否则，就采取外部招聘。外部招聘的信息发布渠道有很多种：广告、猎头、招聘会、员工推荐等。基于总工程师的岗位性质，这里建议采用内部晋升或专业猎头推荐的招聘方式。

第五步，应聘材料初选。

根据岗位申请人提交的岗位申请表及简历进行初步筛选。为控制进入下一环节的人数，可以在这一步中根据实际申请人数的情况以某一标准做初步筛选。保证进入下一环节的候选人数量和质量的合理性，这样有利于提高整个招聘工作的效率，节约成本。

第六步，进行基于胜任力模型的行为面试。

行为面试是基于胜任力模型招聘中的核心甄选工具。根据总工程师这一岗位的性质，还可采用其他甄选工具对候选人做进一步的测量和评估，比如，对技术人员进行考查时的笔试，对高层管理者适用的评价中心技术。这一步结束后，可以再次筛选人才，以进一步减少到下一招聘环节的人数。

第七步，进行基于胜任力模型的背景调查。

可以采用亲自核查、邮寄核查、电话核查及网络查询等方法进行基于胜任力模型的背景审查。通常情况下，组织采用的调查方式越多样化，联系的证明人越多，越能促使调查更加客观和公正。

第八步，进行甄选决策。

根据以上所有用到的甄选工具，对胜任力按权重计算加权最后平均分，择优录取分数高的候选人。

第九步，人才录用，并对招聘流程评估。

向拟录取的候选人发出录用通知，同时立即对招聘流程进行评估。评估是对整个招聘流程进行回顾及改进。与传统招聘流程评估不同的是，这里的评估还需要跟踪评估新录用人员，观察其工作绩效表现，以修正胜任力模型，为改进下一次招聘工作的效果做准备。

根据以上步骤，构建如下基于胜任力的招聘流程模型。（见图6-2）

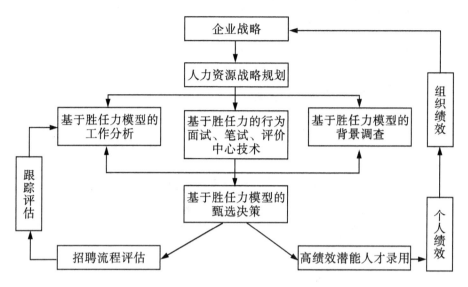

图6-2　基于胜任力的招聘流程模型

3. 总工程师的职责

第一，参与集团公司重大问题的决策，其中包括：①参与制订集团公司年度经营计划和预算方案；②参与集团公司重大财务、人事、业务问题的决策；③参与制定集团公司的发展战略；④掌握和了解集团公司的内外动态，及时向上级单位反馈并提出可行建议。

第二，负责制订集团公司的科研中长期发展规划，其中包括：①领导追踪国内、国际行业发展趋势，提出技术发展的方向建议；②组织制订科研发展的中长期发展规划；③建议并组织实施集团公司研发机构内结构的调整；④依据集团公司上级单位下达的任务，领导制订集团公司的年度科研计划。

第三，主持全集团公司的科研工作，其中包括：①审核重要科研项目的计划和技术方案；②组织领导处理全集团公司科研的技术攻关和技术问题；③审批科研过程中形成的技术文件和管理制度；④主持全集团公司的重大科研任务的申请、立项与签约工作。

第四，主持集团公司对国内外技术交流与创新工作，包括：①组织和领导集团公司的国际科技合作工作；②组织并参与集团公司的科研队伍与上级部门、有关单位间的技术交流，促进集团公司技术项目的立项；③参与内部技术培训与交流，提高集团公司技术队伍的技术能力；④组织研究先进技术，形成集团公司的技术积累和储备；⑤组织领导新技术的采用和科研成果的推广应用；⑥组织和领导知识产权管理工作；⑦协助集团公司组织实施全集团公司的信息化建设工作。

第五，负责对下属院长与副院长工作的协调和领导，包括：①领导组织下属院长与副院长对有关的科研项目的立项论证与评审工作；②组织协调下属院长与副院长研究解决科研、试制中的重大技术问题；③负责对下属院长与副院长的工作调配和考核。

第六，负责其他管理工作，包括：①组织和领导集团公司各类科学基金评审与研发机构内行政部门的工作；②负责其他员工的工作调配、培训和考核、科研奖惩。

第七，完成上级交办的其他工作。

4. 总工程师的权力

第一，对集团年度经营计划和预算方案，集团重大财务、人事、业务问题的决策，以及集团公司发展战略的建议权。

第二，对符合集团经营计划、预算方案、发展战略的集团公司科研中长期发展规划的制订权。

第三，集团授权额度内的科研合同签约权。若超出授权额度，则需通过集团董事会的审批。

第四，集团授权额度内，对研发过程中涉及的科研技术文件、报批专利文件的签批权。若超出授权额度，则需通过集团董事会的审批。

第五，有代表集团公司对上级机关、协助单位和国际合作方进行科研业务活动的权力。

第六，对全集团公司科研工作的领导、管理、检查、考核权，以及集团赋予的限度内的绩效工资以外的奖惩权。

第七，对下属院长及副院长的调配建议权、奖惩建议权和任命的提名权，对其管理水平、业务水平和业绩有考核评价权。

第八，对任免重点科研项目负责人的审批权。

第九，科研管理制度执行中，责成下属相关部门或配合集团财务部人员对科研的立项、研发、评估步骤中的财务与进度情况进行监督检查的权力。

第十，集团授权额度内，属于研发机构日常科研及行政开支范围内的财务审批权。

5. 总工程师的激励机制设计

(1) 总工程师的薪酬构成。

综合国内外企业高管薪酬的构成，高管薪酬通常分为如表6-3的几个部分：

表6-3 高管薪酬的构成及其特点

薪酬形式	内涵	角色与作用	表现形式	风险
基本薪资	根据岗位能力、经验给予的固定薪资	关注关键技能职业生涯发展	稳定性现金	低
短期奖金	基于短期绩效目标达成的浮动性薪资	关注短期绩效政策实施和组织战略	年度、季度、月度奖金、利润分享	中
长期薪酬	基于高管实现长期性绩效目标的奖励	关注长期绩效目标，连接股东利益，有效政策和战略	股票、期权、限制性股票、其他长期薪酬	中至高
福利	员工退休、社保、医疗、休假、服务保障	保障生活、避税、集体性优惠	养老、医疗、人寿、伤残、休假	低
津贴	补偿职工特殊劳动消耗	关注特殊付出岗位条件	保健性津贴、技术性津贴、年功性津贴及其他	低

许多研究表明，企业高管的激励机制是由多种薪酬形式共同作用的结果。不同的薪酬组合会带来不同的激励效果，而不同的薪酬形式与不同的业绩产出是紧密相关的。

从L集团的实际出发，由于客观条件的限制，课题组暂不考虑将长期薪酬激励纳入总工程师的薪酬构成，并拟提升余下薪酬激励程度以弥补长期薪酬缺失所带来的不足，故提出如下薪酬构成：

1）基本薪资。

作为总工程师的基础工资，较高的定价是对其身价和能力的肯定。由于长期薪酬的缺失，基本工资的设定应高于同类型、同规模企业的同一职位，以增加L集团总工程师这一职位的吸引力。

2）短期奖金。

总工程师作为两大研发机构的管理者，其价值的体现与研发目标的达成、研发成果的实现紧密相关。薪酬中短期激励主要有奖金、绩效加薪、年终分红和利润分享计划等形式，它们都属于绩效薪酬，为了提升总工程师的主动性、积极性，绩效工资尤为重要，而绩效指标的制定可由研发进程的完成度、研发成果的商业价值、申请的专利数等多方面构成。

3）福利。

社会养老保险、社会失业保险、社会医疗保险、工伤保险等强制性福利必须予以满足。除此之外，L集团还应提供菜单式福利，在预算范围之内提出多种选择，如非工作时间报酬、带薪休假、配车、配房等，由总工程师根据自己的需要进行选择，其满意度会更高，福利项目的激励作用也会增强。

4）津贴。

津贴包括交通津贴、洗理津贴、服装津贴、节日津贴或实物、住房津贴、购物补助以及子女入托补助等。从生活细节出发提供各类津贴，以体现L集团对总工程师无微不至的关怀。

5）需求实现与精神激励。

马斯洛需求原理提出了由低到高的五个需求层次，其中，尊重需要、自我实现需要作为两个较高层次需求的满足，对于总工程师而言，是实现激励的重要手段。L集团需要肯定总工程师的重要地位，给予其足够的权利，在其领导研发机构达成研发目标之后给予其充分的嘉奖，以满足总工程师的高层次需求。

（2）总工程师薪酬定价。

与一般员工不同，企业高管对于L集团的价值贡献具有多维度特性，既包括显性的财务价值贡献，又包括隐性的知识价值贡献，同时，企业社会资本的扩展显然也与企业高级管理人员的贡献密切相关，因而高级管理人员的薪酬定价应综合考虑上述三方面的价值贡献。

1) 知识资本价值。

企业资源理论认为,企业的竞争优势与其拥有的资源密切相关,独特、专有和不可模仿的资源是构成企业核心竞争力的基础。在众多的资源中,企业高级管理人员拥有的技能、经验和知识是其中重要的部分。

总工程师这一高层管理者拥有的管理资源可大致划分为四类:通用型知识、关联行业型知识、行业专用型知识和企业专用型知识。其中通用型知识主要是指来源于书本、网络、教育培训等方面的专业性管理知识,这类知识尽管专业性较强,但可以通过公开的渠道获得。对企业价值贡献较高的主要是后三类知识,特别是行业专用型知识和企业专用型知识。行业专用型和企业专用型知识是指高管通过长期的干中学而积累的、与行业和企业密切相关的独特知识,此类知识多以经验、技能和因之形成的远见卓识、管理风格等形式存在,并通过管理者的日常管理、组织和决策,逐步固化为企业的惯例、程序、组织、文化和理念,形成企业风格独特的管理资源。

2) 社会资本价值。

社会资本是指与群体成员相联系的、现实的和潜在的资源的总和,它可以为群体的每一个成员提供集体公有资本的支持。学术界普遍认为,社会资本体现为行为主体的一种从社会网络或其他社会组织虚拟的成员中获益的能力。社会资本是企业资本的重要组成部分,它包括获取独特知识与信息的特权、商业机会、声誉、影响等。

企业社会资本的积累、成长离不开企业高层管理者的贡献。根据明茨伯格的经理人角色理论,高管在企业中不但承担着诸如领导者、资源分配者、监控者、危机处理者等角色,而且是企业挂名首脑,并充当了联络者和信息传播者的角色。这类角色意味着企业的社会网络的构建,而社会网络往往是以具体的管理者特别是高级经理人为具体节点而形成的。

总工程师这一高层管理者与外部相关人员及机构的互动频率、投入程度,将直接影响到企业社会资本的结构维度,该维度反映了企业与外部关联机构或关联人士在交互行为方面的密切程度。一般来说,企业与外部机构的互动频率越高、互动的范围越广,企业获取外部资源(特别是异质性资源,如知识和信息资源)、辐射自身影响的机会就越大。总之,企业高管的社会声誉、个人特质、工作风格等对于促进企业与关联机构对于彼此愿景或目标的认知、理解和共享程度,缩短企业与外部机构的心理距离,维护企业关系网络的稳定,提升企业与外部相关机构关系的质量,均具有重要的意义。

3) 财务资本价值。

高管对企业的财务价值是最直接的经济成果,主要体现为企业的会计价值和市场价值。高管影响企业的财务价值体现在:企业的销售增长和权益回报率、业务单位的财务绩效等方面。研究表明,雇佣具有技能的员工特别是具有组织能力、管理经验的管理者,对于企业的财务绩效、竞争优势和生存能力,均具有显著的正面影响。

结合L集团的现状,课题组认为,总工程师所管理的研发机构具有一定的特殊性。研发机构作为一个独立的非营利机构,其带来的经济成果并不能够完全通过财务报表得到体现。相较其他高管,对于总工程师这一研发单位的管理者而言,针对企业高管的三维价值导向薪酬定价标准中,财务资本价值可被替换成为研发资本价值,即对其所带来的研发成果的价值的评判。

薪酬水平的评价,还有是否适用于企业文化、企业经济效益层面的问题,以及是否被市场所接受的问题。由于总工程师及其所管理的研发机构都是新设立的,因此,向市场中现有相似企业的薪酬定价学习,是妥当解决上述问题的良好方式之一。

综上所述,我们提出了图6-3的总工程师定价流程:

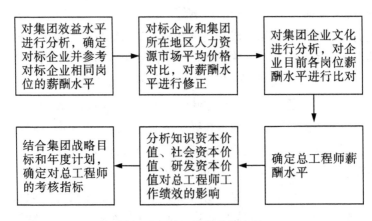

图6-3 总工程师定价流程

6.2.4 L集团研发机构研发风险管控制度设计

1. 建立科学的决策体系

一个优秀的研发团队必然有一套科学的决策体系。对于药品、食品研发项目决策风险的控制，可以从以下几个方面着手：

（1）保证项目决策过程的科学化。

在研发项目的决策流程中，很多步骤要反复进行，以保证所收集的信息全面可靠，从而为正确的决策提供依据。

（2）科学立项。

研发在立项前都要进行科学的、客观的和较为详细的项目投资评估，要充分认识和了解投资额度、技术风险、管理风险以及国家政策法规。重点发展领域的确定等方面对项目立项的影响，要把握是否符合临床需要、市场需求、科学技术进步、自身条件等几个原则。

（3）充分利用信息。

在研发过程中，需要不断了解市场信息，待审批和研发中的药品、食品信息，药品、食品来源信息，药品、食品筛选信息，安全性评价信息，临床评价信息，新药、食品报批信息，新药、食品上市后反馈信息，等等，并不断吸收和处理信息，将其融入研究和开发的思路中，从而保证其技术上的领先性。同时，在研发的过程中还应当密切关注国内外医药、食品研发的信息，及时掌握先进的科技知识，了解目前竞争对手或潜在竞争者的情况，以便做出正确的决策，大大降低研发风险。

2. 建立有效的管理和进度控制体系

借鉴成功的项目管理经验以对新药、食品研发进行管理是很有效的方法，包括：做好严密而灵活的项目计划、组织和控制工作；制定明确的目标，定期对项目的进展进行回顾评估；制定好项目预算、绩效考核标准；组建一个和谐、高效的团队，在这个团队中，项目管理人员应当充当激励者、活跃气氛者，同时还要与项目组成人员进行良好的沟通和合作。

对整个研发项目的全过程进行控制是保证研发高效率的重要步骤。进度风险的控制一般采用计划审评和目标管理法。计划审评就是利用网络理论，把一个工作项目划分为许多工作，又把工作划分为若干程序，根据这些程序的先后次序绘制网络图，然后评估完成工序所需要的时间并算出完成整个计划所需时间。由于药品、食品的研究与开发涉及多学科领域的大量专业人员，各个研究阶段进度的确定准确性稍差，因此可以选择目标管理的方法来控制研究开发的实施节奏。此外，制定有效的项目进度表是项目团队实现各个目标的参照框架，是测评团队绩效的一种方法，能较好地保证项目的成功率。

3. 建立有效的资金保障体系

建立研发的资金保障体系可以从以下三个方面入手：

（1）科学的项目预算。

必须要准确地做好项目的阶段划分和每个阶段的资源配置计划。项目预算要尽量细化到各个子阶段，在执行过程中要定期或不定期地根据资源配置计划和阶段预算来检查预算的执行情况，发现项目开支与预算不符时，要及时组织相关人员分析问题的原因并采取相应的调整措施，从而满足项目的资金需求，在保证研发项目顺利进行的同时有效控制财务风险。

（2）合理分配资金。

必须结合L集团的资金状况和研发项目的预算要求来合理分配资金，达到既能满足研发项目的资金需求，又能保障企业其他方面的正常运营需要。

（3）拓宽融资渠道。

除政府投资外，还可以通过吸引风险投资、企业上市、债务融资、吸引外资以及其他方法解决资金问题。

4. 建立适合L集团自身实力的项目研发体系

研发开始前首先要对自身的抗风险能力有所了解，这包括企业的资金实力以及可用于技术开发的资金能力、企业的研发实力。主要是企业研发人员的数量及其知识结构、能力结构、研发能力等，企业的生产能力、设备与工艺的先进性，企业的市场优势、市场占有率以及开拓市场的能力，企业的整体柔性和适应性等。企业应当根据自身情况决定应该开发哪些项目，而不能盲目跟从。对于某些风险极大、企业本身又没有控制风险把握的项目，企业可以不开发，转而开发一些风险和利润适中、有把握控制风险及有能力承担此风险的项目，这在资金缺乏的情况下尤为重要。

5. 建立有效的人员激励机制体系

L集团应该通过各种途径吸纳科研技术人才，如通过重金聘任，给予成果分红，提供其所需的设备、设施、助手及其他辅助条件。企业还应该给予研究技术人员足够的自由发展空间，激励他们的创造性，对他们的工作不必过于指手画脚。对于有成果的研究人员，企业不仅应给予物质奖励，还要给予精神鼓励；即使对成绩不佳的研究人员，企业也不应一味指责，而要帮助他们分析原因寻求进步。据调查，国外制药公司新药的大部分发现和创造性观念是由公司不到1%的科学家提出的，[①] 所以公司应该更重视这些科学家，使他们心情愉悦并能产出更多的科研成果。同时企业应该创立良好的企业文化氛围，鼓励全体员工提出技术发展的方向和课题。只有这样，企业才能避免由于人才流失造成的风险。

6. 建立产品上市后的安全监控网络体系

新药品、食品经主管部门批准上市并不意味着风险管理工作的结束，而是新的风险、挑战的开始。上市药品、食品通过临床使用和上市后研究将获得进一步的信息，尤其是许多在上市前未观察到的罕见、迟发不良反应等，此时才有可能充分暴露出来。因此该阶段风险管理的重点在于：对产品不良反应的监测及对上市产品的持续风险/利益评价，产品不良反应监测工作中应变"被动"为"主动"，积极发挥其报告主体作用，企业对其产品加强跟踪监测以进一步收集新的安全性数据，建立安全监测网络体系并及时收集安全性数据以便采取有效的控制措施，如通过不断改进生产工艺，完善工艺流程，能够有效控制或减少不良反应的发生。另外，企业密切跟踪药品、食品的生产过程与上市后的使用动态，加强对研发产品不良反应信息资料的收集整理，以及进一步修改产品使用说明书等方面的工作，有利于掌握第一手调查资料，尽可能地减少今后可能发生的不良反应。一旦发生不良反应，也便于作为追根溯源的直接依据。

7. 建立有效的研发信息保护体系

(1) 加强对企业信息网络的保护。

重视设备与网络技术的更新换代、加强信息基础设施安全建设；建立有效的网络监督机制，严格监控内网与外网的数据交流；建立完善的信息安全评估、控制、预防管理机制应是L集团应对信息安全风险的重要手段。

(2) 信息分级管理。

企业应加强对商业秘密资料的管理，确定秘密等级，明确接触人员范

---

① 参见程艳、马爱霞《我国制药企业新药研发的风险与对策》，载《药学进展》2004年第2期，第90～93页。

围；加强对保密区域的管理，建立内部监控设施、防盗系统，不让无关人员进入保密区域。

（3）建立内部保密制度。

加强对员工的保密教育，订立保密协议，在技术转让或合作时，也要约定保密义务和违约责任。泄密事件一旦发生，要注意保存构成商业秘密的证据和侵权行为成立的证据，及时到工商机关举报、投诉；构成刑事犯罪的，由公安机关进行刑事侦查。

（4）技术部门分散化。

将技术部门分散化，从各技术部门分管的技术范围、各部门员工负责的环节等方面入手，保证技术人员无法完整地获取到所有技术信息。

8. 研发项目管控流程及研发人员激励方案

依据以上分析，课题组对L集团研发机构提出如下研发项目管控流程（见图6-4、表6-4）和研发人员激励方案。

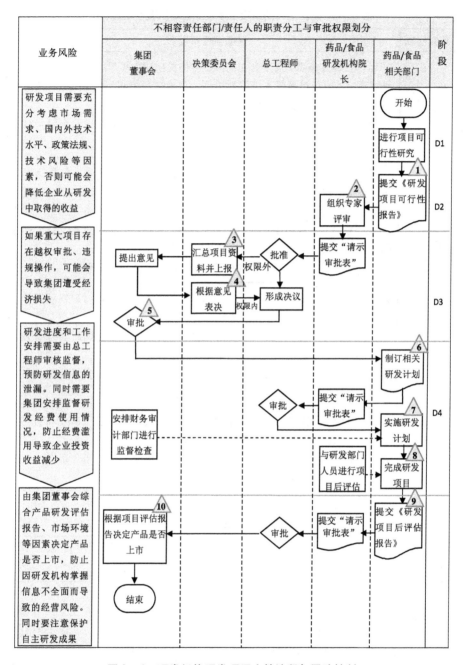

图6-4 研发机构研发项目审核流程与风险控制

表6－4 研发机构研发项目审核流程与风险控制流程

控制事项		详细描述及说明
阶段控制	D1	1. 由母公司或集团下属子公司向研发机构提出研发项目申请，研发机构研发部门进行项目筛选及可行性论证，形成《研发可行性报告》，送药品/食品研发机构院长进行评审。 2. 药品/食品研发机构院长组织专家召开项目可行性研究讨论会议，对项目进行评审
	D2	3. 药品/食品研发机构院长提交"请示审批表"给总工程师，如果是在总工程师的权限范围之外，研发机构行政部门负责汇总研发项目资料，并上报给集团董事会及决策委员会。 4. 集团董事会及决策委员会对工程项目进行研究，审议通过后，总工程师根据审议意见会同专家确定项目的可行性。 5. 研发项目决议得到总工程师审核后报送给母公司董事会审批
	D3	6. 决议得到集团董事会审批后，由研发机构研发部门制订《研发项目计划》（包括研发进程、分工、预算等计划）。 7. 研发机构研发部门/项目组实施研发计划，集团董事会同时安排财务审计部门对研发机构研发经费的使用实施进行监督检查。 8. 研发机构研发部门/项目组完成研发项目，药品/食品研发机构院长会同专家和研发部门/项目组成员对项目进行项目后评估
	D4	9. 项目后评估完成后，由研发机构业务部门/项目组完成《研发项目评估报告》，由药品/食品研发机构院长报总工程师审批。 10.《研发项目评估报告》经过审批后上报集团董事会，由董事会决定产品是否上市，并确定产品上市后跟踪监测的工作安排
相关规范	应建规范	● 研发业务授权审批制度 ●《研发机构重大研发项目管理方法》
	参照规范	● 企业会计制度 ●《企业内部控制应用指引》
文件资料		●《研发可行性报告》 ● "请示审批表" ●《研发计划》 ●《研发项目后评估报告》
责任部门及责任人		● 集团董事会、集团决策委员会、总工程师、药品/食品研发机构院长、研发机构下属研发部门、研发机构下属行政部门 ● 研发机构下属研发部门人员、研发机构下属行政部门人员

知识型员工对薪酬的需求有其独有的特征,对薪酬的需求是多层次、全方位的。单一的高薪并不能有效地激励他们。作为防范研发人员风险的制度设计之一,课题组建议,L集团可运用多种激励措施,形成全面的薪酬激励体系,以外在薪酬和内在薪酬满足研发人员外在的物质需要和内在的精神需要。同时,在薪酬制度实施过程中贯彻两大原则:一是公平性原则,绩效考核与奖惩要注重公平,包括外部公平性、内部公平性和自我公平性;二是差异性原则,考核与奖惩制度要体现岗位差异性以及个人需求结构的差异性,保持激励制度的调整弹性。

研发人员有较高的个人成就动机,而且知识型人才稀缺,流动较少受到机会成本的限制,所以他们的流动率较高。从让L集团尽可能吸引人才、留下人才的角度出发,课题组提出以下外在薪酬与内在薪酬激励方案。

(1) 外在薪酬。

1) 基本工资。

基本工资是研发人员收入报酬中的固定部分,对于研发人员,较高的基本工资是对其价值和能力的肯定,这种肯定本身就是一种激励。在企业支付能力一定的情况下,尽量将基本薪酬水平紧密地与竞争性劳动力市场保持一致,以保证组织能够获得高质量的人才。利用基本工资来强调那些对企业具有战略重要性的工作和技能,一般而言,企业规模越大,所需的研发人员的档次越高,其基本工资水平越高。若L集团要实行鼓励创新的发展战略,就可适当拔高研发人员的基本工资。由于基本工资与研发人员的业绩无关,而且基本工资在一段相对较长的时期内都是比较固定的,所以其激励功能是十分有限的,应配合其他的薪酬激励手段使用。

2) 短期激励薪酬。

薪酬中短期激励主要有奖金、绩效加薪、年终分红和利润分享计划等形式,它们都属于绩效薪酬,是根据绩效对个人的薪酬提供补偿的一种激励制度,是将代表组织绩效的指标与个人薪酬挂钩的方式。对于L集团研发人员而言,短期激励薪酬是强有力的激励方式之一,可以有效调动其研发的热情。指标的设定应结合研发人员的工作内容,若研发人员负责中长期研发项目,应更多考量研发的进程;若研发人员负责短期研发项目,应更多考量研发成果的数量与质量。

3）福利激励。

为了保障员工的合法权利，而由政府统一规定必须提供的强制性福利，如社会养老保险、社会失业保险、社会医疗保险、工伤保险等，是员工的基本工作福利，也是员工权益的重要组成部分。它的激励作用不大，但却是重要的保险因素，对研发人员而言必不可少。除此之外，企业还应提供菜单式福利。

企业的福利形式多种多样，但事实上企业不可能对研发人员实行所有的福利项目，选择何种福利项目主要应考虑员工需求和企业的实际情况。鉴于研发人员的独立性和差别性的特点，对其实施福利激励可以采取菜单式，即由企业设计出一系列合适的福利项目，平衡好大概的费用，然后由研发人员根据自己的需要进行选择，选择余地增大，满意度会更高，福利项目的激励作用也会增强。

这样的福利项目主要包括：非工作时间报酬，包括假日、节日、带薪休假、事假以及探亲假等；津贴，包括交通津贴、洗理津贴、服装津贴、节日津贴或实物、住房津贴、购物补助以及子女入托补助等；服务，包括班车、免费食品供应、体育锻炼设施、娱乐设施、集体旅游、礼物馈赠、食堂与卫生设施以及节日慰问等。

（2）内在薪酬。

1）个人成长与发展激励。

研发人员对知识和事业的不懈追求决定了他们将不断寻求新的学习机会和职业发展空间，如果组织不能够提供相应的机会，他们就有可能离开并寻求更好的机会。

L集团可加强对研发人员的培训，建立健全人才培养机制：首先，在培训手段和方法的选择上，要以遵循学习循环、激发学员兴趣为原则，要突破单一的课堂教学模式，多借鉴国外的案例教学法、模块培训法、讨论法、游戏式等培训方法；其次，要做好研发人员的培训跟踪工作；再次，企业还要对培训结果加以有效应用，把培训的结果与研发人员的报酬、职务晋升、职业生涯设计紧密结合起来；最后，注意防范研发人员培训后流失的风险。企业要寻求一套防范措施，从培训理念、培训策划、约束机制以及离职程序等几个方面，通过多种手段进行分层次的、具有人性化色彩的多维设计，建立以预警机制为核心的防范机制。

完善研发人员的职业生涯规划也十分重要：研发人员具有强烈的个人

成长与发展的需要，L集团可以通过完善研发人员的职业生涯规划来满足他们的需要。为此，一方面，企业要为研发人员提供共同愿景，让他们了解企业的需要。在明确了企业需要的同时，企业还要充分了解研发人员的需求和职业发展愿望，结合研发人员的能力、兴趣、性格等方面，为其设计合理的职业生涯规划；另一方面，企业可以实行双重职业生涯路径统一的双阶梯模式，为研发人员提供更多的职业发展机会。双重职业生涯路径体系可以让研发人员自行决定其职业生涯发展方向，他们既可以沿着技术职业生涯路径发展，也可以转而进入管理职业生涯路径。此外，企业还要建立支持与帮助系统，为研发人员实现职业生涯目标提供必要的条件。企业要努力为研发人员提供富有挑战性的发展机会，为其设置发挥其潜能的最大空间，包括授权管理和内部提升机制两个方面。

2）工作激励。

研发人员具有实现自我价值的强烈需求，他们能通过在工作中表现出自己的才能、看到自己工作的成果而获得极大的满足。因此，对他们工作的肯定是对他们最好的激励，企业应努力为研发人员创造有意义、有价值的工作，加强工作本身对研发人员的内在激励。

3）使工作具有挑战性。

与一般员工相比，知识型员工更在意自身价值的实现，并强烈期望得到组织和社会的认可。他们并不满足于被动地完成一般性事务，而是尽力追求完美的结果。因此，他们更热衷于具有挑战性的工作，把攻克难关看作一种乐趣、一种体现自我价值的方式。要使工作富有挑战性，可以通过工作轮换和工作丰富化来实现。工作轮换是指当研发人员觉得现有工作已不再具有挑战性时，管理者就可以把他轮换到同一水平、技术相近的另一个更具有挑战性的岗位上去，这样就可以减少枯燥感，促使其工作积极性得到增强。工作丰富化是对工作内容和工作责任的垂直深化，它使得研发人员在完成工作的过程中有机会获得一种成就感、认同感、责任感和自身发展。

4）组织文化激励。

研发人员具有高度的主观能动性，从事的是一种创造性的工作，然而对于如何更好地发挥研发人员的主观能动性和创造性而言，"刚性"的制度激励是无能为力的，这就要求研究所建立一种"柔性"的企业文化，这种企业文化与制度相比，能够给予研发人员更大的发挥空间。

5）树立"以人为本，尊重人性"的价值理念。

"以人为本，尊重人性"的价值理念，是优秀企业文化的重要组成部分，它强调管理行为不再是冷冰冰的命令型、强制型，而是贯穿着激励、信任、关心、情感，体现着管理者对人性的高度理解和重视，要注重满足研发人员的受尊重感、自我实现等高层次的精神需求，以提供创造性工作、鼓励个性发挥的环境来调动他们的积极性，在平等的引导与交流中，建立企业的经营理念；将外部控制转化为自我控制，使每个知识型员工自发地形成对企业的忠诚感和责任感，进而使研发人员的个人价值与企业的发展共同实现。

6）培育"学习、合作、创新、共享"型的企业文化。

研发人员要成长、自主和发展，需要一个健康、和谐的工作环境和自主创新、有团队精神的文化氛围。企业要建立创新型文化，就要突出强调创新的重要地位，把创新的意识植入员工的心中，用以指导员工的行为方式，使企业的目标内化为员工个人的目标，最终使企业的整体创新功能得到最大限度的发挥。建立学习型文化，就是不断推动企业和员工的持续学习能力，培育一种轻松和谐的人际关系，营造有利于学习的环境，努力将企业塑造成一个学习型组织，增强员工的知识含量和企业的革新创造能力。建立共享型文化，就是努力创造有利于知识共享的企业氛围，进行有效的知识共享激励，消除不同阶层员工知识共享的界面障碍，使员工自愿主动地贡献他们所拥有的知识（特别是隐性知识）和聪明才智，从而发挥他们的积极性和创造性，以提高企业的应变和创新能力。建立合作型文化，就要加强员工的团队合作意识和精神，鼓励员工与他人合作，彼此依赖，强调团队协作观念，促进团队协作行为。

7）建立亲和的企业氛围。

第一，整合人际关系。在平等竞争的横向人际关系方面，要设置多元的共同目标而少设置单一的目标，使研发人员有"竞"而不"争"，避免"损人利己""你死我活"等人际关系陷阱；在"命令－服从"的纵向人际关系方面，可通过有效授权，使纵向权利结构和人际关系得到改善。

第二，以情感人。企业要信任研发人员，给予其充分的授权，以调动其积极性、创造性。同时要充分尊重知识型员工的人格和人性的发展，尽可能满足其情感方面的需求，保障其应有的权利。亲和的企业氛围不但强调个人发展需求的满足，同时更注重对个人情感需求的关注。

第三，允许失败。研发人员一般从事的是创新性工作，需要冒险，很可能遭遇失败。企业不仅要在知识型员工创新成功之时给予激励，更应该在其创新遭到失败时给予宽容，鼓励其在创新中不怕失败。这样才有利于知识型员工以积极的态度去总结失败的教训，从失败中奋起，最终实现创新成功。

8）加强有效沟通。

沟通是企业员工关系整合的人文基础，是企业和员工消除误解、化解冲突、达成共识的基本方式和途径，也是形成团队精神、增强企业凝聚力和建设企业文化的基础。要使企业与研发人员的关系和谐稳定，可采取以下沟通策略：

第一，营造宽松的沟通环境和包容多元化人员的组织氛围。

第二，最大限度地疏通沟通渠道，打破研发人员与管理层之间的等级障碍，建立具有丰富多样的沟通方式、对消息传递具有双向灵敏反馈能力的全通道式沟通网络。

6.2.5 研发战略的实施及研发成果保护相关制度

1. 研发成果归属

L集团的研发成果分为自主研发成果与联合研发成果两类，课题组将分别研究这两类成果的归属问题。

（1）自主研发。

L集团在自主研发中容易出现以下相关问题：研发部门与企业之间的成果归属问题、企业对发明人的激励问题、研发团队对专利成果的处置权问题等。企业与内部研发团队在研发开始前应妥善完成相关法律程序，签订有效合同，在遇到相关纠纷时应及时寻求法律帮助，以指导企业对其研发成果的保护以及研发团队正当维护自己的合法权益。（见表6-5）

表6-5 自主研发成果归属问题与相关条例或解决方法

相关问题	相关条例或解决方法
研发部门在企业研究计划内、外的研发成果归属问题	《中华人民共和国专利法》（以下简称《专利法》）第六条 执行本单位的任务或者主要是利用本单位的物质技术条件所完成的发明创造为职务发明创造。职务发明创造申请专利的权利属于该单位；申请被批准后，该单位为专利权人。

续表 6-5

相关问题	相关条例或解决方法
研发部门在企业研究计划内、外的研发成果归属问题	非职务发明创造，申请专利的权利属于发明人或者设计人；申请被批准后，该发明人或者设计人为专利权人。 利用本单位的物质技术条件所完成的发明创造，单位与发明人或者设计人订有合同，对申请专利的权利和专利权的归属作出约定的，从其约定。 《中华人民共和国专利法实施细则》（以下简称《专利法实施细则》）第十二条 专利法第六条所称执行本单位的任务所完成的职务发明创造，是指： （一）在本职工作中作出的发明创造； （二）履行本单位交付的本职工作之外的任务所作出的发明创造； （三）退休、调离原单位后或者劳动、人事关系终止后 1 年内作出的，与其在原单位承担的本职工作或者原单位分配的任务有关的发明创造。 专利法第六条所称本单位，包括临时工作单位；专利法第六条所称本单位的物质技术条件，是指本单位的资金、设备、零部件、原材料或者不对外公开的技术资料等
企业对研发团队或成果发明人的激励问题	《专利法实施细则》第七十六至第七十八条 第七十六条　被授予专利权的单位可以与发明人、设计人约定或者在其依法制定的规章制度中规定专利法第十六条规定的奖励、报酬的方式和数额。企业、事业单位给予发明人或者设计人的奖励、报酬，按照国家有关财务、会计制度的规定进行处理。 第七十七条　被授予专利权的单位未与发明人、设计人约定也未在其依法制定的规章制度中规定专利法第十六条规定的奖励的方式和数额的，应当自专利权公告之日起 3 个月内发给发明人或者设计人奖金。一项发明专利的奖金最低不少于 3000 元；一项实用新型专利或者外观设计专利的奖金最低不少于 1000 元。 由于发明人或者设计人的建议被其所属单位采纳而完成的发明创造，被授予专利权的单位应当从优发给奖金。

续表 6-5

相关问题	相关条例或解决方法
企业对研发团队或成果发明人的激励问题	第七十八条 被授予专利权的单位未与发明人、设计人约定也未在其依法制定的规章制度中规定专利法第十六条规定的报酬的方式和数额的，在专利权有效期限内，实施发明创造专利后，每年应当从实施该项发明或者实用新型专利的营业利润中提取不低于2%或者从实施该项外观设计专利的营业利润中提取不低于0.2%，作为报酬给予发明人或者设计人，或者参照上述比例，给予发明人或者设计人一次性报酬；被授予专利权的单位许可其他单位或者个人实施其专利的，应当从收取的使用费中提取不低于10%，作为报酬给予发明人或者设计人
研发团队对专利成果的处置权问题	单位的分支机构或内部机构如果没有领取营业执照，就不是独立法人，不能独立享有民事权利、承担民事责任，因此，不是签订民事合同的合法主体。根据《中华人民共和国民法通则》（以下简称《民法通则》）以及《中华人民共和国合同法》（以下简称《合同法》）等有关法律的规定，这样的合同通常不具有法律效力

（2）联合研发。

联合研发是多方为了实现共同的愿景，获得最佳利益和综合优势，结合彼此的资源或优势而建立的一种优势互补、利益共享、风险共担、共谋发展的合作关系，是L集团进行研发的方式之一。课题组将以高校与企业的联合研发为例，阐述L集团研究所与外合作、共同研发的成果归属所存在的问题。

高校与企业的联合研发有技术开发合作模式、技术转让合作模式和共建实体合作模式三种不同的合作模式。合作模式不同，所涉及的知识产权的侧重点不同，归属与分享办法也有所不同。

1）技术开发合作模式。

技术开发合作是高校与企业间最常见、最普遍的合作形式，包括合作开发和委托开发两种类型（见表6-6）。技术开发合作模式所涉及的技术成果，包括中间技术成果、委托或合作关系结束之后一方继续进行开发所形成的后续技术成果等。

表6-6 合作开发和委托开发的区别

合作开发	委托开发
合作开发是指高校与企业就某个项目或某项技术联合进行研发创新的经济法律行为。技术开发合作多以科研课题为载体、以课题组为依托。一般高校投入科技力量，企业投入资金	委托开发一般是指企业以项目的方式委托高校为其进行技术开发，主要特点是企业出资，高校进行研究开发活动。通过这种方式，企业获得所需的技术或产品，及时满足市场的需求并获取销售利润，高校也获得相应的效益

技术开发合作合同中技术成果的归属与分享，是技术合同理论及实践中的核心问题之一。《合同法》第三百三十九条、第三百四十条、第三百四十一条确立了技术成果的归属与分享原则，这些规定本着合同当事人权利与义务一致的原则，规定了在委托开发和合作开发的情况下，合同当事人对技术成果的归属与分享的一般规则。对于合作开发的技术成果的归属与分享，《合同法》规定以约定为先，以法律规定为例外。在实践中，合作开发的当事人既可以约定，也可以不约定，如不约定，为双方共有。如果有约定，主要有以下几种情况：

第一，合作开发各方在合同中可以约定不同的投资比例，按照权利与义务一致的原则，按照约定的投资比例享受权利、履行义务。

第二，约定为当事人一方独占实施，即当事人一方使用，这种情况下，应该约定经济利益的补偿办法，享有技术成果的一方当事人，按约定将由此取得的经济利益向其他各方当事人做适当补偿。

第三，约定共同共有，成果共有一般意味着经济权利的共有，经济利益应该是对等分享。

第四，约定向合同外第三方转让技术成果时，应经合作各方当事人协商一致，同时约定由此取得的经济利益的合理分享办法。上述约定的意义在于，可以避免成果共有而利益不能分享、投资而得不到回报的弊病。由于高校自身缺乏实施技术的条件，在客观上可能造成企业方对技术成果的"独家"使用，类似于技术转让合同的独占实施。

第五，关于可以申请专利的技术成果，对专利申请权的归属与分享，应做出约定：是归一方独占，还是归各方共有。如果是独占，约定独占方对其他各方的利益补偿办法；如果约定为共有，是按份共有还是共同共有。共有人一方转让其共有的专利申请权的，其他共有人有优先受让的权利，发明创造被授予专利权后，放弃专利申请权的一方，可以免费实施该专利。

第六，合作开发所完成的非专利技术成果，当事人可以在合同中约定各方的使用权和使用范围，一方使用而其他各方不使用时，可以由使用方适当给予未使用各方一定的使用费，并约定分配的比例。

委托开发合作所产生的技术成果的归属，《合同法》规定以归研究开发方为原则，而以与当事人的约定为例外。合同约定归属与分享的，按合同约定内容执行；如合同未做约定，则委托开发所产生的技术属于开发方。委托合作完成的技术成果，一般可能涉及委托方的商业秘密或是委托方为了生产更先进、更适销的产品，提高自己的技术水平，谋求更高的经济利益而委托完成的。委托方为了自身的利益，一般会有"成果共有"或"归委托方所有"的要求。归属与分享主要表现为三种形式：

第一，法定属于受托方。

第二，约定为双方共有的，应对共有中各自的份额做出约定，并依此关于份额的约定享受权利、承担义务，开发方除取得约定的研究开发经费和报酬外，还应在实施该技术成果的经济效益中获得自己所占的份额。

第三，约定为归委托方，这种"独占权"的取得不应该是无偿的，委托方应在研究开发经费上给开发方以足够的补偿或按约定支付相应的技术成果独占费。

委托合作的双方当事人可以在合同中约定，由委托方或开发方单独对完成的发明创造享有专利申请权，也可以约定该专利申请权为双方共有。如果约定或根据法律规定，归于开发方，则开发方可以转让该专利申请权，委托方有优先受让的权利。如果没有约定，则任何一方都有实施专利、使用非专利技术的权利。履行委托技术开发合作合同，有可能获得与合同标的无关的新的发明创造、技术成果，这些发明创造不属于履行合同所完成的发明创造，对其归属与分享，也应做出明确的约定。

2）技术转让合作模式。

技术转让合作模式，最常见的是高校出让技术，企业大多是通过受让技术的方式来获得高校开发的高新技术成果并在出让方的协助下完成技术成果产业化的合作行为。技术转让合作模式的技术成果的归属与分享，主要表现在以下方面：

第一，涉及成果权属转移问题。

企业与高校各方在技术转让过程中，一般通过合同对专利权、专利申请权等知识产权的归属进行约定，如果是专利权的转让，则意味着专利权人是对该知识产权的整体转让，知识产权主体随之发生转移；而专利实施许可，知识产权主体未发生任何变化，专利权整体仍归属专利权人，没有出现专利权的转移或共有。

第二，技术转让费的标准及支付方式。

在技术转让中，技术转让费通常根据技术开发过程中的成本（包括资金投入、设备损耗和人力资本等），以及该技术的应用前景等确定。受技术水平、技术成熟度、研究投入、市场前景等多因素的影响，在签订专利技术合同时，很难对技术转让带来的效益进行准确的测算，因此对于技术比较成熟的项目以及市场前景明确的高技术项目，因其风险较小，可以采用总额支付的方式。在其他情况下，为了保证各方的合理利益，采用销售额提成的方式较为合理，因为这种方式可以根据实际生产和销售情况，动态适应知识产权收益的变化。

第三，后续改进的技术成果的归属与分享。

技术转让合作中成果的归属与分享，是指实施专利、使用非专利技术后续改进的技术成果。这些成果可以是发明创造，也可以是非专利技术。对这些成果的归属与分享，应当按照"互利互惠、有偿使用"的原则，约定归属与分享办法。一般应当约定：①在合同有效期内，互相告知后续改进的技术成果。②双方或一方对合同技术取得一般的局部改进技术，免费向另一方提供；取得重要技术改进或获得证书的技术成果，改进方以优惠价格优先向另一方提供。③没有约定或约定不明确的，当事人可以协议补充，不能达成补充协议的，后续改进成果的所有权和申请专利的权利归主要改进方。

3）共建实体合作模式。

共建实体合作模式，是指高校与企业分别投入一定比例的资金、技术、人力、设备，共同组建新的实体，包括研发机构、工程技术中心等。共建实体合作中的技术成果的归属与分享主要有以下方面：

第一，合作各方以技术为投入要素，投入实体中的技术成果，一般折算为股权或出资比例，这部分成果，知识产权界定一般是明晰的。

第二，在实体运作中，由实体完成的技术成果，包括在各方投入的技术的基础上做出的革新成果,对其归属与分享,要规定清楚,实体独立完成的技术成果应由实体拥有。

第三,各合作单位共同研发的成果,应按合作开发的规定,做出相应的约定。在利益分享方面,由于实体一般按股份制形式组建,各方的投入以股权或出资比例形式体现,为利益分配提供了依据。

结合表6-7中的三种联合研发模式的优势与劣势,L集团应根据发展阶段、研发目标、战略要求的不同做出最适宜的选择。

表6-7 三种研发模式的优缺点比较

模式	优 点	缺 点
技术开发合作模式	1. 分工明确。高校投入科技力量,企业投入资金,不存在分工上的重叠或模糊区域,并且能够有效分配责任,避免发生不必要责任纠纷。 2. 专业化程度及研发效率高。当企业具有较充裕的资金而缺乏高水平的研发团队时,高校较为专业的团队就能予以补充。由高校负责科技研发,企业负责资金支持,正是充分发挥了各自的优势,形成优势互补的良好发展态势。在这样的分工之下,专业化程度和研发效率大大提升	如果合作双方事先约定不完善,容易造成某一方对研发成果处置不当或研发双方对研发成果带来的收益分配不当等问题。例如,企业可能会为了提升自己的商誉而对外声称研发成果属于自己企业,高校也有可能会为了提升学术造诣而将研发成果归入为高校自主研发的成果。而对于研发成果带来的利益,除了现金收益外,还有许多非实物收益,这些收益在一定程度上是很难进行比较清晰的划分的,企业和高校很有可能在这些收益的分配上产生纠纷
技术转让合作模式	1. 节约成本。企业并不以任何形式参与高校的研发过程,直接获取高校的研发成果,节约了对研发进程的监督、管理成本。 2. 快速进入新产品领域。企业越过研发步骤,直接获取研发成果,有利于快速地拓宽涉及的产品领域	1. 选择局限。企业只能在高校已有成果中进行选择,不一定能寻求到恰好贴合企业目标的研发成果。 2. 成果多方共享。企业若只获得专利实施许可而非专利权,就无法形成具有竞争力的产品,要与其他可以使用同种技术成果的企业分享市场

续表 6-7

模式	优 点	缺 点
共建实体合作模式	有利于发挥高校实验手段先进、研发能力强的优势，又可发挥企业工程技术开发的能力，克服其他合作模式存在的不足，实现风险共担、利益共享、互利互惠、共同发展，有利于激发双方的研发热情，也有利于高校与企业之间保持长期稳定的合作创新关系	1. 投入比例难以衡量。高校与企业分别投入一定的资金、技术、人力、设备，共同组建新的实体时，如何将不同的投入要素转换形成合作双方的投入比例，容易产生矛盾。 2. 企业不享有成果的独占权。实体一般按股份制形式组建，各方的投入以股权或出资比例形式体现，研发成果也据此分配

2. 专利申请流程

专利申请是保障 L 集团自主研发成果的重要手段，而保障所申请专利的有效性和实用性也就成了 L 集团研究所要重点关注的问题之一。为在提升专利申请效率的同时，保障所要申请的专利有效、实用（避免研发人员、研发管理者为追求绩效工资而盲目申请专利，加大人力成本与申请成本），避免可成为有效专利的技术、成果被遗漏，课题组认为，应同时缩短专利申请的内部流程和加大研究所自主监督及奖惩的力度。

向专利局进行专利申请这一步骤通常交由企业外部的专利代理进行，故研究所只需做好提交专利申请的准备和与专利代理进行沟通。前期准备主要由申请该专利的项目研发组组长完成，对外沟通交由项目组中的研发机构办公室人员负责，管辖这一项目组的正副院长及总工程师进行监督。（项目组中研发机构办公室人员主要负责协调汇报项目组的工作安排及进度，并作为专利申请工作中研发机构方的联系人。）

在整个专利申请流程（见图 6-5）中，应注意以下几点：

第一，选择足够专业的专利代理团队进行合作，并与其沟通设定专利申请方案填写内容、研发机构方面提供的材料列表等相关文件。

第二，在专利申请方案通过后，研发项目组组长应根据专利代理团队的要求，完成相关的描述工作，如对专利说明书中药品、工艺使用权利要求的详细说明，对实现所申请的专利所需的具体技术特征的充分描述等。

第三，在专利申请方案通过后，研发项目组组长应根据专利代理团队

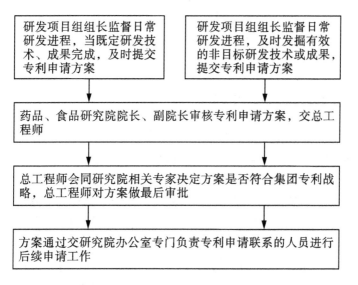

图 6-5 专利申请流程

的要求,完成相关的存档工作,如关于新工艺、新药品的研究资料及文献资料等。

第四,药品、食品研发机构院长、副院长在审核专利申请以及监督相关材料存档的过程中也应积极负责,避免专利纠纷的漏洞产生。

3. 专利纠纷解决流程

L集团研发机构的要务是新技术、新成果的研发以及有效推动集团专利战略的实现。当遇到专利纠纷问题时,需及时与集团法务部取得联系,由法务部视情况决定是由法务部自行解决还是外聘专业律师进行调解或诉讼。同时,研发机构需根据情况提供必要的协助,如做出专利技术性方面的说明、协助查阅专利文献、提供专利证明与相关证据等。在不影响日常研发工作的同时,研发机构应在专业技术和知识方面为法务部提供最大帮助,以维护L集团合法的专利权,确保自主创新的技术成果能够持续为L集团的发展服务。

另外,研发机构还应及时与公关部取得联系,积极配合公关部正确引导社会公众对于专利纠纷事件的舆论,与法务部相辅相成,在法律和道德两方面传达L集团对于保护专利权的坚定立场,树立L集团正面的、积极的形象,在专利纠纷事件中既保障L集团能够保留合法专利权,又能够保持L集团的商誉,从而保证社会效益和经济效益的并行与发展。

6.3 背景材料及案例

6.3.1 研发管控模式

企业研发部门组织模式的选择,需要考虑以下几个方面的因素:第一,控制经营风险。设置子公司能够通过子公司的独立法人地位阻隔不确定性较高的研发部门的经营风险转移给母公司,起到"防火墙"的作用。第二,纳税策略的考量,是否将研发业务分离为子公司需要考虑研发子公司是否能够降低集团整体的税务负担。第三,需要构建符合集团发展要求的研发管控体系。

研发管控包括七个方面:研发体系设计管控、研发团队建设管控、研发流程管控、研发成本管控、研发项目管控、研发绩效管控、研发风险管控。

1. 研发体系设计管控

当前的企业研发体系管控模式主要有单一中心模式、多中心式分散模式、轴心式三种主要模式(见表6-8),企业在构建研发体系时可以根据自身的发展需要选择,并做出适应性的调整。

表6-8 研发管控的三种模式[①]

	特　点
单一中心式研发管控模式	把研发活动集中在总部的技术中心进行统一管理; 关键技术的研发常采用这种模式; 技术中心在企业集团研发网络中居中心地位,起着主导和牵头作用,有很强的权威性; 美国可口可乐和耐克公司采用此模式

---

① 根据相关文献资料整理,见 https://wenku.baidu.com/view/1dd9cb6d58fafab069dc02cf.html。

续表 6-8

	特 点
多中心式分散研发管控模式	以地区市场为导向的公司常采用这种模式，在集团的统一规划下，建立若干海外研究开发实验室，分别进行相关技术的研究工作； 日本部分多元化经营的企业集团的研发活动主要按行业管理，每一事业部有自己的研发机构； 欧洲由于地缘因素，很多无明显国籍属性的跨国企业集团采用此模式，如荷兰壳牌石油公司
轴心式研发管控模式	有严格的控制中心，降低了资源分配不合理和研究开发重复的问题； 在此模式中，集团总部的研发中心在大多数核心技术领域方面都居世界领先地位，是集团所有研究和商业的主要实验室； 严格协调分散化的研究开发活动； 被许多国际化企业集团采用，如花王、松下、西门子公司等

2. 研发团队建设管控

研发是一项创造型的工作，卓有成效的研发需要优秀的研发团队来完成，研发团队的素质对研发成果质量有决定性的影响。卓越的研发团队由以下三个因素决定：团队中的个人、团队机制和团队文化。通过完善研发团队工作的机制（见表 6-9）能形成良好的信息反馈机制，不断提升研发团队的工作效率。

表 6-9 研发团队的工作机制

	参与部门	主要内容	关键
研发-市场部门联席会议	市场部门、研发部门	定期交流所有项目情况，确定开发方向，产生新项目	长期坚持
项目运行会议	项目组所有成员	某个项目里程碑完成后评估项目运行情况，做出下一步安排	完成情况的可靠性
项目回顾会议	项目组所有成员	项目完成或终止后对项目整体运行的总结	真正明确失败的原因
总结报告制度	市场部或研发部项目经理负责	项目每一阶段结束后汇总项目运行情况，并发给每位项目组成员	保证决策信息的真实性

3. 研发流程管控

研发优势的唯一可持续源泉是卓越的研发管理流程。以某项卓越设计、天赐良机、对手的某个失策或自己的某一次幸运为基础的优势是不可能长久的。而优越的研发流程则始终能够发现最佳的机遇，推出有竞争力的产品和服务，并以最快的速度把这些研发成果投入市场。研发流程改进也是个持续的过程，需要不断地改进研发流程。研发流程管控保证了研发流程设计与改进的持续性、规范化、程序化。

4. 研发成本管控

随着微利时代的来临，企业要从各个方面节约成本，包括研发成本也要控制。研发成本控制并非指压缩研发规模或减少研发投资，而是指减少研发中不必要的开支，用较少的投入获取较大的研发成果。研发成本管理要和研发成果收益结合起来。产品在其生命周期的不同阶段，所能获取的利益不同，研发要在产品的不同生命周期有不同的投入。例如，在新产品开发的时候研发投入较大，但是研发收益几乎没有；一旦新产品开发出来，受到市场的欢迎，则要加大研发投入，改进产品性能；到产品的成熟期，市场竞争激烈，产品改进研发投入则要收缩，直至完全取消。

5. 研发项目管控

研发属于动态作业，整个流程可能横跨所有部门，因此研发是以项目为导向的，在研发管控中项目管控不可或缺。

6. 研发绩效管控

研发管理的绩效管理能够有效地激励研发团队积极工作，促成研发成果。研发管理的绩效评价指标有这几个方面：研发项目的难度、研发效率和研发质量。研发绩效管理应该考虑企业的整体战略，应用平衡记分卡等工具制定研发绩效评估系统。

7. 研发风险管控

研发的风险主要由以下三点构成：研发人员、研发信息安全和研发成果。

研发人员可能被竞争对手挖墙角，可能对外泄密或恶意破坏。研发信息风险指研发信息可能被研发人员泄密或破坏，也可能因为遭受灾难、意外事件或别人的攻击而导致风险。研发成果风险指研发出来的产品或服务可能是过时的或不受欢迎的，或者研发的投入太大导致企业经营风险，或者研发的投入大于研发产生的效益。研发风险管理则是以风险为主要的控制目标,制定一系列规章制度有效将风险降低到可接受的水准以下,否则就必须增加控制措施。

6.3.2 研发机构组织架构

作为集团成立后统领集团研发业务的具有独立法人地位的研发机构,需要设计合理的内部组织架构为其研发职能的实施提供充足的组织和人员保障。现代组织中实际采用的组织形式主要有直线型、职能型、直线职能型、事业部型和矩阵型等组织形式(见表6-10)。不同的组织形式各具特点,企业应根据自身条件和外部环境谨慎选择,不同的组织形式会对机构的运作效率产生决定性的影响。

表6-10 主流组织形式比较

组织形式	特点	优势	劣势
直线型	一切管理工作由经理指挥管理,不设职能机构,最多设几名助手协助经理工作,生产经营任务的分配和运作高度集中	管理机构简单,管理费用低,命令统一,决策迅速,上下级关系清晰	要求管理者同时具备管理专业知识和生产技能知识。管理者精力有限,难以深入细致地考虑到每一个问题。一旦管理者退休,需要找一个全能型并熟悉企业情况的管理者立即接手工作也比较困难
职能型	采用专业分工的管理者代替直线型的全能管理者,在组织内部设立职能部门,各职能机构在自己的业务范围内,有权向下级下达命令和指示;各级负责人除了服从上级行政领导的指挥外,还要服从上级职能部门在其专业领域的指挥	每个管理者只负责一方面的工作,有利于发挥专家的作用。对下级工作能进行更加具体的指导,有利于弥补各级行政领导管理能力的不足	容易形成多头领导,各职能部门的要求可能互相矛盾,使下级无所适从

续表 6-10

组织形式	特点	优势	劣势
直线职能型	以直线型为基础,在各级行政领导下设置相应的职能部门。在保持统一指挥的原则下,增加参谋机构。只有各级行政负责人有向下级进行指挥和下达命令的权利,各级职能机构只是作为行政负责人的参谋发挥作用,对下级起业务指导作用	保证了统一指挥,同时能发挥专家的业务管理作用	各职能单位自成体系,不重视信息的横向沟通。职能单位之间可能出现矛盾和不协调,如果授权职能部门权力过大,容易干扰直线指挥命令系统。部门和层级较直线型多,会增加管理费用
事业部型	在一个企业内对具有独立产品市场、独立责任和利益的部门实行分权管理的一种组织形式。通常做法是总公司按产品或地区划分许多事业部或分公司,使它们成为独立核算、自负盈亏的利润中心	把统一管理、多种经营和专业分工较好地结合起来。公司和事业部责权利划分清晰,能较好调动管理人员的积极性,同时能保证总公司获得稳定的利润	管理机构较多,管理人员比重大。同时,事业部下的管理人员熟悉本部门业务,有可能出现由于分权而架空总公司领导的现象。事业部间有独立的经济利益,可能发生内耗,协调成本高
矩阵型	在直线职能型垂直形态组织系统的基础上,增加一种横向的领导系统。由各职能部门抽调人员组成项目部,项目部包括项目所必需的各类专业人员;当项目完成后,各类人员另派用场,此项目部不复存在	加强了横向联系,克服了职能部门互相脱节、各自为政的现象,专业人员和专用设备得到了充分利用;具有较大的机动性,任务完成组织即解散,人力、物力有较高的利用率,各种专业人员在同一组织工作一段时间,完成同一任务,有利于互相激发、互相帮助	成员不在固定位置,可能产生临时观念、责任心不强的问题;人员受双重领导,出现问题时,有时难以分清责任

6.3.3 研发风险管控与知识产权保护

研发人员、研发信息安全和研发成果这三方面的研发风险可以统一运用分析项目风险时使用的方法进行分析，主要有这两个步骤：风险识别和风险评估。

1. 风险识别

风险识别是指对尚未发生的、潜在的或客观存在的影响风险的各类因素进行系统的连续的辨别、归纳、推断和预测，并且分析出导致不利事件产生的原因的过程。该过程的目的主要是用来鉴别风险的来源、范围、特性以及与之相关的不确定性。

研发项目风险识别也就是识别产品在整个项目研发过程中，可能遇到的各种风险源以及风险因素，并对它们的特性进行归纳判断、并鉴定出其风险的性质。风险识别过程需要抓住引发风险的主因，并对其产生的后果所带来的影响进行定性评估。该过程要求从系统出发，通过纵横两个角度理解项目的组成、各个变数的性质以及项目与环境的相互关系等方面，然后运用系统化的规范性程序、分析方法和步骤，查出可能成为研发项目风险的所有因素。项目风险识别不仅需要通过感性认识和实际经验进行分析判断，还需要对类似项目的资料统计和相应风险记录进行分析及归纳，从而进一步得出研发项目风险损失的规律及其特性。研发项目风险识别的主要方法及其特点如表6-11所示。

表6-11 研发项目风险识别的主要方法及其特点

研发项目风险识别方法	特　点
专家会议法	由相关部门专家面对面地集中交流和讨论评估，以专家的直观预测体现出创造性思维
专家意见法	根据风险专家填写的专家调查表进行统计评估，比较常用
访谈调查法	根据项目组成员的访谈调查得出研发项目的风险因素
核对表法	根据历史资料、以往的项目经验或者其他信息来源，按照核对表逐项罗列所有可能的风险因素并逐项加以识别，比较常用
环境分析法	通过对企业的内外部环境的系统化分析，推断出内外部环境可能对项目研发所带来的风险

2. 风险评估

风险评估是指在风险事件发生之前或之后，但还没有结束的情况下，对该事件所造成的影响和损失的可能性进行量化评估的工作过程。也就是说，风险评估是量化测评某一事件所带来的影响或损失的可能程度。由于项目风险管理的资源有限，而项目风险的数量却诸多，为了能够更好地合理分配风险管理资源，一般会在通过风险评估得出风险分析结果后，再通过风险排序来识别出项目风险要素的优先次序。风险评估的方法包括基于知识的分析方法、基于模型的分析方法、定性分析和定量分析，常用的评估工具包括调查问卷、检查列表、人员访谈等。

6.3.4 案例

1. 葛兰素史克公司（上市外企）注重研发管控

葛兰素史克公司拥有全球制药行业中最大的研究开发体系，在全球11个国家拥有20个研究中心和超过1.5万名研发人员，还和很多高校、研究所以及企业合作，年投资额高达50亿美元，公司的新药开发投入高达每小时56万美元，每年合成6500万种化合物。葛兰素史克公司能够把全球众多的研究中心、合作伙伴整合起来并协调高效运作，并结出累累硕果，说明葛兰素史克在研究开发风险管控方面的能力非同一般，而这出色的管控能力和效果，主要来源于两方面原因：

（1）建立了系统的研发管理体系。

在内部建设IT（信息技术）系统，搭建全球资源共享及协作平台，数据获得便捷、成本低；建立分工明确的组织及部门研发架构，极大地提升了效率；建立规范的研究开发流程，严格执行化合物筛选，经过临床前期研究，一期、二期、三期临床研究，上市后的大规模的监测研究的步骤规范。

（2）研发管控工作卓有成效。

研发管理战略明确了较长时间内的研发管理战略规划，建立了研发项目、研发中心选择和评价的体系和标准，选择出适合自身能力和市场环境的研发项目、研究中心；加强研发管控；采取有效措施，如重视研发合作，申请专利保护，引入风险投资基金，提升研发风险的管控能力和水平。

2. 默沙东公司（上市外企）构建针对研发人员的激励制度

默沙东公司通过推行多样化的薪酬福利项目来满足研发人员这个群体的需求，主要的项目有餐费补助、置装费、取暖费、健身卡和美容卡。他们还会定期举行员工活动，例如集体旅游、生日聚会等，通过这些方法来鼓励研发人员增加沟通与互动，调解科研工作中的压力与枯燥。

默沙东公司注重薪酬激励手段的多样化，制定针对研发人员的薪酬激励制度和措施。其不仅重视员工工作的业绩表现，也重视对员工生活的关怀，从多个角度让研发人员感受到公司的文化，而不是停留在口头上。这些措施成为医药企业学习的榜样。

3. 韩国三星电子泄密案[①]

2011年4月17日，韩国首尔中央地方检察机关宣布，以涉嫌泄露三星电子核心技术和战略机密为由，对三星生活家电部的一名中国籍研究员提起诉讼。

韩国检察机关透露，此中国籍研究员从当年3月底到4月初从位于水原的三星研究所内窃取了大量的信息。据了解，该研究员是在同事下班或不在的时候将这些资料下载，然后用数码相机拍摄后存入自己的笔记本电脑。检察机关从其家中找到笔记本电脑，经过调查显示，该研究员窃取的信息有300～400页A4纸的数量，主要涉及三星的噪音消除技术和白色家电[②]中长期发展的战略机密。随即检察机关对该研究员的电子邮件内容展开了调查，结果显示该研究员窃取的资料还没有向国外企业泄漏。

据韩国检察机关透露，在韩国，"产业技术泄露事件"时有发生，数据显示，仅2011年3月，"泄露案件"就达13件。检察机关表示，对"技术开放等营业机密泄露"者应判处5年以下有期徒刑，并处以一定数额的罚款。

4. 企业商业秘密泄露[③]

随着知识经济的兴起，知识产权保护将成为社会关注的焦点问题，也成为国内经济往来、国际贸易争端的主要问题之一。根据CSI（美国计算

---

① 参见《韩国逮捕中国籍员工 称其窃取三星电子机密》，见 http://tech.sina.com.cn/it/2011-04-15/01485407860.shtml。
② 白色家电是指可以替代人们家务劳动的电器产品。
③ 参见孙长欣《数字版权保护技术的研究及文档保护系统的实现》（硕士学位论文），北京邮电大学2008年。

机安全学会）和 FBI（美国联邦调查局）每年的联合调查报告显示：在 2000 年由信息安全事件造成的损失当中，30%～40% 是由电子文件的泄漏造成的。① 而在《财富》杂志排名前 1000 位的公司每年因电子文件泄漏造成的损失平均为 50 万美元。这一比例在 2002 年被打破。

2002 年，有超过 83% 的安全威胁来自企业内部，包括内部未被授权的文件存取、专利信息的窃取以及内部人员的财务欺骗等。由于对内部人员缺少有效的管理方法，内部人员往往可以通过移动设备或网络传输，如 U 盘、移动硬盘、邮件等方式窃取原公司资料，或者由计算机病毒自动发送电子文档，这种行为不仅成为企业隐患，更为原单位带来了巨大的经济损失。

5. 海尔智慧工厂②

海尔互联工厂是顺应全球新工业革命以及互联网时代的潮流，由大规模制造向大规模定制转型，积极探索基于物联网和务联网的智能、智慧工厂。

海尔理解工业 4.0 的本质就是互联工厂，就是要互联出用户的最佳体验，实现大规模定制。它有三个基本特征：①从用户的角度出发，用户全流程参与，实现用户的个性化定制以及全流程的可视化；②与用户实时互联，从产品的研发到产品的制造，以及到海尔的供应商、物流商，全流程全供应链的整合；③自动化生产和用户个性化相结合，也就是说海尔进行了由为库存生产到为用户生产的转型。

对用户而言，海尔互联工厂是一个获得全流程服务体验的智慧平台。用户所希望的就是获取全流程的服务体验，但他无法快速了解产品的制造过程以及配送过程，也无法深入参与到设计和营销的过程当中。比如，现在有的用户提出"我想把我的照片放在洗衣机上""我的冰箱从下单到生产一直到送货，能够做到可视吗"等问题，用互联工厂的模式就能解决。

（1）海尔互联工厂是什么样的？

互联工厂从无人工序到无人车间，是一个黑灯工厂。

海尔从 2012 年开始探索互联工厂，在这个探索的过程当中，从一个

---

① 参见《DRM 技术助力电子文档安全应用》，见 http://www.e-gov.org.cn/article-17715.html。

② 参见《海尔集团：自我颠覆 传统企业的互联网突围》，见 http://news.xinhuanet.com/cocal/2015-05/07/c_1115205183.htm。

工序的无人,再到一个车间的无人,再到整个工厂的自动化,最后再到整个互联工厂的示范,是一个不断再积累、再沉淀的过程。

目前海尔已在四大产业建成工业4.0示范工厂,包括沈阳冰箱互联工厂(全球家电业第一个智能互联工厂)、郑州空调互联工厂(全球空调行业最先进的互联工厂)、滚筒洗衣机互联工厂、青岛热水器互联工厂等。除了这些示范工厂,海尔还要在全球的供应链体系当中展开和复制,目的就是为了实现用户能够在全球任何一个地方、任何一个时间,通过他的移动终端随时定制他的产品,互联工厂可以随时感知、随时满足他的需求。

(2) 海尔互联工厂怎么生产?

互联工厂等于将工厂"搬到"了用户家中。

2015年3月,全球首台用户定制空调在海尔郑州互联工厂下线。用户登录众创汇(diy.haier.com),根据个人喜好自由选择空调的颜色、款式、性能、结构等定制专属空调。用户提交订单后,订单信息实时传到工厂,智能制造系统自动排产,并将信息自动传递给各个工序生产线及所有模块商、物流商,海尔生产线可以同时兼容不同模块同时生产。用户通过手机终端可以实时获取整个订单的生产情况。

目前郑州互联工厂已实现用户交互可视、订单可视等10个互联工厂关键能力节点,用户定制产品的进程都在用户"掌中"。同时,用户还能对产品进行直接评价或提出意见,工厂可视化将用户评价体系由生产完成后提前到生产完成前,实现了用户对产品品质的提前"倒逼",用户不仅是产品的"消费者",更是产品的"创造者",海尔开启了一个"人人自造"的时代。

6. 医药电商重构购药方式[①]

传统医药的互联网化主要体现在医药电商模式,通过去流通化的方式节省购买的时间成本,让用户更加方便、快捷、便宜地购买并获取药品,医药电商的运营方式以 B2C(business to customer)和 O2O(online to offline)两种方式为主。B2C 模式能使用户获得更加方便的购药体验,通过互联网药店或第三方医药平台,可快速查询药品信息,进行比价,咨询药物信息,查看是否支持医保报销,使用户足不出户就能完成下单,并在

---

① 参见马化腾等《互联网+:国家战略行动路线图》,中信出版社2015年版,第362~363页。

1~2天内收到药品，对于不急用的日常药能省去前往医院、药店的时间。对于购药，一些用户具有时间诉求，即希望能够在较短的时间获取需求的药品，基于此的O2O模式目前正快速发展，通过实体零售药店的快速物流配送，力图在1个小时内完成药品的配送，为用户带来更加快捷的购药体验。同时，线上药品通过缩减中间流通环节，相对于线下药品价格会有较大的优惠，能让用户买到更加便宜的药品。

在开拓基于O2O模式的医药健康类互联网产品方面，仁和集团作为集药品、保健品研发、生产、销售于一体的现代医药企业集团，率先迈出产业布局新步伐，集团股东出资成立了独立运作的叮当快药（北京）科技有限公司。叮当快药是协助药店提供便民服务的第三方信息展示平台，消费者只需通过该APP（手机软件）下单，执业药师将提供安全的用药指导，同时合作药店的专业配送人员，将在28分钟内免费送药上门，随时方便购药，积极实现"家庭药箱"的概念。除此之外，"叮当快药"深化整合了产业资源布局，联合200家知名药企及多家知名药店共同打造了"FSC（factory service customer，工厂服务消费者）健康服务工程"，一方面从产业链上游降低了药品成本，从而降低药品价格；另一方面在产业链下游充分服务消费者，成为首家真正进入核心用药环节并打通上下游产业的O2O医药企业，进一步保障了药品品质和服务。未来，"叮当快药"将通过大数据分析，提供更多个性化的服务内容，实现智能设备实时监测、健康大数据管理、远程医疗服务、家庭医护、送药上门、健康管理个性化解决方案等，对消费者的健康进行实时管理，打造"大健康"4S［整理（seiri）、调整（seiton）、清洁（seiketsu）、素养（shitsuke）］服务体系。

随着网售处方药政策的放开，医药分离的状况愈加明晰，互联网医疗销售的药品种类将迎来大幅增长，医药电商的购药方式也将加速重构传统的购药方式，并更加深刻地影响着用户的购药习惯，为用户带去更加舒适的体验；同时也随着医保政策的逐步放开，"处方药+电子处方+医保在线支付"也将成为未来医药电商平台销售的新模式。

参 考 文 献

[1] 赵玥. 企业技术中心在两种组织管理模式下的创新管理比较及实例研究［D］. 天津：河北工业大学，2005.

［2］桂仲成. 关于企业研发机构的一些思考［J］. 东方电气评论, 2009, 23（2）：1-8.

［3］祝兵. A企业事业部部长年薪制方案设计［D］. 北京：北京工业大学, 2012.

［4］沈秉正. 制药企业的科研机构管理特点与新思路［J］. 中国医药技术经济与管理, 2008, 2（11）：47-51.

［5］靳晓枝. 广东省生物医药动物实验外包服务组织架构与运行机制研究［D］. 广州：南方医科大学, 2014.

［6］李仕明, 萧延高, 萧磊. 基于核心竞争力的电子科技大学研发机构组织再造分析［J］. 电子科技大学学报：社会科学版, 2006, 8（2）：1-5.

［7］曹秋阳. 普林斯顿高等研发机构组织运行机制研究［D］. 长春：吉林大学, 2013.

［8］牛淑霖. 生物医药研发公司的组织结构研究［D］. 北京：对外经济贸易大学, 2003.

［9］杨喜艳. 世康公司研发组织结构设计的案例分析［D］. 广州：华南理工大学, 2012.

［10］李玲玲. 新型研发组织的运行与绩效评价研究［D］. 武汉：武汉理工大学, 2012.

［11］周来新. 转化医学科研组织模式构建的研究［D］. 重庆：第三军医大学, 2012.

［12］马化腾等. 互联网+：国家战略行动路线图［M］. 北京：中信出版社, 2015.

［13］［德］乌尔里希·森德勒. 工业4.0：即将来袭的第四次工业革命［M］. 邓敏, 李现民, 译. 北京：机械工业出版社, 2014.

后　　记

　　本书在《L集团公司治理建章立制课题研究报告》（简称《研究报告》）的基础上，加入大量国内外公司治理制度理论与实务的比较分析、案例分析等研究思路与内容，由中山大学周林彬教授、李胜兰教授及联合实业控股集团董事长陈国华总体设计研究报告大纲及本书各章节内容架构与写作思路，并由中山大学、南方医科大学、广州商学院、广州大学的老师以及中山大学的学生（博士研究生和硕士研究生）参与《研究报告》和本书各章节内容的编写，数易其稿，凡两年有余方成此书。参与《研究报告》和本书各章节写作与资料搜集的课题组成员及具体分工如下：第一章，李胜兰、黄晓光、黎天元、萧曼平；第二章，周林彬、萧曼平、冯曦、高菲、丛小琳、刘杰钧、刘瑜琛；第三章，李胜兰、林沛娜、窦智、高菲、刘瑜琛；第四章，周林彬、萧曼平、欧洁梅、郭冠呈、殷巧娟；第五章，李胜兰、冯锐、张一帆、余斌、高菲、李怡帆、陈孟凡；第六章，周林彬、麦景琦、廖成涛、钟梓洋、李靓。全书由周林彬、李胜兰修改定稿。广东联合实业控股集团为本书的写作和出版提供了经费支持，特此致谢！

周林彬　李胜兰
2017 年 10 月于广州